4° Y² 5417

JACQUES LEMAIRE

LES MARINS
DE LA GARDE

ILLUSTRATIONS DE JOB

PARIS
LIBRAIRIE CH. DELAGRAVE
15, RUE SOUFFLOT, 15

LES MARINS DE LA GARDE

SOCIÉTÉ ANONYME D'IMPRIMERIE DE VILLEFRANCHE-DE-ROUERGUE
Jules BARDOUX, Directeur.

JACQUES LEMAIRE

LES MARINS
DE LA GARDE

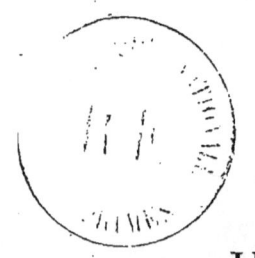

ILLUSTRATIONS DE JOB

PARIS
LIBRAIRIE CH. DELAGRAVE
15, RUE SOUFFLOT, 15

1896

LES MARINS DE LA GARDE

CHAPITRE PREMIER

COMMENT UNE VISITE INATTENDUE FAILLIT AVOIR UNE NÉFASTE INFLUENCE
SUR LA DIGESTION DU CHEVALIER DE SAINT-ROQUENTIN

Quoiqu'on fût au premier avril de l'an de grâce mil huit cent dix, le fond de l'air était frais ; aussi Jasmin avait-il allumé un feu brillant et clair dans la cheminée Louis XV, mignardement ciselée ; une douce et tiède chaleur s'épandait dans l'appartement bien clos, et le chevalier Nestor-Céladon-Rufin-Doctrové Le Barbey de Saint-Roquentin était mollement étendu dans une vaste bergère, laquée blanc et cerise, confortablement revêtu d'une douillette de soie puce. Le digne gentilhomme chauffait ses nobles jambes d'une minceur aristocratique — telles les pincettes avoisinantes — avec un bien-être évident, et en même temps il savourait, en fin gourmet, le moka parfumé, complément indispensable de tout bon repas, et servi dans une transparente porcelaine de Chine, fabriquée au Céleste Empire tout exprès pour les Saint-Roquentin, comme pouvaient en témoigner les écussons et les armes s'étalant orgueilleusement sur les tasses et au fond des soucoupes.

Le chevalier ne soufflait mot, et son ami le vidame de Pâloiseau, semblable à l'Hippolyte de M. Racine,

> Imitait son silence, autour de lui rangé.

On comprendra aisément la médiocre animation du dialogue chez les deux vieux amis, quand on saura que, depuis tantôt vingt-cinq ans, tous les jours, et quelque temps qu'il pût faire, Pâloiseau venait régulièrement chez Roquentin, au moment précis où toutes les horloges des églises voisines sonnaient deux heures.

En un si grand nombre d'années, tous les sujets de conversation avaient été complètement épuisés, et la politique elle-même n'offrait que de faibles ressources, car elle se bornait à une cordiale entente pour maudire « Napoléon Buonaparte » et déclarer que le roi Louis XVIII ne saurait tarder à revenir pour chasser l'usurpateur et reprendre de vive force le trône de ses pères, souillé par la présence de l' « Ogre de Corse ».

Toutefois, comme le roi ne se hâtait point de réintégrer les Tuileries, que les deux amis appelaient toujours « le château », sous peine d'impossible rabâchage la conversation s'éteignait fatalement, et l'on se contentait de somnoler en tête-à-tête, dans une douce quiétude, prenant de temps à autre une prise de macouba, opération terminée par la gracieuse chiquenaude de rigueur sur le jabot de dentelles de Malines.

Or, ce jour-là, vers deux heures et demie, Jasmin, le vieux domestique du chevalier, frappa discrètement à la porte, et, fait inouï, parut avoir une communication importante à faire à son maître.

— Qu'est-ce, Jasmin? demanda Saint-Roquentin tout effaré; que veux-tu? Le feu serait-il à la maison?

— Point du tout, monsieur le chevalier, Dieu merci!

— Alors, qu'y a-t-il? tu parais étrangement troublé. Mais réponds donc, maraud! Peste du coquin!

— Il y a là, dans l'antichambre, deux... personnes qui désirent parler à monsieur le chevalier.

— A moi! sursauta Saint-Roquentin dans un bond de stupeur, tandis que le ventre rondelet du vidame s'agitait convulsivement comme une manifestation de l'ahurissement de son possesseur.

— Voilà vingt-cinq ans que je n'ai reçu la moindre visite, poursuivit le maître de la maison stupéfait.

— Aussi n'ai-je point dit à monsieur le chevalier qu'il s'agissait d'une visite, repartit le vieux serviteur.

— Mais alors je ne comprends pas...

— Ce ne sont point des gens à faire visite à monsieur le chevalier, expliqua Jasmin, ce sont deux soldats...

— Deux soldats? Je n'ai pas commerce d'amitié avec ces sortes de personnes. Mets-moi ces drôles à la porte : ils ont fait erreur en venant chez moi, ou ils sont ivres sans doute.

— Avec tout le respect que je dois à monsieur le chevalier, insista le

Le chevalier ne soufflait mot.

domestique, je ne crois pas pouvoir à moi seul mettre ces militaires-là dehors ; ils n'ont pas l'air très disposés à se laisser malmener volontiers ; ils parlent un langage bizarre, et ils ont déclaré qu'ils ne partiraient qu'après avoir vu monsieur le chevalier en personne et lui avoir parlé.

— Hein ! que pensez-vous de cela, vidame ?

— Mon Dieu ! fit Pâloiseau, peut-être serait-il prudent de ne pas user de violence et... avec quelques bonnes paroles...

— Vous êtes donc d'avis que je dois les recevoir? interrogea Saint-Roquentin.

— Je crois que ce serait plus...

Quand le vidame était troublé, il ne pouvait venir à bout de terminer ses phrases.

— Prudent, voulez-vous dire?

— Oui, à votre place, je les ferais...

— Entrer, acheva le chevalier. Eh bien, Jasmin, introduisez cette soldatesque, et ne vous éloignez pas, pour le cas où j'aurais besoin de vous.

Le domestique sortit et reparut bientôt pour ouvrir la porte aux deux intrus, avec le dédain le plus incontestable.

— Bien le bonjour, mesdames, messieurs et la compagnie; ça va bien? nous aussi et tout l'équipage de même; merci bien, bon quart, bon vent, à Dieu va!

Cette petite allocution, prononcée d'une voix de tonnerre, mais avec une évidente bonne intention, était débitée tout d'une haleine par un des deux arrivants, petit, rougeaud, le visage couturé de nombreuses cicatrices, qui s'avançait avec un gracieux dandinement de canard, suivi de son camarade long et silencieux, et semblant, lui aussi, ballotté dans sa marche par un roulis des plus intenses, à donner le mal de mer à toute personne un peu délicate de l'estomac.

Tous deux portaient le magnifique uniforme des Marins de la Garde Impériale, le dolman bleu à tresses orange, le pantalon de même couleur, brodé de hongroises, le sabre courbe, et ils tenaient à la main leur grand shako, dont le gigantesque plumet rouge balayait le plancher, de façon à n'y laisser plus même un soupçon de poussière.

— Messieurs, fit le chevalier d'un ton quelque peu pincé et ironique, veuillez, je vous prie, me faire savoir le but de votre visite et me dire la raison de l'insistance que vous avez mise à me voir.

— Respectable particulier, répondit le matelot qui semblait être le porte-parole des deux visiteurs, je vais avoir d'abord celui de vous inculquer sensiblement qui nous sommes. Je commence par moi, vu que j'ai l'avantage de porter sur ma poitrine le signe de l'honneur que Sa Majesté l'empereur et roi, il s'est avantagé de m'en gratifier pour actions d'éclat et autres faits de guerre; je me nomme Jean-Polyphème Riffolet, dit Cacatois, tout à votre service; et mon camarade, ici pré-

— Bien le bonjour, mesdames, messieurs et la compagnie.

sent à l'appel, répond aux nom et prénom avantageux de Yves Ladurec, vu qu'il est Breton de naissance, et pour quant à la chose de naviguer, il n'y a pas un gabier dans la flotte qui soit capable de lui en remontrer sur la manœuvre du...

— Pardon, mon ami, interrompit Saint-Roquentin, je ne pense pas que vous soyez venu ici uniquement pour me faire la biographie de M. Ladurec...

— Voilà, voilà la chose, respectable particulier, reprit Cacatois en faisant passer de sa joue droite à sa joue gauche un énorme paquet de tabac, qui, vu l'habitude sans doute, ne semblait pas le gêner le moins du monde dans sa brillante élocution. Si nous nous sommes autorisés de jeter l'ancre dans votre rade, c'est à seule fin de vous narrer des choses qui vous intéresseront. Pour lors, faites un tour mort sur votre langue et ouvrez vos hublots.

— Plaît-il ? fit le chevalier interloqué.

— Il veut dire, murmura à son oreille le vidame, qui connaissait la marine pour avoir lu les *Voyages de Bougainville,* que vous vous taisiez et que vous l'écoutiez.

— Faites pas d'embardées, poursuivit le marin, je cours vent arrière à l'affaire en question. Paraîtrait que, dans les temps jadis, vous aviez une sœur.

— Monsieur, fit Saint-Roquentin très ému, si vous n'avez quelque grave communication à me faire, concernant ma pauvre Odette ou les siens, je vous serai obligé de laisser ce sujet si pénible pour moi. Ma pauvre sœur est morte en Espagne ainsi que son mari et son fils, pendant l'émigration ; ç'a été la grande douleur de ma vie, car j'avais reporté sur eux toutes mes affections et tous mes rêves d'avenir...

Et le chevalier, tirant de sa poche un fin mouchoir de batiste, essuya une grosse larme qui roulait sur ses joues quelque peu parcheminées.

— Probable dans ce cas, poursuivit Cacatois, que les nouvelles que je vous apporte vous intéresseront. Le duc et la dussèche de Noir... Attendez voir que je retrouve le nom...

— De Noirmont.

— Ça y est, vous gouvernez droit ! Le duc et la dussèche sont bien morts, c'est vrai, mais leur mousse, Roger, n'a pas avalé sa gaffe, lui, et il est maintenant dans l'armée de Sa Majesté l'empereur et roi, qui lui a accordé la magnifique position de fifre dans la garde, à preuve qu'il est en bonne santé et frais comme vous et moi, révérence parler.

Étant donné le teint hâlé du marin et les joues sèches et ridées de Saint-Roquentin, l'éloge était mince; mais le bon chevalier ne fit pas cette réflexion et s'écria :

— Dites-moi où il est, mon pauvre Roger, mon enfant, car c'est mon enfant maintenant; je veux le voir...

— C'est bien pour ça que je suis venu croiser dans vos eaux, respectable particulier, poursuivit Cacatois sans s'émouvoir ; je vas vous narrer la chose grand largue.

Mais comme le langage du brave marin, malgré ses évidentes qualités oratoires, devenait par trop diffus et exagérément émaillé de termes maritimes, nous nous substituerons à lui un instant, afin de raconter plus clairement les événements qui intéressaient si fort nos interlocuteurs.

Peu de temps avant la Révolution, Odette, la sœur du chevalier de Saint-Roquentin, avait épousé le duc de Noirmont. Sur le point d'être arrêtés, pendant la Terreur, ils avaient gagné précipitamment l'Espagne, où ils s'étaient établis, en attendant de pouvoir rentrer en France.

Dans la hâte de la fuite, le duc n'avait pu réaliser sa fortune, qui comptait parmi les plus considérables de l'ancienne cour ; à peine avait-il emporté une somme suffisante pour vivre modestement quelques années.

Or, les Noirmont avaient pour intendant un certain Adalbert Renaud, personnage d'aspect assez peu sympathique, gros et trapu, portant toute sa barbe déjà grisonnante, doué d'une voix d'enfant de chœur enrhumé, menteur comme le serpent du paradis terrestre et jouissant au demeurant d'une réputation de coquin assez bien établie.

Maintes fois, le duc avait voulu le renvoyer; mais il avait attendri la duchesse par ses supplications et ses belles promesses, et on l'avait gardé.

Chose surprenante, après le départ de ses maîtres, ce Renaud s'était fort bien conduit; il avait déployé tant de ruse, usé de tels stratagèmes, employé tant de détours et de chicanes, que les immenses biens de la famille n'avaient point été confisqués, déclarés biens nationaux et vendus, comme c'était l'usage à cette époque, pour toutes les possessions des émigrés.

Le duc n'en revenait pas ; mais il fallait pourtant bien se rendre à l'évidence et croire enfin à l'honnêteté de Renaud, après cette preuve de dévouement désintéressé et de probité dangereuse à ce moment pour son auteur.

Toutefois, si la fortune des Noirmont demeurait intacte, c'était une sûreté pour l'avenir, mais non une ressource pour le présent, car il était impossible d'y puiser, et le fidèle intendant ne pouvait faire parvenir le moindre argent à ses maîtres, au milieu des embarras et des difficultés de toute nature de ces temps troublés.

La faible somme emportée de France s'épuisait, sans qu'on sût comment la pouvoir renouveler ; c'était la misère en perspective, la misère atroce, dans un pays étranger, où les exilés n'avaient ni amis ni relations d'aucune sorte et où, par conséquent, ils ne pouvaient trouver aide et protection.

Miné par le chagrin et l'anxiété de l'avenir, le duc mourut, et sa femme, d'une santé assez frêle, ne tarda pas à le suivre dans la tombe.

Les Noirmont avaient eu un fils. Sentant leur fin s'approcher, pleins d'angoisse à l'idée de laisser le pauvre petit être abandonné, ils avaient écrit à Renaud pour le conjurer de venir. Quand le serviteur était arrivé, ils lui avaient confié Roger, alors âgé de quatre ans, en lui faisant jurer d'en prendre soin comme de son propre enfant.

Renaud avait promis tout ce qu'on avait voulu ; mais à peine se vit-il seul et maître de la situation, qu'il fit venir un Espagnol nommé Pablo, son domestique, personnage peu scrupuleux, ancien bandit et disposé à accomplir les pires besognes, pourvu qu'elles lui fussent lucratives, et il lui donna l'ordre de faire disparaître Roger.

L'honnête Pablo s'acquitta volontiers de la commission, et l'intendant put alors entrer dans la réalisation de ses projets.

On devine aisément que, si Renaud avait fait tant d'efforts pour sauvegarder les biens des Noirmont, c'est parce qu'il y trouvait un intérêt personnel, et son plan était bien simple.

Le duc avait un frère cadet, émigré, lui aussi, réfugié d'abord à Londres, puis en Amérique, où il avait été tué en duel. L'ex-intendant s'était dit qu'il lui serait bien facile de se faire passer pour le marquis Louis de Noirmont, dont tout le monde ignorait la mort, et qui d'ailleurs, ayant toujours vécu très retiré, était connu de peu de personnes. Grâce à cette substitution de personnages, Renaud comptait être mis en possession de l'immense fortune qu'il avait administrée jadis.

Afin de mener à bien ses projets, l'habile coquin partit pour Londres, et s'en fut trouver le sollicitor chargé des affaires du marquis.

Il se trouva que cet homme de loi était aussi dénué de scrupules que son visiteur, et les deux scélérats s'entendirent bien vite.

M. Brown — c'était le nom de l'Anglais — possédait une physionomie assez semblable à celle d'un oiseau de proie ; très long et très mince, on eût dit un immense échassier, perché sur deux interminables jambes, avec des mains osseuses et d'une diaphane maigreur ; il était doué en outre d'une figure allongée, d'un nez d'une prodigieuse dimension et d'une chevelure d'un rouge ardent, que rejoignait, comme deux flammes énormes, une paire de favoris flamboyants.

Il fut convenu que M. Brown remettrait à Renaud tous les papiers de Louis de Noirmont, à condition qu'un tiers de la fortune conquise lui serait dévolu après le succès, et le sollicitor, tout en protestant de son entière et absolue confiance en la loyauté de son nouvel ami, partit avec lui pour l'Espagne, sous prétexte de l'aider dans son entreprise, mais en réalité pour le surveiller et mener à bien l'exécution des conventions passées avec lui.

Mais les coquins, aussi bien que les honnêtes gens, ne sauraient toujours penser à tout, et l'ex-intendant, en causant avec son complice, s'aperçut qu'il avait fait une lourde sottise en confiant à Pablo le soin de faire disparaître l'héritier des ducs de Noirmont, car M. Brown déclara que, faute de l'acte de décès de l'enfant ou d'une preuve quelconque, bien officielle, de sa mort, la fortune tant convoitée ne serait délivrée à aucun autre héritier. Il conclut tout naturellement qu'il fallait retrouver Roger à tout prix.

Reconnaissant l'absolue justesse de ce discours, Renaud s'arracha un nombre raisonnable de cheveux, proféra tous les blasphèmes de son riche répertoire et conclut par où il eût mieux fait de commencer, en donnant à Pablo l'ordre de se mettre à la recherche de l'enfant.

Le sachant d'une nature indolente et peu serviable lorsqu'il ne s'agissait pas de ses intérêts propres, il crut devoir stimuler son zèle en lui promettant cent mille francs, au jour où les plans ténébreux de l'association réussiraient.

L'Espagnol n'avait jamais vu somme aussi forte, même en rêve, et, malgré les difficultés de l'entreprise, il se mit en campagne sur-le-champ, résolu à tout braver pour accomplir sa mission.

Qu'était devenu Roger pendant ce temps ?

Pablo, pour exécuter les ordres de son maître, l'avait conduit bien loin, dans un petit village perdu au milieu des montagnes, et, le quittant sous quelque prétexte, en lui promettant de revenir dans un moment, l'avait abandonné, comme il en avait reçu l'ordre.

L'enfant, après une longue et pénible attente, avait cherché vainement à revenir sur ses pas et à retrouver sa route pour regagner la maison de son tuteur ; mais le bandit avait bien pris ses précautions, et, après une journée de recherches infructueuses et de marche pénible au milieu des rochers, dans ce pays sauvage, le pauvre Roger avait reconnu l'inutilité de ses efforts et s'était assis au bord d'une route, tracée au-dessus d'un abîme sans fond, désespéré et pleurant à chaudes larmes.

Il renonçait déjà à tout espoir de se tirer de cette si pénible situation, quand deux ombres surgirent en même temps à sa droite et à sa gauche, sortant d'un épais rideau de cactus.

Les deux ombres portaient le coquet uniforme des voltigeurs français de l'infanterie légère : la culotte bleue avec les petites guêtres noires à glands imitant la botte à la housarde, l'habit bleu à collet jaune, les épaulettes vertes et l'immense shako, surmonté du long plumet vert et jaune.

— Holà, gamin ! fit l'un d'eux, que fais-tu là ?

— Tu vas, dit l'autre, qui portait les galons de caporal, nous dire s'il n'y a pas quelques maudits guérilleros [1] dans les environs. Et ne cherche pas à nous tromper, ou sinon...

Un geste d'énergique menace compléta son discours.

— Monsieur le soldat, répondit Roger, je ne puis vous renseigner, comme je le voudrais de tout mon cœur ; je ne suis pas du pays : je suis Français comme vous.

— Morbleu ! s'exclama le voltigeur, c'est encore quelque ruse de ces Espagnols maudits ; le petit est peut-être quelque espion et...

— Silence ! interrompit le caporal, avec toute la dignité inhérente à son grade ; ces indigènes ignorants et dépourvus de civilisation ne

---

1. Paysans espagnols révoltés, faisant partie de bandes armées appelées *guérillas*, qui faisaient la guerre de partisans avec une cruauté inouïe.

parlent pas notre langue avec une habileté aussi délectable. Nous allons emmener ce jeune bourgeois, et nous verrons bien s'il nous a dit la vérité.

Les deux troupiers, qui précédaient, en éclaireurs, une forte colonne appartenant au corps du général Dupont, conduisirent Roger à l'officier commandant l'avant-garde, et bientôt l'enfant, racontant franchement ses tristes aventures, fut accueilli avec toute la bienveillance doublement due à son malheur et à sa qualité de compatriote.

Il était impossible de l'abandonner, et bien difficile de lui faire suivre indéfiniment l'armée ; heureusement, le colonel du régiment auquel appartenaient les sauveurs de notre héros eut une idée des plus ingénieuses, et le fit inscrire comme fifre sur les contrôles des Marins de la Garde Impériale, dont un détachement faisait partie du corps d'armée ; il avait jugé avec raison qu'il pourrait difficilement servir comme tambour et porter une lourde caisse, par les marches forcées si pénibles sous le soleil de feu qui faisait souffrir à l'excès les vieilles troupes aguerries elles-mêmes, et son âge ne lui permettait pas d'autre emploi.

Roger suivit ainsi l'armée de Dupont, montra une rare intrépidité dans les combats qui se livrèrent chaque jour pendant cette malheureuse campagne, et, quand vint la capitulation de Baylen, où le général Dupont, attaqué par le général espagnol Castanos, se vit forcé de capituler, il fut envoyé, comme prisonnier de guerre, avec quelques marins de son régiment, sur les pontons de Cadix.

Quand le récit du brave Cacatois fut terminé, le chevalier, plus ému qu'il ne voulait le laisser paraître, essuya deux grosses larmes roulant furtivement sur ses joues ridées ; puis, s'adressant à ses visiteurs :

— Alors, fit-il, en ce moment mon pauvre Roger est captif ?

— Comme vous le dites si bien, respectable particulier, et, sans louvoyer, nous allons gouverner droit et vous faire savoir pourquoi nous sommes venus vous trouver. Voilà la chose. Il faut que vous naviguiez de conserve avec nous jusqu'à Cadix ; là, nous trouverons un moyen de crocher le ponton du mousse et de le faire évader, comme nous l'avons fait nous-mêmes.

— Mais, interrogea le prudent Pâloiseau, qui gardait quelque défiance, pourquoi ne l'avez-vous pas emmené avec vous ?

— Par la raison bien simple, expliqua le marin, que nous n'étions pas sur le même vaisseau.

— Et comment avez-vous appris les menées de ce Renaud?

— Ah, voilà, c'est bien par le plus grand des hasards. Nous étions, Ladurec et moi, affalés sur le pont, un soir, quand nous avons entr'aperçu deux escogriffes de mauvaise mine qui passaient sans nous voir : c'était le brigand de Renaud et le Brown, son complice. Ils ont dérapé l'ancre, et leurs manigances se sont glissées dans le pertuis de notre entêtement. Alors, aussitôt arrivés à l'armée, nous avons demandé un congé pour nous radouber le tempérament, et nous avons cinglé vers votre bord pour vous prendre à la remorque, parce que notre solde n'est pas trop forte ; aussi nous avons pensé que, en y ajoutant la vôtre, on pourrait trouver moyen de moyenner pour aller au secours du mousse.

Il faut rendre cette justice au bon chevalier qu'après cette dernière objection, il n'hésita plus et décida sur-le-champ de partir. Dans sa hâte de porter secours à son neveu bien-aimé, il semblait doué d'une activité dévorante; il gourmandait Jasmin, lui donnait vingt ordres contradictoires pour les préparatifs de départ, brouillait tout et s'agitait dans le vide avec une incroyable frénésie.

Le timide vidame, troublé de cet événement si extraordinaire survenu dans la paisible existence de son ami, se mit en devoir de lui adresser quelques conseils d'une haute prudence :

— Surtout, chevalier, pendant votre voyage, prenez bien garde de...

— Comment, *votre* voyage, vidame? J'espère bien que vous allez venir avec nous !

— Avec vous ! balbutia Pâloiseau effaré, mais je n'ai pas...

— Préparé vos affaires? N'est-ce que cela? Nous ferons emplette en route de tout ce qu'il vous faudra. Allons, voilà qui est décidé ; vous êtes un digne ami, et je n'attendais pas moins de votre vieille affection.

L'infortuné Pâloiseau chercha vainement un mot à répondre ; il n'en trouva pas et s'effondra sur un siège, épouvanté à l'idée de ce voyage lointain, de ces périls inconnus et de ce redoutable avenir, bouleversant toutes ses chères et invétérées habitudes.

Deux heures plus tard, une chaise de poste, arrêtée devant l'hôtel de Saint-Roquentin, à la grande stupeur des habitants du quartier, emmenait le chevalier, son ami, le fidèle Jasmin et les deux matelots, au milieu du fracas étourdissant des coups de fouet du postillon et du grand bruit de ferraille des roues brûlant le pavé.

CHAPITRE II

OU ROGER RETROUVE LE SAPEUR BILLENBOIS, ET DE L'AGRÉMENT QU'IL ÉPROUVE
A CULTIVER SON AMITIÉ

Tandis que la chaise de poste du bon chevalier de Saint-Roquentin roulait sur le pavé impérial, — ci-devant national et jadis royal, — le pauvre Roger Noirmont subissait, à bord du ponton espagnol *l'Argonaute,* une dure captivité, rendue plus terrible encore par les souffrances sans nombre et les privations de toute nature imposées aux malheureux Français prisonniers.

Quatre vaisseaux échappés au désastre de Trafalgar, où l'amiral Villeneuve s'était laissé battre, s'étaient réfugiés dans le port de Cadix : le *Neptune,* l'*Argonaute,* le *Pluton* et le *Héros.* Quand, au moment de l'abdication du roi Ferdinand VII, l'Espagne entière se souleva, notre escadre fut attaquée à la fois par les vaisseaux espagnols et anglais et les forts de la ville. Après une courageuse mais inutile résistance, l'amiral Rosily dut capituler, et ses équipages formèrent le premier noyau des pontons, d'où ils partirent bientôt pour être transférés à San-Carlos, dans l'île de Léon. Une partie des prisonniers de Baylen leur succéda à bord de ces affreuses prisons flottantes, avec tous les Français pris dans les embuscades des guérillas et échappés à la férocité de ces terribles bandes.

Le capitaine de Roger, qui l'avait pris en affection, avait d'abord obtenu d'emmener l'enfant à bord de la *Vieille-Castille,* bâtiment réservé aux officiers, et sur lequel le régime était sensiblement moins sévère.

Malheureusement, l'officier espagnol chargé de la surveillance générale des pontons s'aperçut de cette infraction au règlement; il déclara que ce simple fifre ne pouvait rester avec ses chefs et le fit conduire à bord de l'*Argonaute,* où se trouvaient réunis quelques marins de la compagnie de Roger, et d'autres victimes de la déplorable capitulation de Baylen, au nombre de quinze cents environ.

Aussitôt arrivé, on lui attribua une place dans le faux pont, car en cette agglomération d'hommes entassés sur un si étroit espace, il était de toute nécessité qu'un peu d'ordre régnât et que chacun eût un endroit déterminé pour déposer son sac et reposer la nuit.

Roger, en arrivant, vit qu'il avait pour voisin un sapeur d'un régiment de ligne qui s'était pris d'affection pour lui pendant la campagne et lui avait souvent évité force corvées et fatigues de toutes sortes.

— Comment! c'est toi, mon bon Billenbois! s'écria-t-il en l'apercevant.

— C'est moi-même en personne naturelle et prêt à te servir, mon garçon, si j'en suis capable, maintenant que nous allons être camarades de lit, répondit Billenbois.

— Camarades, c'est certain, repartit l'enfant en riant; mais je ne vois pas les lits.

— Je vas t'expliquer la chose, mon gars; le gouverneur de Cadix ayant trouvé que les hamacs de l'*Argonaute* n'étaient pas suffisamment respectables pour les soldats de l'empereur, il s'est fait un honneur de nous les retirer pour les remplacer par des lits esplendides et plus dignes de nous. Mais ces meubles sompétueux ne sont pas encore arrivés, et nous les attendons d'un estant à l'autre. D'ailleurs, je vais te faire faire ce qu'on appelle, dans le grand monde, le tour du propriétaire, à la seule fin que tu puisses voir les beautés de ton nouvel appartement.

Et le bon Billenbois, prenant son nouveau compagnon par la main, lui fit visiter le navire depuis la cale jusqu'aux moindres détails du pont.

Comme tous les pontons espagnols et anglais, l'*Argonaute* n'avait ni mâts ni cordages; la cale y était pleine d'une boue noire et infecte; les batteries, encombrées de prisonniers, avaient tous leurs sabords ouverts, jour et nuit, pour chasser les émanations d'un si grand nombre d'hommes, réunis sur un si petit espace, et de là provenaient, pour beaucoup de ces malheureux, des maux d'yeux terribles et des douleurs intolérables.

Le seul endroit qui eût été habitable, la sainte-barbe, située à l'arrière, servait de magasins aux marchands espagnols, venant chaque jour vendre, à des prix fabuleux, leurs marchandises aux prisonniers.

Pas un hamac, pas de matelas; on couchait par terre, en proie aux insectes les plus répugnants.

La nuit, on souffrait du froid intense, et le jour d'une chaleur torride, contre laquelle on ne pouvait lutter davantage, car il était formellement interdit de se baigner, plusieurs évasions ayant eu lieu à la

Roger.

nage. Le seul soulagement permis à ces malheureux était de s'arroser avec quelques seaux d'eau de mer.

La nourriture, bien loin de réparer les forces affaiblies, était un danger de plus : elle consistait en rations insuffisantes de pain noir et moisi, de biscuit gâté, de lard rance, de viandes décomposées, de riz et de fèves avariés, avec une eau corrompue et nauséabonde.

La haine féroce des Espagnols ne savait quels tourments inventer pour faire souffrir les malheureux Français tombés entre leurs mains, et ce régime malsain fit déclarer en foule les maladies les plus terribles : la dysenterie, le scorbut, le typhus.

Chaque jour une vingtaine d'hommes succombaient, et d'autres parfois devenaient fous furieux ou demeuraient hébétés, perdant la notion de tout.

Ceux-là n'étaient peut-être pas les plus malheureux ; car les Espagnols les rendaient aux Français, ne sachant que faire de ces pauvres gens et n'osant s'en débarrasser autrement.

La garnison se composait d'un lieutenant de vaisseau, d'un maître d'équipage, d'une trentaine de matelots et d'un fort détachement d'infanterie de marine. Tous ces hommes, bien armés et maintenus par la plus sévère discipline, avaient ordre, à la moindre tentative de rébellion, de faire feu sur les prisonniers qui s'en rendraient coupables. En outre, des chaloupes canonnières faisaient de perpétuelles rondes autour des pontons, et les barques apportant les vivres étaient, pour comble de précautions, montées par des soldats des forts avoisinants.

Quand la visite d'exploration des deux amis, Roger et Billenbois, dans tous les coins de l'*Argonaute*, se termina, la nuit était venue. Les prisonniers avaient tous regagné les ponts inférieurs du navire, et, l'heure de l'extinction des feux sonnant, un Espagnol de garde referma le ponton sur la tête de Billenbois, descendu le dernier.

A peine Roger avait-il fait un pas en avant qu'il heurta du pied un objet volumineux.

L'objet poussa un grognement formidable, terminé par un juron non moins énorme, que répétèrent plusieurs voix de dormeurs, brusquement réveillés au bruit et furieux de perdre un des si rares instants pendant lesquels ils pouvaient oublier leurs misères.

— Je vous demande bien pardon, camarades, dit Roger en s'excusant ; je suis désolé de vous avoir dérangés ; je voudrais bien avoir une petite place pour me coucher, moi aussi.

— Complet, complet, jeune homme ! riposta une voix gouailleuse ; comme le coucou de Paris à Saint-Cloud !

— Mossieu a peut-être oublié de faire sa couverture, railla un autre ; mossieu n'a qu'à parler, et, s'il aime avoir la tête haute, il n'a qu'à s'étendre sur l'échelle par laquelle il est descendu dans cette modeste chambre à coucher.

— Ma foi, fit tristement le sapeur, mon pauvre gamin, je crois que nous ferons bien d'obtempérer, de suivre le conseil du camarade préopinant, et de nous installer sur ce meuble luxueux, car nous sommes arrivés intempestivement, et trop tard pour nous gratifier d'un logement plus convenable.

Et l'enfant dut passer la nuit ainsi, avec son compagnon, dans cette fatigante position, sans pouvoir fermer l'œil, et en proie, pendant cette longue insomnie, aux plus pénibles réflexions.

Quand le jour vint, il put se rendre compte de l'impossibilité où il s'était trouvé la veille de rencontrer la moindre place pour se reposer.

Billenbois.

Le faux pont, où auraient pu tenir raisonnablement deux cents hommes, en contenait quatre cents; aussi les malheureux, ne pouvant s'allonger faute de place, étaient-ils contraints de se plier péniblement; et quand parfois un rêveur un peu nerveux donnait involontairement du pied dans la figure de son voisin, c'étaient d'interminables querelles, souvent terminées par de véritables batailles.

Aussitôt le panneau ouvert par un sous-officier de garde, un roulement de tambour appelait tous les prisonniers à l'appel du matin. Après cette formalité avait lieu la distribution des vivres, puis tous étaient libres, jusqu'au soir, de faire ce que bon leur semblait, pourvu qu'ils n'enfreignissent pas le règlement affiché sur la dunette.

Chacun, pour accroître sa faible et nauséabonde ration de nourriture, s'efforçait de gagner quelque argent, grâce à de petits travaux d'une remarquable ingéniosité. Les uns fabriquaient des chapeaux de paille, d'autres sculptaient des figurines, des bagues ou des boîtes, avec du bois ou des noix de coco; d'autres exerçaient diverses professions manuelles, apprises avant leur entrée au service militaire, et, grâce à ce labeur, les pauvres gens pouvaient parfois se procurer un peu de pain et divers comestibles que les petits négociants de la ville leur apportaient en échange de ces mille bagatelles.

Quelques-uns donnaient des leçons à leurs geôliers, leçons de français, de lecture, d'écriture, et même d'escrime, de danse et de musique.

Roger devait à la munificence de son capitaine une petite somme d'argent, mise en réserve avec soin, et il put ainsi se procurer quelque nourriture passable, ainsi qu'un hamac, grossièrement fabriqué, pour dormir.

Au bout de quelques jours, sans s'être accoutumé à ce régime barbare, l'enfant avait cependant retrouvé toute sa gaieté. Par ses manières franches et ouvertes, autant que par les petits services qu'il s'efforçait de rendre aux plus déshérités de ses compagnons d'infortune, il avait peu à peu conquis l'affection de tous ces malheureux, généralement bons dans le fond, mais aigris et ulcérés par les atroces souffrances de cette captivité, dans laquelle on leur faisait souffrir les pires douleurs de tous les instants, à l'opposé de la façon dont étaient traités en France tous les prisonniers étrangers, même ceux d'Espagne et d'Angleterre, dont les pontons infâmes resteront dans l'histoire comme une honteuse et ineffaçable tache.

Roger, pour secouer la torpeur et la désespérance qui commençaient à envahir les hôtes bien involontaires de l'*Argonaute*, eut une idée géniale.

Pendant les interminables loisirs de ces longues journées d'été, Billenbois narrait à son jeune ami tous les plaisirs goûtés jadis, notamment ceux de la garnison de Paris, et le théâtre y tenait une notable place.

— Pourquoi, demanda un jour Roger, ne jouerions-nous pas la comédie?

Il y avait à cela bien des difficultés: la scène, les décors, les costumes, les interprètes, la pièce elle-même ; car il n'est pas besoin de dire qu'il n'y avait pas de bibliothèque à bord.

Mais rien ne rebuta le courage de l'enfant et sa tenace volonté. Il improvisa une scène avec quelques planches posées sur des tonneaux, confectionna des costumes avec quelques lambeaux d'uniformes ingénieusement transformés, renonça aux décors, qu'il pria les spectateurs de s'imaginer après description faite, recruta des acteurs de bonne volonté, et confectionna un manuscrit de la pièce, grâce à la mémoire des uns et des autres, réunissant les fragments de scène et ajoutant à tout hasard quelques raccords.

Ce n'était pas la perfection, mais le public n'était ni bien délicat ni bien difficile. Les acteurs improvisés apprirent leurs rôles avec une bonne volonté au-dessus de tout éloge, et bientôt la toile se leva — moralement — sur... le *Philoctète* de M. Laharpe, ci-devant joué au Théâtre-Français.

Ulysse et Pyrrhus avaient été dévolus à deux marins de la garde; un grenadier joua Philoctète, et Billenbois fit un Hercule très passable.

Le prodigieux succès de ce spectacle encouragea les organisateurs, et ils exécutèrent un nouveau tour de force plus étonnant encore que le premier, en montant un opéra-comique de Duni, pour lequel tous les musiciens furent requis; l'orchestre se composa de quelques violons défoncés, de flûtes fêlées et de trompettes en aussi piteux état.

Néanmoins, on fit des miracles d'ingéniosité, et jamais théâtre ne vit pareil triomphe ni semblables expansions de gaieté.

Les Espagnols eux-mêmes s'intéressèrent à ces représentations et, pour s'y faire admettre, devinrent un peu plus traitables et moins féroces.

Aussi les prisonniers manifestèrent-ils leur reconnaissance envers Roger par tous les moyens en leur pouvoir, et le jeune fifre des Marins de la Garde devint-il l'oracle et presque le chef de ces braves gens, qui s'efforçaient de leur mieux d'adoucir son sort et le consultaient naïvement, dans les cas difficiles, avec la plus ingénue confiance.

Un jour, Billenbois, se promenant avec l'enfant sur le pont, s'arrêta brusquement et lui dit :

— Ah çà, est-ce que tu te trouves bien ici, toi?

— Certes non, répondit Roger en souriant; loin de là, même!

— Alors, continua le brave sapeur, il n'y a qu'un moyen de ne pas y rester.

— Et lequel ?

— C'est de nous en aller.

Roger retint une formidable envie de rire, en contemplant l'air imposant de Billenbois, fier de sa découverte comme tous les grands inventeurs, et il ajouta, avec le plus louable sérieux :

— C'est assurément une idée merveilleuse ; mais par quels moyens la mettre à exécution ?

— Il y a plusieurs manières de se pousser de l'air, à la seule fin de brûler la politesse à ces Espagnols malpropres ; mais fais bien attention, petit ; méfie-toi, et ne conte nos projets à personne ; car le meilleur moyen qu'on n'en sache pas un mot, c'est de ne pas le dire.

Le sapeur ne haïssait pas les proverbes, et il en improvisait volontiers pour son usage personnel.

— Sois tranquille, fit Roger, je serai muet.

— Nous avons plusieurs manières, je te le réitère, dont quelques-unes sont mauvaises et dont plusieurs sont bonnes.

— Alors parlons des bonnes et laissons les mauvaises.

— Petit, tu ne comprends pas la hauteur de réflexion dont je suis susceptible, moi qui te parle ; je vais te dire les mauvaises d'abord, pour que tu ne les emploies pas !...

Roger, écrasé par cette logique inattendue, ne répondit rien, et Billenbois, lui jetant un regard de supériorité, continua en lissant sa longue barbe :

— Tu as vu la galerie de bois qui entoure l'*Argonaute;* le jour et la nuit, des factionnaires s'y promènent, le fusil chargé ; sur le pont, les marins font le quart, comme ils disent, et à terre il y a un cordon de sentinelles. Tous ces particuliers s'inoculent une délicieuse satisfaction de tirer sur quiconque se jette à la nage, et avec tant de balles envoyées à la même personne, il est bien rare qu'on n'en recueille pas une au moins sur la quantité ; donc, ne te laisse pas tomber à l'eau sous prétexte de maladresse ou de te dégourdir les jambes. Ne cherche pas non plus à scier les barreaux des sabords : on les visite plusieurs fois par jour.

Le sapeur passa en revue tous les moyens d'évasion, bien nombreux ; car, malgré les obstacles presque insurmontables se dressant à chaque pas, bon nombre de captifs ne songeaient qu'à s'enfuir, et accomplissaient des prodiges presque invraisemblables.

Le procédé le plus fréquemment employé consistait à percer un trou dans les flancs du vaisseau, et c'est celui que les deux amis adoptèrent; mais, si simple qu'il parût, les difficultés s'y trouvaient encore en foule.

Il fallait éviter de pratiquer l'ouverture dans la galerie des factionnaires, non plus que sous la ligne de flottaison, risquant, dans le premier cas, de donner l'alarme, et, dans le second, de faire couler le ponton.

En outre, ce n'était pas chose fort aisée de perforer l'énorme muraille d'un vaisseau, puis les épaisses feuilles de cuivre qui la doublaient; les instruments d'ailleurs manquaient complètement, et ce travail de géant s'accomplissait avec de petits canifs, des couteaux ébréchés ou de vieux clous, seuls objets pointus ou tranchants qu'on laissât aux prisonniers.

Le plus difficile était peut-être de dissimuler aux camarades la tentative d'évasion; au moment propice, trop grand nombre d'entre eux se fussent présentés, et les chances de réussite en eussent diminué d'autant, sans parler des espions envoyés par les geôliers pour les tenir au courant de tous les projets d'évasion ou de soulèvement.

Et quand on avait victorieusement traversé toutes ces épreuves, on avait toutes les chances possibles de succomber sous les balles des sentinelles, avant d'atteindre le rivage où d'autres encore faisaient bonne et vigilante garde.

Il y avait bien d'autres moyens, mis en pratique à diverses reprises, car les prisonniers avaient une féconde imagination; mais le brave Billenbois trouvait celui que nous venons d'expliquer beaucoup plus simple, et il s'y était arrêté, faute de mieux.

Un seul stratagème avait été inventé, qui n'offrait aucun danger; il mérite d'être rapporté.

Quelque temps avant l'arrivée de Roger à bord de l'*Argonaute,* un des factionnaires espagnols était tombé à la mer. Aussitôt un marin prisonnier, cédant à un mouvement de générosité, — doublement louable puisqu'il avait pour but de sauver un des cruels gardiens qui n'épargnaient pas aux Français les mauvais traitements, — se jeta à la nage et ramena le soldat.

Soit que le gouverneur de Cadix fût réellement touché de ce trait, soit qu'il ne voulût pas se montrer moins généreux que ces « chiens de Français », — ainsi les nommait-il avec une rare aménité, — le brave matelot fut félicité d'abord, puis rendu à la liberté, récompense infiniment plus agréable que toutes les fleurs de rhétorique dont se plut à l'inonder l'officier commandant la garnison du ponton.

A dater de ce jour, le gouverneur apprit avec stupeur deux ou trois accidents du même genre quotidiennement, et autant de sauvetages accomplis par les hôtes de l'*Argonaute*.

Il ne tarda pas à découvrir la vérité.

Pour une somme généralement minime, on décidait un soldat à se laisser choir volontairement dans les flots; on se précipitait à sa suite pour le sauver, puis, la petite comédie terminée, l'officier recommençait son petit discours, et la liberté venait ensuite.

Il serait superflu d'ajouter que dès lors le gouverneur ne s'attendrit plus sur ces actes d'héroïsme, et que l'on dut renoncer à cette ruse.

Mais, d'autre part, quand il arriva depuis qu'un Espagnol tombât à la mer réellement, par accident, on se faisait un véritable plaisir de le laisser se tirer d'affaire tout seul!

Billenbois et Roger se mirent donc à l'œuvre courageusement, munis, pour tout instrument de travail, d'un petit couteau en assez mauvais état.

Tour à tour ils se relayaient pour se livrer à ce dur labeur, avançant bien lentement, mais sans se décourager jamais et avec une indomptable ardeur, surexcités encore par l'espoir de cette liberté tant désirée.

Comme les Espagnols, ainsi qu'on peut l'imaginer, faisaient, dans tout le bâtiment, des rondes continuelles, il leur était facile de s'apercevoir des tentatives d'évasion de cette nature et de découvrir les trous commencés; mais, pour obvier à ce grave inconvénient, nos héros avaient choisi, avec le soin le plus judicieux, un coin sombre du faux pont, dans lequel l'obscurité dissimulait leurs travaux illicites.

Une autre difficulté surgit, dès les premiers instants.

Pour percer un trou dans le bois, il en faut enlever des morceaux, et il s'agissait de cacher ces dangereux indices aux yeux méfiants des geôliers.

Roger et Billenbois résolurent facilement ce problème; ils remplissaient leurs poches des débris accusateurs, et, pendant leurs promenades sur le pont, s'en débarrassaient adroitement en les jetant à la mer quand on ne les observait pas.

Un jour, Roger venait de remplacer le sapeur et s'absorbait dans la confection du trou qui devait lui faciliter bientôt cette fuite si impa-

Il se dissimula autant qu'il put...

tiemment attendue; lorsqu'il entendit, tout près de lui, le murmure confus de deux personnes parlant à voix basse.

Instinctivement, il écouta et entendit avec surprise prononcer le nom de Noirmont.

La chose lui parut d'autant plus bizarre que les marins l'avaient gratifié du surnom de Flageolet et que personne ne l'appelait autrement.

Rendu prudent par tant d'épreuves, traversées à un âge où l'on ne connaît d'ordinaire de la vie que ses joies, il s'avança doucement du côté des causeurs, en rampant et en se dissimulant adroitement derrière les paquets des hardes appartenant aux prisonniers.

A sa surprise extrême, il reconnut alors Renaud, vit le coquin s'entretenir avec un personnage qu'il ne connaissait point et qui n'était autre que Brown, le sollicitor anglais, le complice de l'intendant du duc de Noirmont.

Il se dissimula autant qu'il put, retenant presque son souffle, et entendit la conversation suivante :

— Et vous dites, monsieur Brown, que Roger est ici?

— Il est inutile de prononcer son nom si haut, grommela l'Anglais avec humeur. Oui, je suis sûr qu'il est à bord de l'*Argonaute* : il figure sur la liste que j'ai vue tout à l'heure chez le gouverneur.

— En ce cas, il est en notre pouvoir, et...

— Doucement, doucement; nous ne saurions agir avec trop de prudence. Attendons une occasion favorable; elle ne nous manquera pas, et au besoin nous saurons la faire naître.

— C'est juste, mais ne perdons pas de temps inutilement en vaines lenteurs.

— Soyez tranquille; l'enfant ne vous gênera pas longtemps ; mais retournons à la ville. Je vous y exposerai nos projets à loisir. Je vous ai fait venir ici pour m'assurer de la présence, sur le ponton, du jeune Noirmont : j'ai constaté que l'on m'avait dit vrai; maintenant nous allons agir.

Et master Brown, tournant sur ses talons avec une raideur plus britannique que gracieuse, s'éloigna, suivi de Renaud.

Roger, n'étant pas sur le même navire que Cacatois et Ladurec, ignorait le sinistre complot tramé contre lui et les raison qui faisaient agir les deux bandits; tout ému, il abandonna son ouvrage et courut raconter à Billenbois ce qu'il venait d'entendre.

— Hum! grommela le sapeur, je ne suis pas susceptible, pour le moment, de m'inculquer le pourquoi du comment de la chose; mais m'est avis que nous ferons pas mal de nous dépêcher de prendre congé de ces messieurs les Espagnols pour retourner chez nous; l'air me paraît sensiblement malsain dans ce logement.

CHAPITRE III

DANS LEQUEL LE DRAGON BELLE-HUMEUR S'EFFORCE D'INCULQUER LES PRINCIPES DE LA PLUS SAVANTE ÉQUITATION A UN AMIRAL, QUI N'EN ÉPROUVE AUCUNE SATISFACTION.

Comme on peut le penser, les autres prisonniers, eux aussi, ne songeaient qu'à s'enfuir, et leur constante préoccupation était d'inventer quelque ingénieux moyen pour dépister la surveillance des Espagnols ou des Anglais ; car une escadre britannique stationnait dans les eaux de Cadix, et l'amiral Cockney, qui la commandait, s'était empressé de collaborer, avec son état-major et ses équipages, à la surveillance de ces « chiens de Français ».

Et la situation des malheureux captifs, si horrible déjà, s'était sensiblement aggravée.

Plusieurs d'entre eux, à la suite du régime effroyable auquel ils étaient soumis, étaient devenus fous, et, pour se débarrasser d'eux, leurs geôliers, peu soucieux de garder ces hôtes incommodes, les avaient rendus aux troupes françaises campées devant la ville.

Roger et Billenbois avaient remarqué, depuis quelque temps, les allures singulières d'un de leurs camarades, un dragon nommé Belle-Humeur, dont le caractère joyeux et l'entrain devenu proverbial justifiaient amplement le sobriquet.

Belle-Humeur n'avait rien perdu de sa gaieté, mais ses façons étaient devenues étranges; on ne le voyait plus qu'à cheval sur un bastingage ou à califourchon sur un banc, galopant furieusement dans toutes les directions, en bousculant rudement les soldats de la garnison, et parfois les renversant dans sa course désordonnée.

Vainement, on lui avait infligé les plus sévères punitions : toujours on le revoyait se livrer à son jeu favori. La nuit même, perché jambe de-ci, jambe de-là sur son hamac, il criait à tue-tête, jusqu'au jour, les commandements en usage dans la cavalerie, malgré les protestations énergiques de ses camarades, qui ne pouvaient plus fermer l'œil. Une fois même les cordes de son hamac se rompirent, et il alla choir rudement sur deux prisonniers étendus au-dessous de lui.

Et comme les victimes, endolories par le choc, se plaignaient assez vivement :

— Ça n'est pas de ma faute, dit-il avec beaucoup de sang-froid; mon cheval a fait panache en sautant un obstacle.

Belle-Humeur était fou, bien fou, fou à lier même, car il devenait de plus en plus insupportable, et le capitaine espagnol commandant le ponton demanda instamment à en être débarrassé.

La commission chargée de statuer sur le sort des prisonniers, chaque fois que l'on devait prendre une résolution de ce genre à leur égard, se réunit à bord de l'*Argonaute,* sous la présidence de l'amiral anglais, pour examiner Belle-Humeur.

Lord Cockney était un homme de taille moyenne, agrémenté d'un ventre rondelet, et de teint cramoisi, sur lequel brillait, d'un rouge éclatant, un nez plus gros qu'il n'eût convenu pour l'observation des règles esthétiques de la statuaire. Deux énormes favoris roux complétaient, sur son visage, la gamme des rouges, qu'accentuait encore une flamboyante chevelure de même couleur.

Ce personnage était plein de dignité, méprisant souverainement tout ce qui n'avait pas l'honneur d'être Anglais et gentleman, jugeant avec beaucoup de sagesse que rien n'existait à proprement parler, sur la terre, en dehors des gentlemen anglais : les autres nations, les animaux, les matières inanimées, et, d'une façon générale, tout ce que l'on rencontre sur son chemin dans la vie, ayant été créé pour le bien-être des gentlemen. Les hommes eux-mêmes, quels qu'ils fussent, n'avaient été mis au monde, selon lui, que pour cirer ou vernir les bottes des gentlemen.

Ce personnage imposant s'avança donc, avec une grande dignité, vers le dragon immobile, qui le considérait avec un visible intérêt.

— Comment vous appelez-vous, mon garçon? fit lord Cockney.

— Belle-Humeur, répondit distraitement le prisonnier, évidemment préoccupé.

— Eh bien, Belle-Humeur, continua l'amiral, de plus en plus imposant, il paraît...

Le majestueux lord ne put finir sa phrase : le dragon, d'un bond formidable, avait sauté sur les épaules du chef de l'escadre anglaise et, saisissant ses cheveux en guise de rênes, il lui enfonçait à grands coups ses éperons dans les flancs en criant :

Le dragon avait sauté sur les épaules de lord Cockney.

— Hop là! hop! hop! Allons, au galop, au galop, mauvaise rosse! Ah! tu ne veux pas changer de pied! attends un peu!...

Et, jugeant que sa monture méritait une salutaire correction pour son indocilité, Belle-Humeur fit de son mieux pour obéir à ce principe d'équitation que le châtiment doit suivre immédiatement la faute.

Quand les marins anglais, revenus de leur stupeur, parvinrent à démonter l'enragé cavalier et à tirer de ses jambes vigoureuses l'infortuné lord Cockney, l'amiral était dans un état lamentable.

— Qu'on envoie ce chien de Français à tous les diables! clamait-il. Faites-en ce que vous voudrez, mais que je ne le revoie jamais!

Avec la plus grande rapidité, Belle-Humeur fut ficelé comme un simple saucisson de Lyon, jeté dans une chaloupe et dirigé vers Cadix, d'où un officier espagnol fut chargé de le conduire aux avant-postes français.

Un lieutenant de voltigeurs qui le reçut fit couper ses liens, et ordonna à deux hommes de le conduire à l'ambulance.

— Pas besoin, mon lieutenant, fit le dragon en saluant militairement; je me porte très bien et je ne demande qu'à rejoindre mon régiment.

Ce disant, il se retourna du côté du parlementaire espagnol et lui éclata de rire au nez.

— Caramba! fit l'hidalgo furieux, vous n'êtes donc pas fou?

— Moi! je ne l'ai jamais été; j'ai seulement voulu donner une leçon d'équitation à votre amiral, pour le cas où les Englishmen voudraient organiser un corps de cavalerie dans leur marine.

L'Espagnol n'avait qu'un parti à prendre, celui de se retirer la rage au cœur, et il n'y manqua pas.

Mais, aussitôt de retour à Cadix, il adressa aux autorités un rapport foudroyant, et depuis, qu'ils fussent réellement fous ou qu'ils fissent semblant de l'être, on garda tous les prisonniers.

Roger et son ami Billenbois n'avaient pas perdu leur temps; ils travaillaient activement à perforer la coque de bois du navire et son doublage en cuivre; avec des cercles en fer, provenant de vieilles barriques, ils avaient confectionné des scies; des morceaux de fleuret et des tronçons de couteau leur tinrent lieu de vrilles et de ciseaux.

Toutefois le labeur fut long et pénible.

Le bordage du ponton avait huit à dix pouces d'épaisseur et une membrure d'un pied d'équarrissage; or, ils devaient se cacher à la fois de leurs geôliers et de leurs compagnons; ils ne pouvaient exécuter leur travail qu'aux heures où l'on nettoyait le pont, et, le soir venu, ils dissimulaient leur besogne de la journée à l'aide de tampons, pour soustraire leur courageuse tentative aux yeux des soldats qui faisaient des rondes presque continuelles.

Ils évitaient aussi de s'isoler trop longtemps, pour ne pas exciter les soupçons. Ils affectaient une franche gaieté, semblant s'habituer à leur triste sort, afin d'endormir la défiance des Espagnols et des Anglais, toujours mise en éveil par les continuelles évasions, accomplies presque quotidiennement, malgré les difficultés sans nombre et les périls inouïs de l'entreprise.

Enfin le trou fut terminé.

Tous les préparatifs étaient faits, toutes les mesures prises; il ne manquait plus que l'occasion favorable.

Ils fixèrent leur départ à un soir où ils espéraient avoir un temps calme qui leur permît, sans trop de dangers, de gagner la côte à la nage.

La journée s'écoula bien lentement pour les deux amis, les heures leur semblaient se succéder avec une longueur inaccoutumée, et cependant, quelque braves qu'ils fussent, ils ne pouvaient se défendre d'une forte émotion, à l'idée que le moment s'approchait de mettre à exécution leur tentative audacieuse.

Enfin, la nuit tomba, point trop claire, mais pas assez obscure cependant pour qu'on ne pût se diriger vers la côte et éviter le risque de s'égarer vers la pleine mer.

Peu à peu les hôtes du faux pont s'endormirent, et le silence se fit.

Un bruit de pas cadencés retentit soudain : c'était la première patrouille de nuit. A peine eut-il cessé que Billenbois et Roger se levèrent avec des précautions infinies, gagnèrent le trou, enlevèrent les tampons de linges qui le dissimulaient; puis le sapeur passa la tête au dehors pour voir si la sentinelle, placée sur la galerie supérieure, ne se doutait de rien.

Tout était immobile et muet; on n'entendait que le clapotement des vagues sur les parois de l'*Argonaute,* et les cris des factionnaires, se transmettant à intervalles réguliers.

Billenbois, se suspendant à un cordage préparé tout exprès, se laissa glisser dans la mer, et Roger suivit bientôt son exemple.

Soit que l'enfant eût fait involontairement quelque bruit en se mettant à l'eau, soit que le factionnaire eût observé l'horizon avec plus de vigilance que de coutume, à peine les fugitifs avaient-ils tiré quelques brasses qu'un coup de feu retentit et qu'une balle siffla à leurs oreilles.

Aussitôt, comme par enchantement, tous les bastingages se couvrirent de soldats, des torches s'allumèrent, et une véritable fusillade fut dirigée sur les deux compagnons.

Bien loin de s'effrayer, ils nagèrent avec plus de vigueur, sans se quitter, et, se laissant emporter par la force de l'eau, ils arrivèrent jusqu'à un brick de guerre anglais, mouillé à quelques encablures du rivage ; là, ils se cramponnèrent au gouvernail et demeurèrent immobiles, retenant presque leur souffle.

Cependant, le signal d'alarme donné, tous les vaisseaux de la rade avaient mis des embarcations à la mer.

Une d'elles accosta le brick et demanda si l'on n'avait rien aperçu ; le capitaine répondit qu'il avait envoyé sa chaloupe et que son monde faisait bonne garde.

Roger et Billenbois se croyaient déjà sauvés, quand un incident ridicule les perdit.

Un des marins de quart laissa, par maladresse, tomber sa pipe, qui arriva malheureusement sur la tête du sapeur.

La pipe était dure, venait de haut, et Billenbois, ne s'attendant à rien, ne put retenir un cri de douleur.

Bientôt le canot, qui s'éloignait déjà, revint rapidement en arrière et s'empara des deux malheureux, épuisés de fatigue et dans l'impossibilité de gagner de vitesse.

A leur retour à bord de l'*Argonaute,* on les mit au cachot pour les punir de leur faute et du tort qu'ils avaient eu de se laisser reprendre.

Si le cachot était un châtiment, on peut aisément se figurer quel degré de cruauté on y devait subir, en songeant aux souffrances qui torturaient déjà les prisonniers placés dans les conditions normales.

Roger et Billenbois en sortirent brisés et exténués, après avoir subi leur peine.

Néanmoins, ils n'avaient pas renoncé à conquérir leur liberté par tous les moyens possibles, et ils cherchèrent à combiner un nouveau plan d'évasion.

Ils se trouvèrent aux prises avec des difficultés plus grandes que jamais et, cette fois, presque insurmontables.

Les geôliers, estimant avec raison qu'ils devaient méditer de renou-

Il se laissa glisser dans la mer.

veler leur tentative de fuite, les soumirent à une surveillance de la plus rigoureuse étroitesse : à chaque heure du jour et de la nuit, on venait s'assurer de leur présence, les fouiller, sonder les murs des pontons; presque jamais on ne les laissait seuls.

L'espoir même que le temps lasserait la patience de leurs bourreaux et relâcherait leur pénible espionnage leur fut enlevé; l'ardeur des surveillants ne se ralentit pas.

Ils étaient près de désespérer quand, un jour, une circonstance imprévue vint leur rendre leur courage défaillant.

Le gouvernement français ayant proposé au cabinet anglais un échange de prisonniers, l'ordre fut donné au maréchal Victor de faire échanger un certain nombre de captifs des pontons contre un pareil nombre de soldats anglais.

Mais l'Angleterre, de peur de fournir à notre flotte des équipages exercés et justement redoutés, spécifia que les marins seraient tenus en dehors de cette mesure, et qu'on choisirait seulement les corps appartenant à l'armée de terre.

En outre, tous ceux qui avaient tenté de s'échapper ne devaient, sous aucun prétexte, être portés sur la bienheureuse liste de la délivrance.

Roger eut alors une idée merveilleuse.

— Cette fois, dit-il à Billenbois, je crois que nous touchons au but.

— Mon pauvre garçon, repartit le sapeur, je crois que tu te fais comme qui dirait des allusions.

— Des illusions, corrigea l'enfant.

— Illusions, si ça te paraît plus délectable ; le mot n'y fait rien. Nonobstant, tu n'as donc pas entendu ce qu'on a dit, que les prisonniers qui ont essayé, comme nous, de tirer la révérence aux English, ne seront pas échangés?

— Je le sais bien ; mais aussi ce n'est pas nous qui partirons.

— Tu confonds mon intellect, petit. Explique-moi ton idée en douceur; la chose de deviner les charades n'est pas mon fort.

— C'est bien simple ; nous allons prendre la place de deux camarades et leurs habits; nous passerons pour eux, et nous nous en irons à la barbe des Espagnols et de leurs bons amis les Anglais.

— Sauf ton respect, mon garçon, je crois que tu te mets le doigt dans l'œil jusqu'à la dernière *capucine !* Tu crois que les camarades vont te céder leur tour pour le plaisir de se délecter dans cette habitation de plaisance, pendant que tu retourneras dans le pays où tu as eu l'honneur de recevoir le jour ? Et tu crois aussi qu'on ne reconnaîtra pas nos remarquables figures, et tu crois...

— Je ne crois rien du tout, interrompit Roger en riant ; laisse-moi faire, tu verras. D'ailleurs, parlons d'autre chose, voici nos espions ordinaires qui approchent. C'est incroyable combien ces gens-là nous ont en affection ; ils ne peuvent pas nous quitter une minute !

L'enfant, sans perdre de temps, s'occupa de suite de mener à bonne fin son entreprise.

Le plus difficile était le commencement : il s'agissait de trouver, premièrement, deux prisonniers de bonne volonté qui voulussent bien consentir à céder leur place, moyennant argent sans doute ; mais la perspective de troquer la liberté pour quelques pièces d'or séduisait bien peu les favorisés du sort.

Enfin deux soldats d'un régiment d'infanterie, pris dans les colonies et récemment amenés par une frégate anglaise, consentirent à céder leur place et leurs noms à Roger et à Billenbois, moyennant tout ce qui restait du petit pécule donné si généreusement par l'excellent capitaine des marins de la garde à son jeune protégé, au moment de son départ de la *Vieille-Castille*.

Il fallait maintenant rendre la substitution vraisemblable, et ce n'était pas chose facile.

Les deux fantassins étaient fortement moustachus, bronzés et noircis par le soleil des tropiques ; ils portaient en outre l'uniforme de leur corps, totalement différent de ceux des deux amis.

Roger avait assez d'imagination pour obvier à tous ces inconvénients.

Il mit infuser du tabac en assez grande quantité ; puis, quand il eut macéré longtemps dans une petite quantité d'eau, il teignit, grâce à ce produit bizarre, son visage et celui du sapeur en bistre, jouant à s'y méprendre le teint des coloniaux les plus ravagés par le climat ardent sous lequel ils allaient être censés avoir fait campagne.

Quelques coups de ciseaux donnés dans la barbe de Billenbois procurèrent à Roger une paire de moustaches très présentables, et, grâce à l'habileté d'un tailleur qui se trouvait au nombre des captifs rendus, l'échange des vêtements se fit avec la plus grande facilité.

Toutefois, malgré les plus vives instances, le sapeur refusa de couper sa longue barbe, estimant qu'il avait fait un sacrifice assez grand en en sacrifiant quelques lignes, et il se contenta de la dissimuler à l'aide d'une sorte de cache-nez enroulé jusqu'à son nez.

Le moment du départ arriva.

Avec une anxiété poignante, les deux amis répondirent à l'appel sous les noms qu'ils avaient achetés, et prirent place dans les rangs des partants; ils affectaient une tranquillité qu'ils étaient bien loin d'avoir, et fredonnaient un refrain joyeux.

Ils étaient si habilement grimés et costumés qu'ils n'excitèrent aucun soupçon, et descendirent dans les embarcations sans avoir un seul instant attiré l'attention des geôliers, si défiants cependant.

Enfin le signal de l'appareillage fut donné; on poussa au large, et les fugitifs respirèrent à pleins poumons.

La journée était splendide; la chaleur du soleil, déjà brûlante, était tempérée par la brise rafraîchissante venant du large et soufflant vent arrière dans la direction de cette côte si désirée.

Plus de crainte, plus de ces angoisses mortelles ressenties jusqu'au départ.

Soudain un canot, se détachant des palans de l'*Argonaute,* fut mis à l'eau et se dirigea vers la terre.

Roger et Billenbois frissonnèrent et pâlirent; ils échangèrent un regard et une muette question.

Avait-on découvert leur ruse et s'élançait-on à leur poursuite?

Le canot, sans paraître s'inquiéter d'eux, gagna le rivage et y aborda.

De nouveau ils respirèrent et se crurent sauvés définitivement.

Enfin, la chaloupe transportant les prisonniers atterrit à son tour; cette fois c'est bien la liberté : sur le quai attend l'escorte espagnole commandée pour se rendre au lieu où doit se faire l'échange...

Mais Roger sent tout à coup son cœur se serrer sous une nouvelle et plus terrible appréhension; il aperçoit Renaud et Brown, debout à quelques pas de là et le désignant du geste à un officier qu'il reconnaît pour le capitaine de vaisseau commandant l'*Argonaute.*

— Eh bien, messieurs, dit l'Anglais en s'approchant des deux *déserteurs,* vous voulez donc nous quitter? Vous ne vous trouvez donc pas bien avec nous?

Et, tendant familièrement le bras vers les moustaches postiches de Roger, il en tira légèrement une qui lui resta dans la main.

— Vous voyez, ajouta-t-il, qu'on n'échappe pas ainsi à notre surveillance !

Il ne fallait pas songer à dissimuler plus longtemps ; la résistance eût été folie ; Roger et Billenbois se soumirent, consternés de leur échec, de ce naufrage au port, au moment précis où ils se jugeaient délivrés.

Pour ne pas compromettre les deux soldats auxquels ils s'étaient substitués, ils essayèrent de donner quelques excuses vagues et de combiner hâtivement une histoire d'ailleurs assez peu vraisemblable.

On ne les écouta même pas.

— Master, dit le capitaine à son maître d'équipage, debout auprès de lui, impassible, faites-moi conduire ces messieurs dans le cachot qu'ils connaissent déjà ; en outre, vous mettrez un factionnaire à la porte, avec la consigne la plus sévère. Je vous charge formellement de leur surveillance : vous me répondrez d'eux.

Le maître d'équipage s'inclina et fit signe aux prisonniers de le suivre.

— Capitaine, réclama Roger, je compte sur votre obligeance pour nous faire rendre au moins nos sacs, puisque nous retournons à bord.

— Rien de plus juste ; Joé, allez chercher les sacs.

Puis, après un instant de réflexion, il ajouta :

— Apportez-les ici.

Quand les sacs arrivèrent, Joé reçut l'ordre de les vider aussitôt, et on trouva dedans deux vêtements complets en mauvais état, mais pouvant néanmoins fort bien servir à un déguisement ; de plus, quelques instruments destinés à servir à leur évasion, au cas où la véritable identité des deux compagnons eût été découverte en ville et où on les eût enfermés dans quelque prison de Cadix.

— Fort bien, fit l'Anglais en ricanant ; ces gentlemen sont gens de précaution. Faites ce que j'ai dit, Joé.

La chaloupe qui avait amené Roger et Billenbois les ramena, et ils réintégrèrent le terrible cachot qu'ils croyaient avoir quitté pour jamais.

Comment leur départ avait-il été découvert ?

D'une façon bien simple, mais en même temps assez piquante : par l'excès de zèle de leurs compagnons.

Ils s'étaient aperçus de la fuite des deux amis, et, ne sachant pas qu'ils avaient remplacé deux prisonniers échangés, ils s'ingénièrent à dissimuler leur absence.

Aussitôt après le départ des chaloupes, le commandant du ponton avait ordonné un appel général de tous les captifs, pour s'assurer qu'aucun d'eux n'avait trompé sa vigilance.

Comme il eût été trop long de nommer chacun pour lui faire répondre : présent, on se contentait de compter les malheureux hôtes de l'*Argonaute*, en les faisant monter par la grande écoutille.

Or, les voisins des deux amis, ne les voyant plus à leur place habituelle dans le faux pont, ne connaissant pas la ruse employée par eux et croyant qu'ils s'étaient échappés par un des moyens accoutumés, voulurent leur donner le temps de s'éloigner sans être poursuivis.

Dans l'espoir de les sauver, deux marins déjà comptés se glissèrent de nouveau dans la batterie par une des ouvertures de l'avant où on les entassait, et, ressortant à nouveau par l'arrière, ils passèrent une seconde fois devant les geôliers, qui, de ce fait, trouvèrent deux hommes de plus que leur compte.

Stupéfait de ce résultat insolite, l'officier de service fit recommencer l'opération.

Cette fois encore on trouva le nombre des prisonniers augmenté de deux.

Le doute n'était plus possible, il y avait là quelque stratagème inexplicable, et aussitôt on procéda à l'appel nominal.

Renaud et Brown y assistèrent, inquiets de ne pas avoir aperçu Roger de Noirmont et son ami Billenbois, et soupçonnant la vérité.

Ils furent bientôt fixés, et, prenant la yole du commandant du ponton, ils gagnèrent le port à force de rames, pour faire reprendre, comme on l'a vu, leurs victimes, désormais retombées entre leurs mains sans espoir d'en sortir.

CHAPITRE IV

QUI MONTRERA L'INCONTESTABLE UTILITÉ DES LANGUES MORTES POUR LES PERSONNES DÉSIREUSES DE PRENDRE DU CHOCOLAT, ET LES INCONVÉNIENTS DE NE PAS FERMER SA PORTE A CLEF A MINUIT.

Pendant que ces événements se passaient à Cadix, le bon chevalier de Saint-Roquentin, accompagné de son inséparable ami le vidame de Pâloiseau, du fidèle Jasmin et des deux marins de la garde Cacatois et Ladurec, accomplissait, avec la plus grande hâte, quoique sans enthousiasme, le voyage dont le but était de tirer son neveu Roger de la pénible captivité des pontons espagnols.

Les premières étapes se passèrent sans incidents dignes d'être notés.

A Saint-Jean-Pied-de-Port, la dernière ville française, les voyageurs trouvèrent l'escorte avec laquelle ils devaient continuer leur route.

A cette époque, l'Espagne était en pleine insurrection ; il fallait des détachements considérables pour accompagner le courrier ou la malle-poste ; et si l'on voulait être sûr de voir arriver une lettre, il fallait presque un corps d'armée pour la porter.

Le convoi dont faisait partie le chevalier se composait d'une quantité de voitures chargées de munitions et accompagnées par des recrues de tous les corps allant rejoindre leur régiment pour y combler les vides faits par le feu de l'ennemi et les maladies.

Tout ce monde était placé sous les ordres d'un chef de bataillon de grenadiers nommé Belhomme, vieux soldat éprouvé, qui avait fait toutes les campagnes de la République et de l'Empire jusqu'à ce jour, et avait traversé tant de circonstances difficiles dans sa carrière qu'il ne s'étonnait plus de rien.

On se mit en marche au point du jour et on eut bientôt atteint les Pyrénées.

On franchit le col si célèbre de Roncevaux.

La frontière passée, le commandant prit les plus minutieuses précautions : avant-garde, flanqueurs et reconnaissances dans toutes les directions.

On était en pays ennemi, et il importait de se garder avec soin.

Les villages que l'on traversait semblaient déserts, les rues et les maisons paraissaient vides, les devantures des boutiques demeuraient partout fermées : les rares habitants, rencontrés par hasard, se refusaient à donner le moindre renseignement, à satisfaire aux plus insignifiantes questions, et leur immuable réponse était : « Je ne sais pas, » ou : « Je ne comprends pas. »

Au premier gîte d'étape où l'on s'arrêta pour passer la nuit, l'unique auberge de l'endroit étant absolument insuffisante pour contenir les nombreux hôtes de passage, on dut distribuer des billets de logement et l'on fit coucher tout le monde chez l'habitant.

Saint-Roquentin et Pâloiseau furent désignés pour la maison du curé.

Ils furent reçus sans enthousiasme pas l'ecclésiastique, un homme de haute taille, bâti en Hercule, avec une mine pâle et ascétique, illuminée de deux yeux gris perçants qui flamboyaient par moments sous des paupières profondément enfoncées, telles deux bougies allumées au fond d'un puits.

L'abbé Alonzo reçut ses hôtes avec une froideur marquée. Il leur montra un mince réduit, meublé uniquement d'un lit de fer des plus étroits, et les quitta sans avoir presque desserré les dents.

Cet accueil sans cordialité fit passer une sorte de frisson sous l'épiderme du vidame.

— Parbleu, chevalier, fit-il, voici qui nous présage une piteuse réception dans ce pays!

— Mon ami, reprit Saint-Roquentin, qui ne manquait pas de bon sens à l'occasion, nous ne pouvons décemment exiger une réception enthousiaste de ces gens-là! M. de Buonaparte a envahi leur patrie ; il leur a imposé pour roi son frère Joseph, qu'ils ne connaissaient pas et aimaient moins encore, et nous ne saurions les blâmer de goûter médiocrement les douceurs de l'invasion étrangère!

— Respectable particulier, fit un organe un peu enroué, ces détails ne sont pas de notre intellect, et du moment que l'empereur il nous a envoyé tirer des bordées sur ce pays de terre ferme, c'est qu'il avait son idée. Quant à ces terriens, ils n'ont qu'à gouverner droit, voilà mon opinion.

Et Cacatois, se dandinant avec grâce, après avoir émis ces belles pensées sur l'annexion de la péninsule ibérique, apprit aux deux amis que, les vivres du convoi étant singulièrement réduits par la perte de deux voitures qui avaient versé dans un précipice, le commandant Belhomme décidait qu'on devrait, ce jour-là, vivre sur le pays.

— Qu'entendez-vous par là? interrogea le vidame un peu effaré.

— C'est bien simple, repartit le marin; si vous tenez tout particulièrement à vous procurer une gamelle pour aujourd'hui, faudra prendre dans la soute aux vivres, chez l'habitant, et, comme de juste, vous payerez ce que vous vous incorporerez : le soldat français n'est pas un brigand. Pour lors, je vois qu'on a pendu votre hamac et que vous êtes parés à passer la nuit, je dérape.

Le brave matelot s'éloigna.

— Qu'allons-nous faire? gémit le vidame. Déjà nous n'avons pas déjeuné ce matin, parce que ce commandant ne voulait pas s'arrêter, sous prétexte d'arriver à l'étape avant la nuit!

— Mon Dieu, dit Saint-Roquentin, voici notre hôte; après tout, il ne refusera peut-être pas de nous donner quelque chose à manger, malgré sa haine pour les Français; car enfin, nous sommes des chrétiens...

Et s'approchant du señor Alonzo :

— Monsieur le curé, implora-t-il, nous mourons de faim; depuis hier nous n'avons rien pris, et nous vous serions bien reconnaissants si vous vouliez nous céder n'importe quoi, fût-ce un simple morceau de pain, que nous payerons ce qu'il faudra, bien entendu.

Le prêtre espagnol murmura dans sa langue quelques paroles dans lesquelles semblait briller peu d'aménité.

— Sarpejeu! s'exclama Pâloiseau, il ne comprend pas un mot de français, voilà qui est de la dernière évidence!

Le chevalier réfléchit un moment, puis, comme illuminé tout à coup :

« Nous sommes sauvés! Evidemment il entend le latin! »

Puis à don Alonso :

— *Pater optime, visne nobis chocolatum, aut solummodo panem dare*[1]?

---

1. Mon bon père, ne voudriez-vous pas nous donner du chocolat, ou même un simple morceau de pain?

Et, ce disant, il tirait de sa poche un écu, qu'il posait bien en évidence sur une table.

Le curé demeura immobile un instant; puis, touché sans doute par les bonnes figures franches et honnêtes de ses interlocuteurs, il prit l'argent, le remit à Saint-Roquentin avec un geste de refus, lui fit signe d'attendre et sortit, sans avoir prononcé une seule parole.

Un instant après, une vieille servante, jaune et ridée, apportait sur un plateau du chocolat fumant, répandant la plus appétissante odeur, et un énorme pain; elle plaça le tout sur un guéridon et disparut, muette comme son maître.

— On ne peut pas dire, soupira plaisamment le vidame, que ces gens soient extraordinairement expansifs; mais enfin, grâce à eux, nous ne mourrons pas d'inanition; voilà le principal.

Et tous deux, avec un appétit aiguisé par une abstinence de vingt-quatre heures, eurent bientôt fait disparaître tout ce qu'on avait apporté de comestible.

Puis les deux compagnons de voyage furent se coucher et dormirent de bon cœur, malgré l'exiguïté de leur lit et la présence d'une nuée d'animaux parasites, produit spécial du beau pays d'Espagne.

Le soleil se levait à peine sur les grandes cimes des Pyrénées, que Cacatois et Ladurec vinrent réveiller les hôtes de don Alonzo, en leur annonçant que le convoi allait se remettre en route.

Vers le milieu du jour, on parvint à un site sauvage, sorte de défilé encaissé dans la montagne et dominé par deux immenses pans de rochers à pic.

Le commandant, avant de s'engager dans cette gorge suspecte où il risquait de tomber dans une dangereuse embuscade, envoya quelques voltigeurs sur un sentier étroit et escarpé où des chèvres eussent marché avec difficulté, afin d'explorer les hauteurs.

Bien lui en prit, car ces braves gens, parvenus au sommet, découvrirent une centaine de guérilleros dissimulés derrière des cactus et des aloès gigantesques.

Aux premiers coups de fusil, les Espagnols détalèrent comme des lièvres, et la colonne put continuer sa route.

Tout à coup, l'avant-garde s'arrêta, et on entendit un long cri d'horreur et des rumeurs menaçantes.

Cacatois et Ladurec, croyant à quelque danger nouveau, s'élancèrent

Le spectacle qu'ils virent était bien fait pour les frapper de stupeur.

en avant, et, parvenus à l'endroit d'où partait le bruit, s'arrêtèrent comme pétrifiés.

Le spectacle qu'ils virent était bien fait pour frapper de stupeur, malgré leur longue habitude de la guerre et de ses atrocités.

Au milieu de la route s'élevait un arbre immense, ombrageant toute la largeur du défilé sous ses rameaux touffus. A chaque branche était pendu un soldat français, les mains liées derrière le dos et le corps mutilé portant la trace d'effroyables tortures.

Sur le tronc était cloué un écriteau portant cette inscription en espagnol :

FRUITS FRANÇAIS

Le commandant Belhomme, arrivé aussitôt au grand galop de son cheval, devint pâle comme un mort et fit un geste de colère terrible.

Recouvrant son sang-froid par un effort surhumain, il dit d'une voix éclatante, s'adressant aux soldats qui l'entouraient, immobiles et frémissants :

— Jurez que vous les vengerez !

Et le bataillon, comme un seul homme, s'écria en brandissant ses fusils :

— Nous le jurons !

Il y avait là de vieux chevronnés, à l'air terrible, et les conscrits eux-mêmes étaient blêmes de rage.

Les malheureuses victimes de cette lutte atroce et sans merci furent enterrées dans une fosse creusée par les sapeurs; on leur rendit les honneurs militaires, puis on se remit en marche.

Tout le monde était douloureusement impressionné par cet incident si poignant. Seul Cacatois, bien qu'il fût aussi frappé que les autres, tâchait à rattraper sa belle humeur habituelle.

Il ne trouva rien de mieux, pour y parvenir, que de narrer, avec force détails terrifiants, au chevalier et surtout au vidame tous les mauvais traitements infligés par les guérilleros et les paysans aux Français, militaires ou civils, qui avaient la mauvaise fortune de tomber entre leurs mains.

Pendant ces agréables récits, qui faisaient frissonner Pâloiseau jusqu'aux moelles, la route, toute blanche de poussière, fuyait sous les pas de la colonne, et c'est avec une joie non équivoque que les troupiers, brûlés par un soleil de plomb et exténués par leur longue marche, arrivèrent à la nuit dans un petit village situé sur un plateau découvert et merveilleusement situé pour se garder contre toute surprise.

Les deux vieux amis furent logés dans une posada[1] dont le maître les reçut avec une mauvaise humeur à laquelle, cette fois, le latin eût été impuissant à remédier, étant donné surtout que ce paysan grossier n'eût entendu goutte à la langue du divin Virgile.

On leur désigna une sorte de mansarde, dans un long couloir sur lequel donnaient plusieurs chambres, et ils se hâtèrent de gagner leur modeste lit, cette fois sans insister pour se procurer un souper, bien gagné et bien nécessaire cependant.

Le commandant Belhomme, vers onze heures, fit lui-même une ronde pour s'assurer de la vigilance des factionnaires et prescrivit à l'officier commandant la garde de prendre les plus minutieuses précautions pour n'être pas surpris. Après quoi il s'en fut coucher.

Minuit sonnait quand les factionnaires arrêtèrent un gros homme à cheval, vêtu en commerçant aisé. Il déclara s'appeler Ramirez, marchand drapier, voyageant pour son commerce de Saint-Jean-de-Luz à Pampelune ; et, comme ses papiers étaient absolument en règle, on le laissa passer.

Il frappa à la porte de la posada, réveilla l'hôte et demanda une chambre.

L'aubergiste, tout ensommeillé, lui donna une chandelle, le pria de prendre « la chambre numéro dix » et lui souhaita le bonsoir.

Le gros marchand monta l'escalier en soufflant, si fort même qu'il en éteignit sa lumière.

D'abord vivement contrarié par cet incident inattendu, il se consola bientôt en songeant qu'il connaissait la maison, et, parvenu dans le couloir du haut, il compta les portes en tâtonnant, puis, à la dixième, il tourna la clef et entra.

Malheureusement, il s'était trompé d'une chambre dans son calcul, et ce fut dans celle des deux gentilshommes qu'il pénétra.

Sans faire de bruit, il se déshabilla ; puis, tout aise à l'idée de se remettre enfin de la lassitude du voyage, il rabattit vivement les draps et se jeta pesamment sur le vidame.

1. Auberge.

L'infortuné, à demi écrasé par cette masse énorme, et ne sachant ce qui lui arrivait, se mit à pousser des cris effroyables.

Saint-Roquentin, réveillé en sursaut par les hurlements de son compagnon, crut à une attaque des guérilleros et beugla : « Aux armes ! » du haut de sa tête.

Ramirez, cause innocente de ce fracas, proféra dans son langage des exclamations destinées à faire taire ses compagnons de chambre involontaires; mais plus il criait pour leur imposer silence, plus il les effrayait. Pâloiseau, s'imaginant pour sa part avoir affaire à un régiment entier, se précipita sur l'Espagnol avec une rare intrépidité.

Le gros marchand soutint vaillamment le choc et s'efforça de parer les coups, tout en tâchant de les rendre fort exactement; car c'était un homme très entiché de ce principe commercial qu'il ne faut donner rien pour rien et que toute peine mérite salaire.

Pendant cette lutte digne d'être chantée par Homère, le chevalier avait gagné la porte et s'était précipité dans l'escalier, sans cesser un moment d'appeler aux armes, avec la plus louable persévérance, tout ce qu'il pouvait y avoir de soldats français dans les environs.

La sagesse des nations affirme que l'on ne saurait bien faire deux choses à la fois, malgré l'exemple de César dictant huit lettres à ses secrétaires. — Il est possible, en effet, que s'il en eût dicté deux seulement, il n'y fût point arrivé ! Quoi qu'il en soit, Saint-Roquentin rendit, plus qu'il ne l'eût souhaité, un complet hommage au proverbe, et, ne songeant qu'à convoquer ses compatriotes pour le défendre, grâce aux glapissements de sa voix de fausset, il ne s'occupa point suffisamment de la descente de l'escalier, opération compliquée dans l'obscurité; il manqua une marche, et, ayant malheureusement négligé de serrer fortement la rampe, il roula, tantôt sur le dos, tantôt sur la tête, jusqu'au rez-de-chaussée, où il parvint avec une grande célérité, mais non sans dommage pour ses vêtements et non sans nombreuses contusions, heureusement de peu de gravité.

Ce tapage infernal avait mis en émoi toute la maison.

En moins de rien, chacun fut sur pied, sauta sur ses armes et arriva « dans le simple appareil » fort justement attribué par Racine à toute personne « qu'on arrache au sommeil ».

Les uns avaient passé à la hâte une culotte, mais n'avaient point de souliers; d'autres, enveloppés dans un drap, semblaient les fantômes des vaillants Maures, anciens conquérants de l'Espagne, n'eût été leur armement trop moderne.

Le commandant était nu-pieds, en manches de chemise, mais il s'était coiffé de son chapeau et il brandissait son épée avec autant de

Ils parvinrent dans la chambre, où ils trouvèrent un spectacle étonnant.

sang-froid et d'aisance que s'il eût été à cheval, en grand uniforme, au milieu de ses fantassins.

Le bon Saint-Roquentin, relevé par Cacatois et son inséparable compagnon, le silencieux Ladurec, fut bientôt reconnu pour l'auteur du tapage, et, interrogé anxieusement, il déclara qu'un parti d'Espagnols, ayant pénétré par les toits, s'était rué sur lui et sur Pâloiseau, dans le but de les massacrer, pour faire subir sans doute le même sort à tout le détachement français.

Aussitôt le commandant, suivi des marins et de quelques hommes avec de la lumière, se précipita dans l'escalier, et bientôt ils parvinrent dans la chambre, où ils trouvèrent un spectacle étonnant.

Ramirez et Pâloiseau, ne cessant de se gourmer d'importance, avaient épuisé leurs forces, et, dans leur affolement, n'en pouvant plus, perdant tout sentiment et toute notion des êtres et des choses, tombés tout de leur long à terre, ils avaient continué leur combat acharné, Ramirez avec un oreiller auquel il assénait de faibles coups de poing, Pâloiseau avec un vieux fauteuil auquel il détachait des coups de pied anémiques.

On n'eut pas de peine, malgré ces conditions d'incroyable acharnement, à séparer les deux adversaires, et tout finit par s'expliquer, à la grande joie des spectateurs, qui n'en pouvaient plus de rire à la vue des figures déconfites et un peu honteuses des trois auteurs de la panique.

— Allons, fit le commandant avec bonne humeur, le péril était moins grave que nous ne le pensions ; allons nous recoucher : il faudra nous mettre en route de grand matin ; donc, tâchons de rattraper le sommeil perdu. Et vous, señor Ramirez, tâchez de ne plus vous tromper de logis, cette fois.

Puis il envoya un adjudant rassurer les avant-postes, naturellement émus par cette chaude alarme.

Cette fois on put reposer en paix ; mais, au matin, le chevalier et le vidame avaient les yeux enflés, non de sommeil, quoiqu'ils n'eussent pas beaucoup dormi, mais des coups dont le marchand drapier les avait abondamment gratifiés l'un et l'autre.

On ne revit pas le señor Ramirez ; il avait été si effrayé que, malgré les objurgations de l'hôtelier, il avait voulu absolument repartir et s'était obstinément refusé à rester une minute de plus dans la posada, théâtre de sa déplorable aventure.

Le reste du voyage se passa sans autres incidents graves dignes d'être rapportés. Le commandant et l'escorte remirent le convoi, à Madrid, à un autre officier supérieur, qui, avec une autre escorte, conduisit nos héros, par de longues et interminables étapes, jusqu'à Cadix, où ils parvinrent exténués, après avoir traversé, dans toute sa longueur, l'Espagne entière du nord au sud.

— Enfin, dit un soir le vidame, Dieu soit loué ! nous arriverons demain à Cadix ; nous allons pouvoir respirer un peu.

— Respectable particulier, repartit Cacatois, faites excuse si je navigue dans vos eaux sans être hélé, mais je crois que vous faites une fameuse embardée.

— Que voulez-vous dire ? interrogea le chevalier.

— Je veux dire qu'en arrivant à Cadix, nous allons seulement commencer à prendre des ris en vue de la tempête, et qu'il va falloir se pomoyer sur les enfléchures.

Les deux amis étaient maintenant accoutumés au langage pittoresque du marin, et ils se regardèrent d'un air consterné.

Ils sentaient que Cacatois avait raison. A Cadix allaient véritablement commencer leurs aventures et leurs plus sérieux dangers !

CHAPITRE V

OU, L'ON APPRENDRA QUE LES MARINS FRANÇAIS DOIVENT SE DÉFIER DES DOUANIERS ESPAGNOLS ET DANS LEQUEL ON VERRA PLUSIEURS ÉVÉNEMENTS D'IMPORTANCE.

Le 24 mai 1810, le chevalier et le vidame, toujours accompagnés des deux braves matelots, arrivèrent en vue du camp français.

Le cri : « Qui vive? » d'une sentinelle les arrêta.

— Monsieur, dit fort poliment Saint-Roquentin, nous venons...

— Taisez-vous donc, interrompit brusquement Cacatois.

Puis il cria d'une voix forte :

— France! Marins de la garde impériale!

— Quand il vous plaira, reprit le soldat.

Et un sergent vint à leur rencontre avec quatre hommes, la baïonnette au canon.

Cacatois et Ladurec exhibèrent leurs feuilles de route, et le sous-officier conduisit la petite troupe au quartier général du maréchal Victor, qui commandait l'armée assiégeante.

— Monsieur, dit le chevalier à l'aide de camp de service, je désirerais parler à M. le maréchal, pour une affaire d'importance et qui ne souffre aucun retard.

— Veuillez m'attendre un instant, monsieur, reprit l'officier en portant la main à son shako; je vais voir si Son Excellence peut vous recevoir.

Un instant après, il revint et pria les deux gentilshommes de le suivre.

Il les introduisit dans une vaste tente, surmontée d'un drapeau tricolore.

Le duc de Bellune était assis devant une petite table couverte de plans et de cartes, et il conférait avec son chef d'état-major.

— Vous avez désiré me voir, monsieur; veuillez me dire l'objet de votre visite, mais le plus brièvement possible, car nos instants sont précieux.

— Monsieur le maréchal, fit Saint-Roquentin, je vous prie de nous excuser, car il s'agit d'une affaire toute personnelle, qui vous intéressera néanmoins, je n'en fais aucun doute, puisqu'il s'agit d'un soldat français dont nous voulons sauver la vie, traîtreusement menacée par des misérables.

— Je vous écoute, monsieur.

Le chevalier raconta alors tout ce que Cacatois lui avait appris concernant Roger, et les menées ténébreuses des trois coquins qui complotaient ensemble contre son existence.

La figure du maréchal, d'abord un peu froide, s'anima peu à peu pendant ce récit, qu'il finit par écouter avec une grande bienveillance, et c'est sur un ton plus affable qu'il conclut :

— Que puis-je faire pour vous aider?

— Je ne saurais encore vous le dire, reprit le chevalier, mais sans doute nous aurons besoin de votre appui, et je tenais à le solliciter à l'avance, en cas de nécessité.

— Il vous est tout acquis, monsieur, et vous pouvez compter sur moi, à condition toutefois que vous ne me demandiez rien qui puisse compromettre la sécurité de l'armée, dont je réponds devant l'empereur et devant la France.

Le maréchal se leva, marquant ainsi que l'audience était terminée.

Le chevalier et le vidame prirent congé.

A la porte de la tente, ils rencontrèrent Cacatois qui les attendait.

— Respectables particuliers, dit le marin, pendant que vous étiez à la manœuvre avec l'amiral des terriens, je m'ai pomoyé dans le camp et je vous ai trouvé une cabine dans le grand genre, pour vous et votre matelot.

Ce disant il désignait Pâloiseau.

— Je vous en suis bien obligé, mon ami, remercia Saint-Roquentin.

— Et, fit le vidame, où est situé cet...

— Appartement? termina le chevalier.

— Naviguez dans mon sillage, on va vous le montrer, à l'œil nu et sans télescope.

Les deux vieux amis suivirent Cacatois, et, à une centaine de mètres, on s'arrêta devant une tente de modeste apparence.

— Voilà la chose, respectables particuliers ; ça n'est pas ficelé comme un vaisseau de guerre, mais, pour la chose du plancher des vaches, c'est soigné et paré pour vous recevoir.

Ce disant, le marin écartait la toile de la tente et montrait aux gentilshommes l'intérieur absolument nu, garni seulement de deux bottes de paille.

Pâloiseau, à la vue de ce logement peu confortable, fit une grimace et demanda :

— Mais où sont les lits ?

— Voilà, voilà ! paille premier choix, n'ayant pas encore servi.

Le vidame n'osa pas répliquer, mais fut saisi d'un profond découragement au souvenir de son lit Louis XV, à baldaquin laqué blanc et bleu, qu'il avait laissé chez lui, là-bas, à Paris, dans son appartement si bien installé, avec tous les accessoires que comportaient ses manies de vieux célibataire et son amour de ses aises.

Enfin, on fit contre fortune bon cœur et on s'installa du mieux possible, avec l'aide de Cacatois, ravi d'aise à l'idée qu'il avait si admirablement disposé le logis.

Les deux habitants de cette admirable demeure étaient si fatigués de leur long et pénible voyage, qu'ils dormirent à poings fermés, et se réveillèrent profondément surpris d'avoir passé une si bonne nuit.

L'inévitable Cacatois, accompagné du muet Ladurec, guettait au dehors le moment où il pourrait parler à ses compagnons de route.

Aussitôt qu'il les vit sortir de la tente, il se présenta devant eux, salua militairement et, après avoir fait accomplir une évolution savante à sa chique, pour la faire virer — ainsi qu'il disait — de la joue tribord à la joue bâbord, il s'exprima ainsi :

— Respectables particuliers, la cloche du bord, s'il y en avait une, aurait piqué onze heures ; nous allons avoir celui de vous montrer le chemin de la cambuse, pour que vous y preniez votre ration du matin, après quoi nous tiendrons un conseil de guerre, comme qui dirait, pour voir ce qu'il y aura moyen de moyenner, rapport au mousse.

On se rendit à une cantine voisine, et, tandis que Saint-Roquentin et Pâloiseau déjeunaient frugalement, mais avec appétit, Cacatois alluma sa pipe, donna sa blague à tabac à Ladurec pour lui procurer la même jouissance, et tirant d'énormes bouffées que le vent dirigeait

— Voilà la chose, respectables particuliers.

malicieusement dans le nez du vidame au point de le faire tousser à fendre l'âme, il reprit la parole en ces termes :

— Pour lors, s'agit présentement de ne pas bourlinguer et de naviguer droit dans le chenal. Le mousse Roger est toujours en panne à bord de l'*Argonaute;* faut le crocher et l'amener, voilà l'affaire. Que les ceusses qui ont leur idée sur la chose de l'aborder causent chacun leur tour, on verra voir ensuite à tâcher moyen de moyenner. Voilà mon opinion.

Ladurec leva vers son camarade des yeux dans lesquels on lisait une admiration infinie pour tant d'éloquence, répandue en termes aussi choisis, puis il secoua sa large tête bretonne de haut en bas pendant quelques instants; — c'était sa manière à lui de marquer qu'il n'avait rien à dire.

— Or donc, mon matelot Ladurec a cargué sa langue et il est paré comme moi à écouter, respectables particuliers.

— Je suis d'avis, s'écria le vidame avec animation, qu'il faut avant tout...

— Continuez, dit le chevalier d'un ton encourageant, continuez.

— Je suis d'avis, reprit Pâloiseau, devenu cramoisi à force d'émotion, qu'il faut avant tout, et toute affaire cessante, tirer ce malheureux enfant de la captivité où il gémit, au milieu de ces indignes traitements!

— Voilà qui est fort bien, reprit Saint-Roquentin, et nous sommes tellement d'accord sur ce point, que nous sommes venus ici uniquement dans ce but. Mais il ne s'agit pas de cela, cette question est réglée; avez-vous quelque moyen pour y parvenir?

Le vidame s'agita désespérément, passa du cramoisi au violet et dut avouer qu'il venait d'exprimer tout ce que la situation actuelle pouvait, pour le moment, lui inspirer d'idées lucides et ingénieuses.

Le chevalier convint d'aussi bonne grâce qu'il n'était guère plus riche en stratagèmes, et pria Cacatois d'émettre à son tour son opinion sur ce cas embarrassant.

Le brave homme ne demandait pas mieux:

— Voilà, fit-il; d'abord, s'agit de ne plus hisser le pavillon en l'appuyant d'un coup de canon. Au lieu de gouverner droit sur l'Anglais, faudra louvoyer, même, à l'occasion, tirer des bordées.

Ces idées générales et un peu vagues ayant reçu l'assentiment unanime de l'auditoire, il continua, non sans se rengorger un peu:

— Ladurec et moi, nous connaissons un peu la langue de ces English; on n'a pas navigué comme nous sans apprendre quelques mots, assez pour se conduire. Nous allons parer notre gréement de façon à ce qu'ils nous prennent pour leurs pays, et nous aborderons l'*Argonaute*; là, on parera à tirer profit des circonstances pour atterrir avec le mousse à la première occasion.

Ce plan n'était pas d'une rare précision; il offrait aussi bien peu de chances de réussite, mais, faute de mieux, on l'accepta.

Il fut donc décidé que les deux marins se déguiseraient en matelots anglais, tâcheraient de se rendre à bord des pontons où Roger était prisonnier, et là s'efforceraient de le délivrer en suivant leur inspiration du moment.

En conséquence, et grâce à l'appui du maréchal Victor, qui avait donné des ordres pour que les quatre amis eussent liberté complète d'agir à leur guise, Cacatois et Ladurec quittèrent le camp un soir, transformés en marins de Sa Majesté britannique, de façon à tromper l'œil le plus expérimenté, car ils avaient opéré, sur leurs visages mêmes, une savante transformation : perruque et favoris roux, etc.; le seul point défectueux était leurs dents, qu'ils n'avaient pu allonger, comme l'eût exigé la ressemblance complète avec les Anglais.

Toutefois on pouvait encore s'y tromper, et ils étaient suffisamment grimés pour jouer leur rôle avec quelque chance de succès.

La première difficulté consistait à franchir les portes de Cadix sans donner le mot d'ordre en entrant, par la raison bien simple qu'ils ne le connaissaient pas.

Le chef de poste, un Espagnol, petit, vif et remuant, les apostropha dans sa langue maternelle avec une incroyable furie; il prit à témoin tous ses saints patrons, et Dieu sait s'ils étaient nombreux, car, selon l'habitude de sa nation, il était bien titulaire d'une vingtaine de prénoms, — puis il appela à la rescousse tous ses soldats, dont l'intarissable faconde méridionale vint en aide à son inépuisable éloquence.

Cacatois tenta vainement de crier — en anglais — plus fort que toutes ces gens; mais, n'étant pas très ferré sur cet idiome, il prit le parti bien plus simple de passer en haussant les épaules avec le dernier mépris, geste reproduit aussitôt par son inséparable ami Ladurec.

Ils étaient déjà loin qu'ils entendaient encore les exclamations furibondes des miliciens, se soulageant ainsi de leur dépit, mais n'osant poursuivre les marins de la flotte royale de la Grande-Bretagne, attendu que l'amiral anglais se montrait fort rogue dans toutes les circonstances de ce genre, et donnait invariablement raison aux siens avec beaucoup d'aigreur, quitte à les mettre aux fers ensuite pour leur apprendre à ne pas créer d'incidents diplomatiques.

La première pensée des deux compagnons fut de se rendre sur le port, afin d'y chercher quelque moyen de gagner l'*Argonaute* sans éveiller les soupçons.

La chose n'était pas aussi facile qu'elle le paraissait au premier abord, car on ne rôde pas autour d'un vaisseau de guerre, fût-ce un simple ponton, comme autour d'un monument ordinaire, et, en outre, le déguisement qui avait protégé les amis de Roger devenait dangereux en pareille occurrence, les faux marins anglais ne pouvant répondre aux questions inévitables qu'ils appartenaient à tel ou tel bâtiment ; cela était trop facile à vérifier, et fatalement on devrait alors les prendre pour des déserteurs ou des espions et les fusiller sans autre forme de procès.

Il s'agissait donc d'inventer un stratagème pour sortir de cet embarras.

Cacatois ne tarda pas à le trouver..

Il avisa un bugalet plein de charbon de terre, amarré au quai :

— Mon fiston, fit-il à Ladurec, ouvre tes hublots et regarde-moi cette coque ; la reconnais-tu ?

— Ça, répondit le matelot, c'est le sabot qui apporte le charbon à bord de tous leurs satanés pontons.

— Va bien, tu es dans la passe ; accoste plus près que je te glisse mon plan dans le pertuis de l'entendement... Quand la nuit sera venue, nous nous affalerons à bord de ce sale canot, nous nous noircirons des pieds à la tête, et demain matin nous irons porter le combustible à l'*Argonaute* et aux autres.

— Fameux ! proféra Ladurec.

Cette exclamation révélait de la part du silencieux Breton une approbation complète et une admiration sans limite pour l'auteur de cette géniale idée.

Après ce court mais intéressant entretien, les deux marins s'en furent se coucher auprès de la porte du magasin de charbon qui avoisinait le port et fournissait les maigres cuisines des pontons.

La cloche du bord piquait une heure du matin sur tous les vaisseaux dans la rade, lorsque Cacatois réveilla son compagnon :

— Allons, mon gars, il est temps d'appareiller; largue ton amarre, et naviguons de conserve.

Puis tous deux se dirigèrent lentement et avec mille précautions vers le malpropre bateau.

Ils se glissèrent dedans avec mille précautions, et, ne remarquant rien de suspect, ils commencèrent à se barbouiller la figure de charbon et à retirer leurs vêtements pour les noircir à l'avenant.

Ils les emmenèrent, avec une joie délirante, dans la prison de la ville.

Tous deux étaient absorbés dans cette agréable opération, quand les sacs rangés dans l'embarcation se déplacèrent doucement, et une douzaine d'ombres surgirent autour des matelots.

En moins de temps qu'il n'en faut pour le raconter, les deux Français furent renversés, garrottés, bâillonnés et mis dans l'impossibilité de faire le moindre mouvement, ni de risquer la plus légère résistance.

Les douze ombres portaient l'uniforme rapiécé des douaniers espagnols, et ces braves guerriers, tout fiers d'être venus à bout par surprise de leurs dangereux ennemis, les emmenèrent avec une joie délirante dans la prison de la ville.

Là on leur fit monter un nombre considérable d'escaliers, ils en redescendirent quelques autres, pour grimper finalement sous les combles, où on les enferma dans une pièce de dix pieds carrés, seulement éclairée par une vague lucarne munie d'énormes barreaux de fer, et donnant sur des toits en pente dont l'aspect seul eût provoqué le vertige chez les plus braves.

Pendant les événements que nous venons de raconter, Roger et son ami, le sapeur Billenbois, étaient demeurés à bord de l'*Argonaute*, étroitement surveillés et mis dans l'impossibilité absolue de tenter une nouvelle évasion.

Ils ne laissaient pas cependant de se creuser la tête et de chercher de nouveaux moyens de fuir.

Malheureusement ce n'était pas chose facile, et toutes les ruses imaginées devenaient impraticables devant la juste et obstinée méfiance des geôliers.

Alors Roger conçut un projet gigantesque, mais cependant réalisable.

Il ne s'agissait de rien moins que d'une révolte générale ; on tomberait à l'improviste sur la garnison anglo-espagnole du ponton, puis après l'avoir désarmée, on couperait les amarres pour gagner la terre et rejoindre l'armée française qui assiégeait la ville.

Ce plan hardi était gros de difficultés et de dangers de toutes sortes.

Il fallait d'abord se méfier des dénonciations. Rares étaient, heureusement, les misérables capables de cette infamie, mais il pouvait s'en trouver néanmoins, parmi les cinq cent quatre-vingt-quatre prisonniers de l'*Argonaute,* et il suffisait d'un lâche ou d'un traître pour amener la plus terrible catastrophe.

En outre, on devait passer sous le feu des vaisseaux ennemis et des forts espagnols; enfin des périls sans nombre, sans parler de l'imprévu, attendaient les hardis fugitifs.

Rien de tout cela n'arrêta un instant nos héros.

Roger et Billenbois prirent leur temps, agirent avec précaution, et, au bout d'un mois d'exhortations à leurs compagnons, de menaces aux hésitants et d'objurgations aux découragés, le complot était prêt : il ne s'agissait plus que de fixer le jour où il devait éclater.

Un événement inattendu vint ranimer l'espoir des captifs, et leur offrir un exemple plus convaincant que tous les discours du jeune fifre et du sapeur.

La *Vieille-Castille*, dont le ponton était occupé par les officiers, désarma la garde espagnole, rompit ses câbles et fila vers la côte, pendant la nuit, favorisée par le vent et la marée.

Les coups de canon, tirés avec une rage furieuse, ne firent que trois victimes à bord, et, à l'aube, on vit débarquer sept cents officiers, reçus par le corps du duc de Bellune avec des cris d'enthousiasme et d'allégresse.

La *Vieille-Castille* fut la proie des flammes, et, pendant plusieurs jours, devint une sorte de phare salutaire, indiquant aux autres prisonniers l'endroit précis où l'on devait aborder, le port du salut et de la délivrance.

Cette évasion audacieuse eut pour résultat de faire doubler la garde sur les autres pontons; mais, en même temps, elle inspira un courage indomptable à tous les habitants de l'*Argonaute,* et elle les affermit dans leur résolution de tout braver pour s'affranchir de leur odieuse captivité.

Le 26 mai, pendant la marée montante, moment propice pour se faire porter à la côte, vers quatre heures de l'après-midi, et en plein jour par conséquent, à la vue des vaisseaux qui couvraient la rade, Roger donna le signal convenu.

C'était un coup de sifflet prolongé.

A ce bruit, tous les soldats français se précipitèrent sur les marins de garde et sur les factionnaires, désarmèrent les uns, jetèrent les autres à la mer et s'emparèrent de leurs fusils et de leurs munitions.

Les meilleurs tireurs avaient été désignés à l'avance pour faire usage de ces armes, et on les leur remit aussitôt.

En même temps, plusieurs conjurés coururent aux câbles avec des haches et des scies, et l'*Argonaute,* délivré de ses entraves, glissa doucement vers la terre.

Roger organisa une chaîne pour monter sur le pont des pierres et des boulets placés à fond de cale afin de lester le bâtiment, et il les fit placer près de chaque sabord.

Chacun obéissait exactement à l'enfant, sans protester ni murmurer : il s'était imposé de suite par son intelligence et son sang-froid; on avait confiance et on exécutait tous ses ordres en silence et sans la moindre confusion.

La flotte anglo-espagnole n'avait pas tardé à s'apercevoir qu'il se passait quelque chose d'insolite à bord; bientôt le doute ne fut plus permis, lorsqu'on vit le navire se diriger vers la côte.

Alors douze chaloupes bien armées arrivèrent à pleines voiles, puis six canonnières montées par des soldats de marine.

A demi-portée de canon, un capitaine somma les Français de se rendre.

Un cri unanime s'éleva :

— Jamais !

— Feu ! commanda l'officier.

Une grêle de balles tomba sur le bâtiment, et la flottille s'approcha pour s'élancer à l'abordage.

Dès que les chaloupes furent à portée, on précipita sur elles tous les boulets, les pierres et les autres matériaux pesants, accumulés sur le pont.

En même temps, les tireurs, armés des fusils enlevés à la garnison, faisaient feu sur les assaillants, tirant avec calme, ne perdant pas un coup.

A bord du ponton, cinq hommes seulement tombèrent; les ennemis en avaient perdu vingt-quatre, outre une cinquantaine de blessés.

Les Anglais, voyant l'inutilité de leur tentative, battirent en retraite et se replièrent derrière les canonnières, qui ouvrirent le feu de toute leur artillerie.

Un vaisseau à trois ponts, la *Sainte-Anne*, se joignit à elles, puis le fort du Pontal, puis les remparts de Cadix, et bientôt un ouragan de feu s'abattit autour de l'*Argonaute* et sur ses flancs.

Le malheureux navire sans voiles marche avec une lenteur désespérante.

Pour comble de malheur, la marée descend et va le ramener au large, où il sera perdu sans ressources !

Heureusement il touche et s'échoue dans un banc de sable ! La nuit est venue, le tir devient plus indécis, et les bombes lancées par le fort tombent dans la mer, sauf une seule, qui éclate dans la cale et fait un nombre considérable de victimes.

Sur la côte occupée par les Français, on suit avec anxiété cette lutte acharnée et inégale.

Sur les ruines du fort Matagorda, pris il y a quelques jours, le maréchal Victor fait établir une batterie qui ne tarde pas à cribler de boulets les canonnières entourant le ponton.

Pendant la nuit entière, les malheureux fugitifs veillent, craignant une surprise; sur le navire à demi pourri se croisent les bombes et la mitraille.

Roger, parmi tout ce tumulte effroyable et le désespoir qui commençait à gagner ses compagnons épuisés par tant de souffrances, encourageait les uns, gourmandait les autres, était partout et veillait à tout.

Quand le jour parut enfin, au milieu de l'angoisse générale, on entendit battre la diane dans le camp français.

Ce signal aussitôt redonne du courage à tous, et on se met activement à confectionner des radeaux.

De la côte se détachent des chaloupes pour recueillir les captifs; alors on se précipite en désordre, on s'écrase pour arriver les premiers, au point que les matelots s'éloignent pour ne pas voir leurs embarcations couler sous le poids de tant de monde.

Tous ceux qui se sont jetés à la mer pour gagner les canots sauveurs se noient, ne pouvant regagner le bord!

Le vent s'en mêle à son tour, et souffle avec une telle violence qu'il faut renoncer à mettre de nouveau les chaloupes à la mer.

On revient aux radeaux, on les confectionne avec une telle hâte que les pièces qui les composent se détachent, et un grand nombre de malheureux périssent ainsi.

La canonnade ne cessait pas pendant toutes ces péripéties : le pont et les batteries de l'*Argonaute* s'effondraient et s'encombraient de morts.

Vers quatre heures de l'après-midi, le vent se calma enfin : les chaloupes purent revenir, et tous s'embarquèrent pour gagner le rivage et y trouver cette liberté si chèrement payée!

Les marins du maréchal Victor se multipliaient avec un dévouement admirable; le feu s'était déclaré sur l'*Argonaute*; ils s'y élancèrent pour arracher aux flammes les malades et les blessés.

Enfin, il ne resta plus personne à bord, et Roger partit le dernier, avec le bon Billenbois, qui ne l'avait pas quitté un instant.

Des cinq cent quatre-vingt-quatre prisonniers partis la veille, il en restait seulement deux cent cinquante.

Le reste avait péri sous la fusillade et la mitraille, dans les eaux ou dans les flammes!

CHAPITRE VI

DANS LEQUEL ON PROUVERA JUSQU'A L'ÉVIDENCE QUE SI LES CHATS PRENNENT PARFOIS QUELQUE PLAISIR A SE PROMENER SUR LES TOITS, IL N'EN EST PAS TOUJOURS DE MÊME DES HUMAINS.

On comprendra sans peine la joie du bon chevalier à la vue de son cher Roger, débarquant sain et sauf dans le camp, après avoir échappé à tant de dangers divers.

Saint-Roquentin, mis au courant des événements que nous venons de raconter par un aide de camp du maréchal, avait assisté, du rivage, à toutes les péripéties de la fuite si émouvante des prisonniers de l'*Argonaute*.

Quand les premiers épanchements permirent à l'enfant de rassembler ses idées, devenues un peu confuses au milieu de ces terribles émotions, il demanda à son oncle comment il se trouvait là et qui avait pu le décider à quitter sa vie paisible pour courir ainsi les aventures.

Mis au courant, en détail, de tout ce qu'il ignorait, la première pensée de Roger fut pour Cacatois et Ladurec, dont on n'avait eu aucune nouvelle depuis leur départ.

— Il faut, dit-il, nous informer du sort de ces braves camarades, qui, pour me délivrer, n'ont pas craint de faire une si hasardeuse tentative au risque de leur vie; car, s'ils sont pris, nul doute qu'on ne les passe par les armes comme espions !

Le chevalier frémit.

— Je vais demander l'appui du maréchal Victor, s'écria-t-il; certainement il ne me le refusera pas.

— J'en suis persuadé, mon oncle, fit Roger, souriant de la naïveté de l'excellent homme; mais que pourra-t-il faire? Il commande ici, et non à Cadix.

— Peut-être, insinua timidement Pâloiseau, il nous donnera...

— Un bon avis, termina Saint-Roquentin.

— Vous avez raison, conclut Roger; demandez à lui parler.

Sans perdre un instant, le chevalier se dirigea vers la tente où flottait le drapeau indiquant la présence du général en chef.

Le duc de Bellune donna ordre qu'on introduisît aussitôt son visiteur.

Il avait la figure un peu sombre, et accueillit le gentilhomme avec un sourire un peu contraint.

— Monsieur, dit-il, en lui faisant de la main un geste affable, je suis heureux de vous féliciter bien sincèrement du retour de votre cher neveu; je n'ai que des éloges à lui adresser pour sa brillante conduite; j'en informerai l'empereur, et je demanderai en même temps à Sa Majesté la croix qu'il a si bien méritée, pour avoir rendu à la France tant de braves gens qui désespéraient de jamais la revoir.

— Ne me remerciez pas, continua-t-il, voyant que Saint-Roquentin allait se confondre en compliments; je n'accomplis qu'un acte de justice et je fais simplement mon devoir. Malheureusement les deux marins partis, avec mon autorisation, pour chercher votre neveu, ont été moins favorisés par le sort. Un espion vient de m'apprendre qu'ils ont été arrêtés par des douaniers, à l'affût pour découvrir des contrebandiers. On a reconnu bien vite leur déguisement et leur nationalité; demain ils passeront devant un conseil de guerre, et ils ne sortiront de la prison de la ville où ils sont enfermés que pour être fusillés, sur les glacis des fortifications, à la vue de l'armée française, malheureusement impuissante à les délivrer.

Le chevalier, atterré par cette nouvelle inattendue, remercia à peine le maréchal de sa bienveillance et accourut, aussi vite que le lui permettaient ses vieilles jambes, raconter à Roger ce qui se passait.

— Mon oncle, fit l'enfant d'un ton résolu, Cacatois et Ladurec se sont dévoués pour moi; c'est en voulant venir à mon secours qu'ils ont été pris; maintenant c'est à mon tour de les sauver. Je pars pour Cadix.

— Mais, malheureux enfant, tu ne sais pas...

— Je sais très bien, mon cher oncle, à quoi je m'expose; mais ce serait une lâcheté de ma part d'abandonner ceux qui vont mourir pour être venus à mon aide.

Les prières et les supplications de Saint-Roquentin restèrent inutiles; son neveu avait pris une résolution inébranlable, et toute instance demeura vaine.

Roger obtint facilement les autorisations nécessaires pour s'éloigner du camp, et il fit rapidement ses préparatifs de départ.

Billenbois, quoi qu'il pût dire, n'obtint pas de l'accompagner.

— Non, refusait Roger, non; c'est bien assez de deux amis qui vont être probablement victimes de leur dévouement pour moi; je ne veux pas risquer une existence de plus, la tienne, à laquelle je tiens beaucoup, ajouta-t-il en riant.

Mieux inspiré que les marins, l'enfant prit un costume de pêcheur espagnol. Élevé dans le pays, il connaissait la langue aussi bien que la sienne, et il pouvait ainsi jouer son personnage dans la dernière perfection.

Il acheta une petite barque, comptant avec raison trouver le passage plus facile par mer, et partit, malgré la désolation des deux gentilshommes et du sapeur, qui mordait ses moustaches avec rage et épuisait consciencieusement son riche répertoire de jurons, avec une indicible fureur.

Cette coquille de noix, montée par un enfant, n'excita aucune méfiance, et les canonnières anglaises ou espagnoles sillonnant la rade ne daignèrent même pas l'arrêter une seule fois pour l'interroger.

Roger débarqua dans le port, amarra solidement son embarcation, qui devait lui servir pour le retour, s'il revenait jamais; puis, roulant une cigarette, comme tout Espagnol qui se respecte, il se mit à explorer tranquillement les rues, en sifflant un air de fandango, jusqu'à ce que le hasard le conduisit devant un immense bâtiment à l'aspect sinistre.

C'était la prison.

Jusque-là, tout s'était bien passé, mais le plus difficile restait à faire.

Il fallait d'abord pénétrer, sous quelque prétexte, dans le lugubre monument, découvrir où se trouvaient les deux matelots et enfin les faire sortir.

Tout cela était bien gros de difficultés presque insurmontables.

Néanmoins Roger ne se découragea pas.

— Nous avons fait mieux que cela, pensa-t-il, et surmonté de plus formidables obstacles; il faudra bien venir à bout de ceux-ci encore!

Puis il se mit à marcher de long en large devant la porte de vieux chêne bardé de fer, en réfléchissant profondément.

— Hé! l'ami, cria une voix rude, on ne se promène pas ici. Passe au large!

C'était le matelot espagnol de faction qui témoignait, par ces paroles d'une médiocre aménité, de son vif désir de voir l'enfant s'éloigner.

— Señor, je ne fais pas de mal; j'attends mon cousin Sanchez, le geôlier.

— Possible, mon garçon; mais il faut t'en aller l'attendre ailleurs, insista la sentinelle.

Puis, pour décider tout à fait le promeneur à s'éloigner, il lui offrit spontanément, et avec une grande générosité, de mettre à sa disposition, s'il ne partait pas, autant de coups de fusil, de coups de baïonnette ou de coups de crosse qu'il en pourrait raisonnablement désirer.

Il avait à peine terminé cette alléchante énumération, que la serrure grinça avec un bruit horrible, la lourde porte tourna sur ses gonds, et une figure patibulaire apparut, surmontant un corps revêtu de loques sans couleur et sans formes appréciables, qui avaient été jadis des vêtements.

— Tiens, voilà probablement ton cousin, fit brutalement le soldat; si c'est lui, viens le rejoindre; si ce n'est pas lui, décampe, et vivement, ou sinon...

Et il agita son arme d'une façon menaçante, pour compléter sa pensée.

Une idée hardie surgit aussitôt dans la cervelle de Roger.

Il se précipita sur le personnage désigné par le factionnaire, lui sauta au cou malgré sa répugnance et l'emmena, en le serrant de toutes ses forces dans ses bras et en criant :

— Cousin, quel bonheur de vous revoir; comme notre vieille tante sera heureuse d'avoir de vos nouvelles! Venez, nous allons boire une bouteille de manzanilla à sa santé.

Le geôlier ne protesta pas et se laissa faire docilement; il avait pour cela deux bonnes raisons: la première, c'était sa stupéfaction, et la seconde, l'annonce d'une bouteille à boire, opération extrêmement agréable et tout à fait conforme à ses goûts, si l'on en jugeait par le nez rubicond de cet hidalgo.

L'enfant, toujours dans l'exaltation de la joie causée par sa prétendue reconnaissance, entraînait son soi-disant cousin dans une posada voisine et demandait vivement la bouteille promise.

Quand on l'eut apportée, puis renouvelée après l'avoir vidée rapidement, Roger pensa que l'heure des expansions avait sonné.

— Comme vous avez changé, cousin! je ne vous aurais peut-être pas reconnu si la sentinelle ne m'avait dit que c'était vous!

— Hum! grommela l'homme, assez embarrassé...

C'était tout ce que son cerveau épais pouvait lui suggérer pour le moment, car il n'avait garde de renier si vite sa parenté avec un cousin si disposé à calmer la soif des membres de sa famille.

— Vous avez dû recevoir la lettre de notre bonne vieille tante, reprit l'enfant; elle vous annonçait ma venue et vous demandait de me caser quelque part, chose facile pour vous, dans la brillante situation que vous occupez.

Il n'y avait plus guère moyen de dissimuler; aussi l'ivrogne, non sans quelque ennui, dut-il se résigner à déposer le personnage d'emprunt dont on persistait à l'affubler.

— Vois-tu, mon garçon, déclara-t-il, je crains que tu ne te sois trompé; je ne suis pas ton cousin, et je le regrette, vu la générosité dont tu me donnes la preuve.

D'ailleurs, poursuivit-il, je ne vois pas quel peut bien être le parent que tu cherches, parmi les geôliers de notre prison... Aucun d'eux n'a reçu de lettre depuis longtemps,... excepté le pauvre Pedro, qui est mort il y a huit jours...

— Pedro, avez-vous dit? interrompit Roger en feignant une vive anxiété; Pedro? Quel était son nom de famille?

— Perez.

— Perez! Ah! mon Dieu!... Et de quel pays était-il?

— Du village de Novillas, près de Médina-Sidonia...

— Oh! Notre-Dame del Pilar, soyez-moi en aide, c'est lui! C'est bien lui!... Et vous dites qu'il...

— Qu'il est mort, le pauvre!... gémit le rustre en essuyant une larme qui ne venait pas et en contemplant d'un air attendri les bouteilles vides.

— C'est un affreux malheur pour moi, soupira le malicieux fifre des Marins de la Garde, riant à part lui du succès de sa ruse.

— Et pourquoi, mon garçon ?
— Parce qu'il devait, comme je vous le disais tout à l'heure, me

— Pedro, avez-vous dit? interrompit Roger en feignant une vive anxiété.

procurer un emploi auprès de lui. Maintenant que deviendrai-je, quand j'aurai épuisé l'argent que notre pauvre vieille tante m'a donné à mon départ !

Le geôlier réfléchissait; cet adolescent lui semblait un sommelier envoyé vers lui par le hasard pour l'abreuver gratis, et il songeait au moyen de ne pas perdre cette excellente aubaine.

— Écoute, fit-il, tu m'as l'air d'un brave enfant, tout à fait digne d'intérêt, et puis j'aimais beaucoup ton pauvre cousin : je vais tâcher de te tirer d'affaire. Tu es bien jeune, c'est vrai ; mais, à ma recommandation, je crois pouvoir t'obtenir la place du regretté défunt. Tu comprendras du reste mon influence, quand tu sauras que je suis geôlier en chef.

Roger s'inclina respectueusement et redemanda deux bouteilles de manzanilla.

L'ivrogne parut charmé de cette double marque de déférence, et, quand il eut absorbé le liquide jusqu'à la dernière goutte, quand le maître de la posada fut payé, il se leva et dit à l'enfant, qui ne se sentait pas de joie en voyant l'heureuse tournure prise par les événements :

— Tu vas venir avec moi, je te ferai entrer en fonctions tout de suite ; et dans quelques jours, si tu fais bien ton service, tu seras nommé officiellement.

En entrant dans la prison, Roger ne put retenir un soupir de soulagement.

Enfin, il était dans la place !

Maintenant, il fallait redoubler de prudence et manœuvrer avec habileté ; la moindre faute pouvait tout perdre et causer un malheur irrémédiable.

Il commença par gagner les bonnes grâces de ses nouveaux compagnons en les conviant à faire avec lui une visite à la cantine, et en les abreuvant d'un certain nombre de liquides variés, dont il s'abstint adroitement de prendre sa part.

Cela fait, et sous prétexte de commencer immédiatement ses fonctions de geôlier, il se fit accompagner du moins ivre de ses collègues et le pria, dans l'intérêt du service, de lui montrer toute la prison, dans le plus grand détail.

Rien n'était plus naturel, et son désir fut aussitôt exaucé.

Il voulut même voir tous les prisonniers, afin, prétendait-il, de reconnaître leur figure et de leur barrer la route s'ils venaient à s'échapper.

Son compagnon, émerveillé de tant de zèle, se piqua d'amour-propre à son tour, et remplit avec la plus rare conscience ses fonctions de cicerone.

Le dernier cachot qu'il devait visiter était situé sous les combles; il y faisait une chaleur torride, et les malheureux enfermés dans ce réduit devaient y souffrir cruellement pendant les heures où le soleil donnait d'aplomb sur les toits.

— Bah! dit le geôlier à qui Roger fit cette remarque, c'est encore trop bon pour des chiens de Français!

— Il y a donc des Français ici? fit l'enfant.

— Nous en avons deux : des espions qu'on a pincés dans le port, il y a quelques jours; mais leur affaire est bonne : demain ils paraîtront devant le conseil de guerre, et, aussitôt après le jugement, douze balles pour chacun et six pieds de terre.

Roger frissonna.

— Tu les détestes aussi, n'est-ce pas, ces Français de malheur? continua l'Espagnol.

— Tu ne peux pas savoir à quel point!

— A la bonne heure. Alors tu apprendras avec satisfaction la nouvelle décision du gouverneur. Autrefois on laissait écouler vingt-quatre heures entre la condamnation et l'exécution; maintenant, en sortant du tribunal on se rend de suite au lieu du supplice.

— Ah! se dit Roger, j'arrive à temps.

— Comme ce sont des gaillards très dangereux, reprit le gardien, on n'ouvre jamais leur porte : on leur passe leur nourriture par le guichet; c'est par là que tu peux les regarder, si tu veux.

L'enfant risqua prudemment un œil, de façon à n'être pas vu des marins, dont une exclamation involontaire eût pu le dénoncer, et il aperçut ses amis couchés et dormant aussi tranquillement que s'ils eussent été en sûreté à leur bord, étendus dans leur hamac.

— N'aie pas peur, ricana le drôle, ils ne peuvent pas te faire de mal.

— Je ne les crains pas; sois tranquille.

— A présent, tu as tout vu; nous pouvons aller rejoindre les camarades : il va être l'heure du souper.

Le repas des gardiens, pour être meilleur que celui des prisonniers, n'était pas cependant d'une délicatesse extrême; il se composait d'une sorte de morue salée et de pain noir, le tout fortement arrosé d'eau claire.

Ce fut une nouvelle occasion pour Roger de faire venir du vin en abondance, sous prétexte de payer sa bienvenue.

Le bon chevalier de Saint-Roquentin lui avait remis une bourse bien garnie, et il ne pouvait en faire un meilleur usage qu'en grisant de son mieux tous les geôliers.

Il les abreuva tant et si bien qu'au bout d'une heure le geôlier en chef, demeuré le dernier sur la brèche, avait roulé sous la table.

S'emparer des clefs et courir jusqu'au cachot des marins, fut l'affaire d'une minute.

Cacatois, réveillé le premier par le bruit de la serrure, secoua vigoureusement Ladurec.

— Ouvre tes écubiers, matelot, murmura-t-il; je crois qu'on vient nous chercher pour la chose de leur conseil de guerre.

— On y va, repartit Ladurec tranquillement; avant partout, on est paré.

Mais quelle fut la stupeur de ces braves gens quand, au lieu de la figure rébarbative d'un de leurs ennemis, ils virent arriver Roger, les bras ouverts pour leur sauter au cou.

— Vingt-cinq mille caronades! s'exclama Cacatois, c'est toi, mousse?...

— C'est moi qui viens vous délivrer, mes amis !

— Nous délivrer ? Alors...

— Je vous raconterai tout ce que vous voudrez plus tard, mes bons camarades ; pour le moment, il s'agit de nous en aller d'ici, et sans perdre une minute.

— Ça va ; prends le gouvernail, petit, et dirige-nous.

— Suivez-moi, fit joyeusement Roger.

Puis il se retourna vers la porte.

A sa profonde stupeur, il la trouva fermée.

— Ah! mon Dieu! s'écria-t-il, nous sommes perdus !

— Pourquoi ça ? demandèrent les matelots étonnés.

Le guichet s'ouvrit, et la tête de Renaud apparut, grimaçant un sourire de triomphe.

— Parce que nous tenons trop à vous pour vous laisser partir ainsi au milieu de la nuit ; vous pourriez attraper un rhume, ce qui est fort malsain !

— Misérable ! clama Roger.

— Ne vous mettez pas en colère, mon jeune ami, poursuivit la voix railleuse du coquin ; et, puisque ma présence ne vous est pas extrêmement agréable pour le moment, je me retire. Bonne nuit, dormez-bien.

Le guichet se referma, et des pas s'éloignèrent dans le couloir.

Les trois prisonniers demeurèrent un instant accablés et silencieux.

— C'est comme qui dirait, fit observer judicieusement Cacatois, que nous avons fait naufrage dans le port.

— N'empêche, reprit le silencieux Ladurec, que si nous ne voulons pas avaler notre gaffe, il faudra filer vent arrière avec vingt nœuds à l'heure.

— Tu ne parles pas souvent, mon matelot, approuva Cacatois en riant, mais quand tu t'y mets, tu as de fameuses idées... Dommage qu'on ne sache pas comment les mettre en pratique !

— Pardon, protesta Roger, je vois un moyen, moi ; mais je dois vous dire qu'il est des plus périlleux, et que nous avons cinquante chances sur cent de nous casser le cou en route.

— Bah! nous ne risquons pas grand'chose.

— En effet, car demain matin, dès l'aurore, on viendra vous chercher pour vous conduire devant ce conseil de guerre qui vous a condamnés d'avance, et j'imagine que ce scélérat de Renaud trouvera bien moyen de m'y envoyer avec vous ; donc, je vous le répète, si dangereux que soit mon projet, nous n'avons rien à perdre et tout à gagner en l'essayant.

— Bon, approuva Cacatois ; nage, petit, et envoie ton idée dans le pertuis de notre entendement. Souque ferme, on n'a pas de temps à perdre, comme tu dis.

Roger tira de sa poche un couteau catalan dont il s'était muni à tout hasard.

— C'est bien simple, expliqua-t-il brièvement ; il s'agit de déchausser les barreaux, de gagner le toit et de nous enfuir par là.

— On peut toujours essayer, approuva Cacatois sans enthousiasme ; mais ça n'est pas dans ces eaux-là que j'aimerais prendre la chasse ! Enfin il n'y a pas à hésiter : comme nous n'avons que ce moyen, choisissons-le ! Quand nous serons en haut de la mâture, on verra à descendre comme on pourra ; la porte de la cabine est trop solide, nous avons essayé de l'enfoncer, il faudrait une pièce de vingt-quatre !

Ce disant, le marin prit le couteau et attaqua énergiquement la maçonnerie.

Heureusement les barreaux étaient scellés seulement dans le plâtre, et, au bout d'une heure de travail, il cédèrent successivement et livrèrent passage aux trois amis.

Ladurec, dont l'agilité était justement renommée, passa le premier et se glissa sur le toit.

Il s'allongea à plat ventre le long de la gouttière, et, dans cette dangereuse position dont le moindre faux mouvement l'eût précipité dans le vide, il tendit la main à ses deux compagnons pour les aider à le rejoindre.

— Fameux, s'exclama Cacatois à voix basse, nous voilà dehors !

— Parfaitement, approuva Roger ; il ne nous reste plus qu'à descendre, et cela ne me paraît pas extrêmement facile.

En effet, le toit s'arrêtait brusquement à ses deux extrémités, et n'aboutissait à aucun de ceux des autres bâtiments de la prison.

Cacatois se leva, et, se tenant debout un instant, il observa la position avec une anxiété profonde.

Tout à coup, il poussa une sourde exclamation et dit à voix basse :

— Tenez bon, les gars, nous allons remplacer par nos personnes naturelles les filins qui nous manquent. »

En quelques mots il expliqua son projet, que l'on mit aussitôt à exécution.

En contre-bas, à cinq mètres au-dessous de la gouttière, se trouvait un autre toit, donnant sur un troisième, un peu moins élevé encore, mais tous deux descendant en pente sur le vide, et la pensée seule de les gagner, comme le hardi matelot en manifestait l'intention, était faite pour donner le vertige aux cœurs les plus aguerris.

Cependant les trois amis n'hésitèrent pas. Ladurec se suspendit à bras tendus à la gouttière, Cacatois descendit le long de son torse et de ses jambes, puis il se laissa tomber et se cramponna solidement au toit inférieur, d'où il reçut dans ses bras Roger d'abord, descendu par le même chemin, puis son matelot.

Le même moyen fut employé avec le même succès pour gagner l'autre toit, élevé encore d'une quinzaine de mètres au-dessus de la rue.

Là, la gouttière se prolongeait en un tuyau de plomb, destiné à l'écoulement des eaux et scellé assez solidement dans le mur.

Cacatois s'accrocha le premier à ce parachute d'un nouveau genre,

Ladurec se suspendit à bras tendus à la gouttière...

et, suivi de Ladurec et de Roger, se laissa glisser lentement jusqu'au sol.

— Va bien! fit-il en touchant terre, nous sommes...

Il n'acheva pas sa phrase.

Dix bras l'enlacèrent, le garrottèrent et l'emportèrent rapidement ainsi que les deux autres fugitifs.

Quand ils revinrent à eux et purent reprendre leurs esprits, ils se retrouvèrent ensemble, dans un autre cachot, situé cette fois dans les souterrains de la prison, — dont ils s'étaient crus un moment sortis, — et enchaînés solidement.

Tout espoir, cette fois, était perdu!

CHAPITRE VII

LE VIDAME DE PALOISEAU SE DÉCOUVRE UNE QUALITÉ
QU'IL NE SE CONNAISSAIT PAS

Dans une salle de la prison, réservée aux séances du conseil de guerre, deux hommes causaient.

— Mister Renaud, disait l'un, vous êtes arrivé fort à propos pour empêcher ces Français maudits de s'échapper : je vous félicite de votre vigilance ; dans leur camp, nous eussions difficilement pu réaliser nos projets...

— Tandis que, grâce à mon active surveillance, monsieur Brown, Roger et ses amis subiront le même sort, et nous allons enfin parvenir à notre but, pas plus tard qu'aujourd'hui même.

— Ne vous hâtez pas de triompher, mister Renaud, repartit froidement l'Anglais ; vous connaissez sans doute une fable d'un de vos grands écrivains, La Fontaine ; il raconte l'histoire de deux chasseurs qui avaient vendu la peau d'un ours avant de l'avoir tué. Je crains, mister Renaud, que vous n'imitiez ces gens...

— Je ne le crois pas, moi, protesta Renaud aigrement ; le conseil de guerre va se réunir dans une heure, et le peloton d'exécution...

— Croyez-vous que le conseil se réunisse ?

— Assurément, et vous le savez aussi bien que moi.

— Je crains d'être mieux informé que vous, sir ; un contre-ordre a été donné, le conseil ne se réunira pas.

— Cependant...

— Voici pourquoi, poursuivit Brown avec le même sang-froid. Le gouverneur espagnol déteste les Français...

— Il l'a prouvé en certaines circonstances !

— Aussi ne le nierai-je point. J'ajouterai même qu'il les hait plus que jamais.

— Alors, je ne comprends pas...

— Vous allez comprendre. Écoutez-moi bien. Tant que les troupes françaises se sont montrées par petits détachements du côté de Cadix, tant qu'elles ont été en nombre restreint, on s'est cru en sûreté; on a massacré les prisonniers ou on les a fait souffrir tant qu'on a pu, dans l'île de Cabrera ou sur les pontons de cette ville...

— Comme sur les pontons de Portsmouth.

— Comme sur les pontons de Portsmouth, répéta l'Anglais imperturbablement. Mais aujourd'hui la situation a changé.

— Pourquoi?

— Oh! pour une raison bien simple : le maréchal Victor, duc de Bellune, assiège Cadix.

— Eh bien?

— Eh bien, il se pourrait qu'il prît la ville d'assaut, comme c'est la coutume de cette nation orgueilleuse, et, dans ce cas, le gouverneur craint, non sans quelque raison, de terribles représailles.

— Je commence à saisir.

— C'est fort heureux. Les prisonniers de l'*Argonaute,* échappés à la mitraille et à l'incendie, ont juré de ne faire aucun quartier aux Espagnols, non plus qu'aux Anglais, et le gouverneur, informé par ses espions de ces dispositions déplorables des assiégeants, a résolu de traiter les captifs qu'il a encore en son pouvoir avec beaucoup de ménagements, afin de se mettre sous leur protection en cas de besoin.

— Alors, grommela Renaud, Roger va nous échapper!

— Pour le moment, nous ne pouvons pas grand'chose contre lui.

— Vous ne voulez cependant pas, de gaieté de cœur, renoncer à nos projets?

— Il n'est pas question de cela. Cependant, nous devrons agir avec une grande prudence, et nous allons rêver ensemble, à loisir, aux moyens à employer pour mener à bien nos desseins. L'enfant et ses compagnons sont enfermés dans un cachot souterrain, aux murailles assez épaisses pour déjouer toute tentative d'évasion ; venez avec moi, j'ai une idée assez ingénieuse, sans me flatter ; peut-être nous tirera-t-elle d'embarras.

Les deux coquins sortirent alors pour rentrer chez eux et y aller perfectionner le plan du sollicitor Brown.

Pendant ce temps, le bon Saint-Roquentin était en proie à une mortelle inquiétude.

Il ne pouvait demeurer en place, allait et venait dans le camp, interrogeant tout le monde, depuis les officiers jusqu'aux simples soldats, pour savoir si l'on n'avait pas quelques nouvelles de son neveu ou, tout au moins, de ce qui se passait dans la ville assiégée.

On avait commencé par rire un peu des étranges façons de l'excellent homme et de ses manières surannées ; puis on avait fini par le prendre en affection, et l'on répondait maintenant à ses questions avec la déférence due à son âge et à sa situation.

Puis les anciens prisonniers de l'*Argonaute* adoraient le jeune fifre des Marins de la Garde, l'enfant héroïque dont le courage et le sang-froid les avaient soutenus et guidés dans les effroyables péripéties de leur évasion, pour les rendre finalement à la patrie et à la liberté.

Ces braves gens, eux aussi, étaient dans l'anxiété, sachant Roger en péril et ignorant ce qui avait pu advenir de sa hardie tentative.

Un jour ils se réunirent et envoyèrent une députation, à la tête de laquelle se trouvait naturellement Billenbois, pour prier le maréchal de faire son possible pour savoir ce qu'était devenu leur petit compagnon, et de demander à l'échanger contre quelque prisonnier, s'il avait été pris par les Espagnols ou les Anglais.

Le duc de Bellune promit de faire ce qu'il pourrait pour Roger, d'autant plus volontiers que lui-même s'intéressait vivement à sa jeunesse et à son courage.

Saint-Roquentin rentrait un soir dans sa tente, suivi du fidèle Pâloiseau, quand il aperçut un officier d'état-major qui lui dit en le saluant :

— Monsieur, je désire avoir avec vous un entretien particulier ; je viens de la part de M. le maréchal Victor.

— Soyez le bienvenu, répondit le chevalier, et veuillez entrer dans mon modeste logement. M. le vidame de Pâloiseau est un ami de trente ans qui peut entendre sans nul inconvénient tout ce que vous avez à me dire.

Quand les trois interlocuteurs furent seuls, l'aide de camp reprit :

— Monsieur, nous avons reçu des nouvelles de votre neveu.

— Ah ! mon Dieu ! s'exclama Saint-Roquentin, pâle d'émotion.

— Rassurez-vous, il est vivant ; mais il se trouve dans une situation périlleuse, de laquelle il importe de le tirer aussi promptement qu'il sera possible.

— Parlez, monsieur, tout ce qu'il est humainement possible de faire pour ce pauvre enfant sera fait, je vous le jure.

— J'en suis persuadé, monsieur, poursuivit l'officier en s'inclinant. Voici ce qui s'est passé.

En quelques mots, l'envoyé du maréchal apprit au vieux gentilhomme le malheureux résultat de l'expédition de Roger. Il ajouta que le duc de Bellune avait offert au gouverneur espagnol d'échanger l'enfant contre dix prisonniers enlevés dans les derniers combats d'avant-postes ; mais on avait répondu que l'on tenait à garder tous les Français captifs, afin d'en faire des otages, au cas où la ville serait prise d'assaut.

— M. le maréchal, conclut-il, vous prie de ne point communiquer ces fâcheuses nouvelles. Si elles venaient à être connues des soldats de l'*Argonaute*, il s'ensuivrait une telle exaspération que tous ces braves gens risqueraient, pour sauver votre neveu, quelque coup de tête aussi dangereux pour lui que pour eux. Donc, nous pouvons compter, n'est-ce pas, sur votre honneur de Français et de gentilhomme pour que rien de tout ceci ne soit connu de personne ?

— Je vous en donne ma parole, fit le chevalier avec beaucoup de dignité ; mais nous demeurons libres, mon ami et moi, d'agir et de faire, personnellement, ce que nous croirons utile pour délivrer Roger.

— Nous n'avons ni le droit ni le désir de nous y opposer, monsieur, et nous vous prêterons même tel concours qui pourra vous être utile, s'il n'est pas incompatible avec le salut de l'armée.

— Je vous en rends grâce, et je vous prie d'en remercier pour moi M. le maréchal.

— Je n'y manquerai pas, soyez-en bien assuré. Et maintenant, fit l'officier en se levant, ma mission est terminée ; permettez-moi de prendre congé de vous en vous souhaitant bonne chance et pleine réussite pour vos généreux projets.

Saint-Roquentin reconduisit son visiteur avec toute la courtoisie qu'il avait accoutumée ; mais à peine fut-il rentré dans la tente qu'il se laissa tomber sur un siège et fondit en larmes.

— Allons, mon vieil ami, fit le bon vidame, du courage ; tout n'est pas...

— Perdu, acheva le chevalier; je le sais bien, mais la situation est fort grave! Qui sait à quels excès pourront se porter ces maudits Espagnols! Vous avez vu vous-même, au cours de notre voyage, de quelles abominables cruautés ils sont capables!

Pâloiseau frémit, revoyant comme en songe l'arbre aux grappes humaines, rencontré dans le défilé des Pyrénées.

— Enfin, reprit Saint-Roquentin en essuyant ses yeux, il ne s'agit pas de se désoler.

— Sans doute, et il faut...

— Nous mettre en route sur-le-champ.

— Comment!...

— Sans doute, puisque nous seuls pouvons aller au secours de ce malheureux enfant.

— Mais...

— Rassurez-vous, nous ne marcherons pas en aveugles; venez avec moi et ne vous inquiétez de rien.

— Croyez-vous que ma présence...

— Soit nécessaire? Assurément, et je ne puis conserver un compagnon plus fidèle.

— Sans doute, mais...

— Ne nous attardons pas en vaines discussions, et faisons nos préparatifs de départ.

Comme les deux amis n'emportaient pour tout bagage que deux légers portemanteaux et leurs bourses bien garnies, ils ne furent pas longs à s'apprêter, et bientôt ils se mirent en route, laissant au camp le fidèle Jasmin, bouleversé par cette continuelle dérogation à ses habitudes de trente ans, mais dont la présence n'eût pu qu'être gênante.

Comme le siège était poussé fort activement, le camp français n'était pas très éloigné de la ville, et bientôt les deux hommes furent arrêtés par le cri de « Halte-là! » des sentinelles espagnoles.

— Ne tirez pas, cria d'une voix forte le chevalier; nous sommes des déserteurs français.

— Des déserteurs! murmura le vidame avec angoisse; mais vous n'y songez pas; vous allez...

— Paix! fit Saint-Roquentin; laissez-moi faire, et surtout dites comme moi, ou nous sommes perdus.

— Palsambleu!...

— Chut! on vient nous reconnaître; plus un mot, et, si vous tenez à votre vie, gardez-vous de me contredire.

Quelques hommes avec un sous-officier arrivèrent et emmenèrent les trois compagnons.

— Monsieur, voulut expliquer le vieux gentilhomme, nous sommes venus ici pour...

— Silence! repartit brutalement le sergent. Taisez-vous, chiens de Français! vous vous expliquerez avec l'officier, s'il veut bien vous entendre et s'il ne préfère pas vous faire fusiller de suite.

— Fusiller! bondit Pâloiseau, mais il n'en a pas le droit! Nous sommes...

— Taisez-vous! et marchez plus vite, si vous ne voulez pas recevoir quelques coups de crosse dans le dos.

Ce disant, le militaire laissait retomber pesamment son fusil sur le pied droit du vidame, qui poussa un hurlement de douleur et allongea le pas pour éviter une seconde marque de la déplorable estime en laquelle l'Espagnol tenait les transfuges.

Au bout de quelques minutes, on parvint à une hacienda grossièrement fortifiée, dans laquelle résidait un capitaine avec une centaine d'hommes déguenillés, à la figure farouche.

Les deux prisonniers furent conduits devant ce personnage considérable, qui roulait une cigarette d'un air fort nonchalant.

— Qu'est-ce que cela? fit-il sans se déranger.

— Mon capitaine, expliqua le sergent, ce sont deux Français que nous avons pris...

— C'est bien, qu'on les fusille.

— Mais, protesta Pâloiseau, vous n'avez pas le droit de...

— Je le prends. Allez, José, je n'aime pas à répéter mes ordres deux fois, vous le savez.

— Cependant, capitaine, intervint le chevalier...

— Par la Vierge du Mont-Serrat, cria l'officier, voilà bien du bruit pour passer par les armes ces coquins! Depuis que nous en exécutons, ils devraient bien y être habitués!

— Monsieur, reprit Pâloiseau, nous sommes...

— Hé! vous êtes Français, je le sais bien! Mon Dieu! que d'affaires! allons, qu'on les emmène.

— Vous nous entendrez auparavant, hurla Saint-Roquentin exaspéré. Quelles sont ces façons, et où avez-vous été élevé ? »

— C'est bien ! qu'on les fusille !

Puis, profitant de la stupeur du capitaine, qui n'avait jamais été traité de cette sorte, il continua :

— Oui, Monsieur, nous sommes Français, mais gentilshommes et émigrés. Nous avons quitté le camp de nos compatriotes pour venir prendre du service parmi vous, comme beaucoup de nos amis et de nos parents l'ont fait, à Coblentz et ailleurs, et nous prétendons être reçus parmi vous avec tous les égards auxquels nous avons droit. Je suis le chevalier de Saint-Roquentin, et voici mon ami, le vidame de Pâloiseau, que je veux bien vous présenter.

L'Espagnol, changeant de ton, s'inclina poliment, ôta son chapeau et répondit :

— Messieurs, je vous prie d'agréer mes excuses et de me permettre de me présenter à mon tour. Je suis don Manuel-Alvar-José-Pedro-Alfonso-Iago-Luiz-Maria-Francisco-Pablo-Fernando-Felipe-Geronimo-Barbastro de Rosas de Zunigo de la Guardia de Penisiola y San-Carlos y Fuentes y Guardamar y Estrella y Otros-Montes.

— Monsieur, fit le chevalier fort poliment, je suis charmé de faire votre connaissance.

Le vidame, pendant ce temps, murmurait :

— Je suis bien heureux de ne pas être venu au monde en Espagne ; je ne me souviendrais jamais de tous mes noms de baptême.

Et, pensif, il songeait : Cet homme doit appartenir à une bien grande famille, pour avoir autant de noms que cela.

Le capitaine don Manuel, etc., reprit :

— Je vais avoir l'honneur de vous faire conduire chez le seigneur gouverneur, qui vous recevra d'une façon digne de votre rang.

— Nous vous en rendons mille grâces, monsieur, répliqua le chevalier.

Le piquet destiné à fusiller les deux gentilshommes servit à les escorter avec la plus grande déférence, montrant ainsi les variations de la fortune dans la vie humaine plus puissamment que ne l'eussent pu faire Sénèque et tous les doctes philosophes de l'antiquité.

Mais Saint-Roquentin ne pensait point à tirer des conclusions abstraites de ces événements ; il songeait à soutenir son rôle et à se faire bienvenir des autorités devant lesquelles il allait comparaître.

— Vous nous faites jouer, soupira tout à coup Pâloiseau amèrement, de jolis...

— Personnages. Ma foi, je n'en suis pas plus charmé que vous ; mais c'est la guerre, et l'on emploie les ruses que l'on peut trouver !

— C'est égal...

— Chut ! on nous observe, soyez prudent : la moindre inadvertance pourrait nous perdre !

Parvenue dans la ville, devant un palais d'assez belle apparence, l'escorte s'arrêta.

Le sergent qui la conduisait échangea quelques mots avec un officier commandant le poste d'honneur, puis il se retira avec son monde; mais deux nouveaux soldats remplacèrent les premiers et menèrent les faux transfuges dans une grande salle spacieuse, servant aux audiences du premier magistrat de la ville, puis ils se retirèrent.

— Ces gens-ci, remarqua le chevalier avec beaucoup de bon sens, nous font de bien grandes civilités ; mais ils semblent avoir gardé une assez grosse méfiance.

— Vous avez raison, approuva le vidame, qui avait, avec précaution, regardé par le trou des serrures ; à toutes les portes il y a un factionnaire, et nous sommes entrés avec plus de facilité que nous n'en aurons assurément pour sortir.

— Peu nous importe, reprit Saint-Roquentin. Pour le moment, nous tenons précisément à rester ; nous verrons plus tard à procéder d'autre sorte pour nous en aller.

Un bruit de pas interrompit cet entretien.

Une porte s'ouvrit, et un huissier annonça :

— Son Excellence monsieur le gouverneur !

Le personnage revêtu de ce titre n'avait point un extérieur fort pompeux.

C'était un petit homme très gros, tout rond des pieds à la tête, le visage encadré dans deux favoris également ronds, propriétaire de deux petits yeux qu'on eût cru percés avec une vrille et protégés par une paire de lunettes vertes, grâce auxquelles sa physionomie, naturellement bizarre, devenait tout à fait ridicule.

Cet important fonctionnaire fit quelques pas au-devant de nos héros, les salua, puis, après s'être mouché et avoir craché abondamment, mais avec beaucoup d'autorité, il voulut bien proférer ces quelques paroles :

— Vous êtes Français, messieurs, m'a-t-on dit ?

— Oui, monsieur le gouverneur.

— Et émigrés ?

— Oui, monsieur le gouverneur.

— Vous désirez prendre du service dans les troupes que j'ai l'honneur de commander ?

— Oh ! mon Dieu..., commença Pâloiseau, d'un ton peu enthousiaste.

— Certainement, certainement, monsieur le gouverneur, interrompit vivement Saint-Roquentin.

— Fort bien ! Dans ce cas, vous ne trouverez pas mauvais, messieurs, que je vous demande si vous avez quelques papiers justifiant de votre identité ; car chez moi, messieurs, la courtoisie n'exclut pas la prudence, et je dois m'entourer, dans l'exercice de mes fonctions, de toutes les garanties nécessaires à la sécurité de la ville de Cadix et de ses intrépides défenseurs.

Après cette tirade un peu longue, le petit homme s'arrêta et souffla bruyamment, tel un phoque poursuivi par des chasseurs.

— Rien n'est plus juste, monsieur le gouverneur, dit le chevalier ; voici tous les documents que vous pouvez souhaiter.

Et il tendit à l'hidalgo un volumineux portefeuille, bourré de parchemins et de pièces de toutes sortes, établissant à n'en pas douter ses qualités et celles du vidame.

— Voilà qui va fort bien, messieurs, déclara l'Espagnol après un examen approfondi. Maintenant, dites-moi ce que je puis faire pour vous.

— Si nous ne craignions pas d'être trop indiscrets, nous solliciterions d'être attachés, tous les deux, à l'état-major de Votre Excellence.

— Accordé, bien volontiers ; et pour vous donner une marque immédiate de notre confiance et de notre haute considération, nous allons vous faire amener des chevaux sur-le-champ afin que vous puissiez prendre part à la grande sortie qui va avoir lieu aujourd'hui même et dans laquelle, sans nul doute, nos vaillantes troupes vont culbuter et détruire le camp français. Je vais donner les ordres nécessaires.

Le petit homme tourna sur ses talons avec la grâce et la légèreté d'un jeune éléphant, et sortit en fredonnant.

— Nous voici, gémit le vidame, dans une plaisante...

— Situation, acheva le chevalier. Évidemment nos affaires tournent autrement que je ne l'avais espéré, mais il ne faut pas nous décourager ; après tout, nous allons voir d'un peu près nos troupes infliger une nouvelle défaite à ces outrecuidants Espagnols et à ces maudits Anglais, et voilà tout.

Le bon Saint-Roquentin était insensiblement devenu le meilleur patriote du monde, et il n'était plus question de l'« Ogre de Corse, vaincu et remplacé par le roy Louis, XVIIIe du nom » !

— Je trouve, moi, s'exclama Pâloiseau, que vous prenez bien tranquillement votre parti de nos...

— De nos dangers? Hé, mon Dieu, tout le monde n'est pas tué dans un combat ; nous en reviendrons, et nous irons d'autant plus aisément au secours de notre pauvre Roger que nous aurons donné à ses geô-

San-Martinez fouillait l'horizon de sa lorgnette.

liers ce gage de notre sincérité, le meilleur de tous sans contredit, de paraître avec eux sur le champ de bataille.

La porte s'ouvrit de nouveau, et un officier de dragons anglais vint annoncer que les chevaux attendaient, sellés, au dehors.

En même temps, il se mit à la disposition des deux gentilshommes pour les conduire auprès du général en chef.

— C'est M. le gouverneur? demanda Saint-Roquentin pour dire quelque chose.

— Non, monsieur, fit le cavalier d'un ton rogue ; M. le gouverneur ne sort jamais de la ville ; c'est le général San-Martinez.

Le vidame avait bien envie de protester; puisqu'il était attaché à l'état-major de l'un, il n'avait aucune raison pour suivre l'autre...

Mais le chevalier, prévoyant la réplique, le regarda d'un air tellement significatif qu'il se tut et monta à cheval d'assez mauvaise grâce.

Les troupes occupaient déjà leur poste de combat, et San-Martinez, du haut d'une colline, fouillait l'horizon de sa lorgnette. Deux autres généraux espagnols et trois ou quatre officiers anglais se tenaient derrière lui.

Les Français, démasquant une batterie cachée dans un pli de terrain, couvrirent de boulets l'infanterie ennemie, et deux des projectiles arrivèrent, l'un à quelques pas devant Pâloiseau, et l'autre à sa gauche.

Le vidame ôta son chapeau en souriant.

— Qu'ils soient les bienvenus, fit-il; après tout, ils viennent de France.

— Sarpejeu! s'exclama le chevalier; mais vous êtes brave, mon ami; pourquoi me l'aviez-vous toujours caché?

— Parce que, riposta son vieil ami, je ne le savais pas moi-même, je n'avais jamais essayé.

Après l'artillerie, vint la mousqueterie, puis une charge à la baïonnette, si terrible que l'armée anglo-espagnole tourna le dos précipitamment et rentra dans la ville plus rapidement qu'elle n'en était sortie.

L'état-major, bien entendu, n'était pas demeuré sur le champ de bataille et avait rejoint le quartier général en toute hâte.

— Maintenant, dit Saint-Roquentin, nous avons gagné, je pense, la confiance de nos ennemis; profitons-en, et occupons-nous de Roger.

Et les deux bons gentilshommes allèrent se promener sur le port, où ils devisèrent longuement de leurs moyens d'action.

CHAPITRE VIII

PROUVANT CLAIREMENT QUE LES PLUS SAGES PRÉVISIONS NE SE RÉALISENT PAS TOUJOURS

Au moment même où le chevalier et le vidame combinaient les plans les plus divers pour la délivrance de Roger, deux autres personnages s'occupaient également de son sort, mais d'une façon toute différente.

Dans une maison attenant à la prison, Brown et Renaud tenaient conseil.

— Alors, disait l'Anglais, vous les avez reconnus?

— Parfaitement.

— Tous les deux?

— Oui.

— Je suppose qu'ils viennent dans la ville pour délivrer Roger; ils se seront inquiétés de son absence prolongée; peut-être même ont-ils appris, par les espions de l'armée française, le résultat de sa tentative?

— C'est fort possible.

— Dans tous les cas, poursuivit M. Brown, il est fort à présumer que leur démarche imprudente leur sera fatale.

— En vérité, répliqua Renaud, le croyez-vous?

— J'en suis presque sûr. Supposez que ces deux vieux fous soient dénoncés; supposez qu'on les arrête pour espionnage et qu'on les passe par les armes. Ce malheur augmenterait, certainement, l'héritage auquel aura droit le marquis de Noirmont.

— Et comme c'est moi qui passerai pour le marquis...

— C'est vous, ou plutôt c'est *nous* qui recueillerons cette succession...

— Nullement à dédaigner, car le chevalier de Saint-Roquentin est fort riche!

— Que pensez-vous de mon plan?
— Il n'est pas mauvais; toutefois je lui trouve un léger défaut.
— Lequel?
— Il est irréalisable, au moins en partie.
— Comment?...
— Avez-vous donc oublié les nouvelles dispositions du gouverneur, ses terreurs des représailles depuis l'affaire de l'*Argonaute,* et sa ferme résolution d'épargner désormais la vie de tous les prisonniers, indistinctement? De plus, comment prétendez-vous prouver la culpabilité du chevalier et du vidame? Leur présence sur le champ de bataille les a mis fort avant dans la confiance de tous les généraux, espagnols aussi bien qu'anglais.

— Vos arguments ne manquent pas de valeur, approuva Brown; il faudra trouver autre chose. D'ailleurs, de ce côté nous avons plus de loisir; il faut songer à l'enfant et à ses compagnons, les deux marins, qui pourraient nous gêner.

— Croyez-vous que le gouverneur les excepte de ses mesures de clémence intéressée?

— Non.

— Alors nos affaires vont mal.

— Ce n'est pas mon opinion.

— Je ne vous comprends plus.

M. Brown tira lentement une tabatière de sa poche, huma voluptueusement une énorme pincée de tabac, fit disparaître par une chiquenaude élégante quelques grains tombés sur son habit, et poursuivit avec le même flegme :

— J'ai trouvé une combinaison très simple.

— Parlez, dit Renaud.

— Voici. Dans le mur de la prison, et dans le cachot même où M. Roger de Noirmont, fifre des Marins de la Garde Impériale, est enfermé avec MM. Cacatois et Ladurec, du même corps, passe un énorme conduit d'eau qui alimente un immense réservoir. Si, par un accident tout à fait regrettable, ce conduit venait à crever, en quelques minutes le domicile actuel de ces trois malheureux serait complètement inondé, et ces messieurs seraient noyés sans pouvoir même appeler à leur secours. C'est une mort horrible, et je frémis quand je pense qu'un pareil malheur pourrait arriver bien facilement, car...

— Car?...

— Car cet immense tuyau est en mauvais état. Un coup de pioche, maladroitement donné, le ferait crever ; et, le poids de l'eau achevant de le détruire, le cachot de ces infortunés serait instantanément transformé en citerne.

— Fort bien ; mais où faudrait-il donner ce coup de pioche?

— Tout simplement dans la cave de cette maison où nous sommes, puisque la muraille est la même que celle de la prison.

— J'ai, ricana l'ignoble Renaud, un funeste pressentiment ; je crains vivement une catastrophe imminente !...

— Mon opinion, repartit Brown, est absolument pareille à la vôtre. Mais, pour laisser de côté ce pénible sujet, revenons au vidame et au chevalier. Ne croyez-vous pas qu'il serait convenable de leur offrir un logis ? Nous avons beaucoup de place ici, et je pense que vous ne seriez pas fâché de jouir de leur agréable société ; il vaut mieux les avoir sous la main en cas de besoin. Qu'en pensez-vous ?

— Je constate une fois de plus que nous avons toujours la même manière de voir.

— C'est une chose tout à fait remarquable.

Après une légère pause, destinée sans doute à laisser savourer la beauté et la profondeur de cette remarque, l'Anglais prit son chapeau et sa canne :

— Allons tout de suite faire notre invitation.

Les deux coquins sortirent aussitôt et se dirigèrent vers le palais du gouverneur, où ils comptaient trouver les deux gentilshommes.

Là on leur répondit que ces messieurs étaient allés se promener, mais qu'on les trouverait sans doute sur le port, attendu qu'on les avait vus se diriger de ce côté.

En effet, quelques minutes après, Brown et Renaud se précipitaient au-devant de leurs victimes, avec force coups de chapeaux cérémonieux et force obséquieuses salutations.

L'ex-sollicitor plia sa longue échine avec une exagération inquiétante pour la solidité de cette partie de son individu :

— N'est-ce pas, interrogea-t-il, un respectueux sourire aux lèvres, à monsieur le chevalier de Saint-Roquentin que j'ai l'insigne honneur de parler?

— A lui-même, monsieur, répondit le chevalier en s'inclinant.

— Et à monsieur le vidame de Pâloiseau ? demanda Renaud à son tour.

— C'est moi, répliqua le vidame avec la même politesse.

— Que Dieu soit loué et remercié, reprit l'Anglais ; vous nous voyez les plus heureux du monde de cette si heureuse rencontre, et nous ne saurions assez nous féliciter du fortuné hasard qui nous place sur votre chemin. Outre le nom glorieux que vous portez et la réputation sans égale dont vous jouissez, vous avez encore une qualité suprême pour nous : vous êtes Français. Or, nous avons si rarement l'occasion de voir ici des compatriotes, que nous ressentons une joie infinie de vous voir, et nous ne souffrirons pas de vous savoir logés ailleurs que chez nous.

— Vous êtes Français ! s'exclama Saint-Roquentin avec étonnement.

— Oh ! vous me demandez cela parce que j'ai un peu d'accent ; il n'y a là rien de surprenant, j'ai été élevé à Londres. Permettez-moi d'ailleurs de faire une présentation en règles. M. Berlichon...

Ce disant, il désignait Renaud.

— ... Négociant en denrées coloniales...

Les deux gentilshommes s'inclinèrent.

— Moi, je me nomme le baron de Sainte-Gauburge, et je suis émigré. Maintenant, si nous pouvons vous être utiles le moins du monde, disposez de nous sans cérémonie ; nous serons trop heureux de vous rendre service.

Le chevalier se confondit en remerciements, fit quantité de façons avant d'accepter le logement qu'on lui offrait : il allait être une gêne, un embarras, il se reprocherait toute sa vie d'avoir été si indiscret. Puis il finit par accepter, sur les instances de ses deux nouveaux amis, et il les suivit, accompagné de Pâloiseau.

L'installation de leurs hôtes terminée, le baron de Sainte-Gauburge et le faux Berlichon les laissèrent aux soins de leur toilette et descendirent ensemble dans la cave.

— Mister Renaud, fit Brown, avez-vous apporté une pioche ?

— En voici une.

— Eh bien, à l'ouvrage !

Et l'Anglais, saisissant l'outil, monta sur un tonneau vide et attaqua vigoureusement le haut du mur.

L'Anglais, saisissant l'outil, monta sur un tonneau vide.

À sa grande surprise, les pierres, sans doute à cause de l'humidité causée par le voisinage de l'eau, offrirent fort peu de résistance.

Tout à coup, la pioche rencontra le vide, et on entendit une voix joyeuse s'écrier :

— Ohé du canot ! C'est-il que vous nous jetez la bouée de sauvetage ?

— Justement ! repartit Brown, avec un sourire ironique, vous avez deviné.

Et, d'un coup formidable, il creva le tuyau, juste au bord du cachot des marins.

Puis, précipitamment, il remonta, suivi de son complice.

Roger et ses compagnons, entendant le bruit du fer entamant le mur, avaient cru à l'arrivée de sauveurs venus du camp pour les délivrer, et leur émotion comme leur anxiété étaient indescriptibles.

Quand ils aperçurent l'extrémité de l'outil, leur joie devint du délire, et ils se jetèrent dans les bras les uns des autres, se croyant sauvés.

Mais soudain, quand l'instrument frappa le conduit, une trombe d'eau inonda rapidement le cachot étroit, et les coups cessèrent.

Alors ils comprirent et se virent perdus.

— Mille millions de caronades ! grondait Cacatois, se mordant les poings de rage ; dans cinq minutes, nous allons être transformés en sardines, sauf que ces individus oléagineux vivent dans les éléments liquides, comme vous et moi dans les nôtres !...

— Ne perdons pas un instant, fit Roger ; avec mon couteau peut-être pourrons-nous entamer la pierre, et, si nous y parvenons, l'eau s'écoulera de l'autre côté ; alors nous appellerons les geôliers, — si ce ne sont pas eux qui nous infligent ce supplice.

— Bravo ! ne put s'empêcher de dire l'éloquent Ladurec.

Et Cacatois cria :

— Très bien, petit, très bien ! A l'œuvre, mille millions de milliards de milliasses de... tout ce que tu voudras !

Chacun à son tour, se relayant, attaqua le mur avec une ardeur incroyable, — avec la fureur du désespoir.

L'eau montait toujours.

Maintenant, elle dépassait le trou entamé.

Quelques minutes s'écoulèrent, dans une angoisse effroyable.

L'eau montait. Les marins en avaient jusqu'au cou ; maintenant, ils travaillaient en plongeant.

Leur ouvrage n'avançait pas.

Tout à coup, le tuyau céda complètement et s'écroula, amenant un véritable torrent, impétueux, irrésistible.

— Flambés! fit Ladurec.

Mais le bâtiment semblait osciller comme un homme ivre, et, au moment où les trois amis étaient complètement immergés, la muraille céda sous le poids de l'eau et s'écroula dans la cave, entraînant les prisonniers jusqu'à la dernière marche.

— Bonsoir, messieurs, mesdames, la compagnie et tout un chacun, cria joyeusement Cacatois, comment vous portez-vous? Nous aussi, merci, adieu, bonsoir, bon vent, à la revoyure et bien des choses chez vous!

Ladurec voulut ajouter quelque chose à ce remarquable mouvement oratoire; mais il avait avalé tant de liquide que sa voix ne sortit pas, au moment même où peut-être, une fois dans sa vie, il allait se montrer éloquent.

Roger, lui, se secouait comme un caniche mouillé.

Quand il eut repris un peu ses esprits:

— Je crois, proposa-t-il, qu'il ne serait pas prudent de rester ici; allons-nous-en, mais avec précaution, car cette maison ne me paraît pas des plus hospitalières.

— Va bien, appuya Cacatois, filons notre nœud et gouvernons droit; mais d'abord faudrait relever le point. Par quel degré de latitude sommes-nous?

— Dans le vestibule.

— Bon, fameux, voilà comme qui dirait l'escalier qui mène, probable, dans les cabines des officiers de ce bâtiment — ici... As-tu fini ton branle-bas, failli terrien? grommela le gabier en s'interrompant pour foudroyer son matelot du regard.

Le pauvre Ladurec était en train d'expulser, non sans un bruit formidable de hoquets, la boisson qu'il avait, bien involontairement, absorbée.

Quand cette tempête intime se fut un peu calmée:

— Montons, dit l'enfant, mais doucement et avec précaution.

— Et essuyez-vous les pieds comme tout un chacun bien éduqué doit le faire en entrant dans une cambuse, opina Cacatois, dont les habits ruisselaient et formaient un petit lac à chacun de ses pas.

On monta silencieusement.

Parvenus sur le palier du premier étage, les trois amis s'arrêtèrent.

On entendait un bruit de voix.

Au bout de quelques secondes :

— Je connais ces particuliers-là, murmura Cacatois à voix basse ; ils sont trois là dedans, et... si je ne me trompe pas... mille caronades !...

— Le nombre de caronades ne fait rien à la chose, interrompit Roger : ce sont nos ennemis, Brown, Renaud et Pablo, leur domestique.

— Fameux ! reprit le marin en retroussant ses manches, on va en faire une fricassée numéro un.

— Tu ne vas pas les tuer !

— Tiens, et pourquoi pas ?

— Parce que.

— Ça c'est une raison, mais si tu n'en as pas d'autres...

— Si, j'en ai d'autres ; d'abord, j'aurais une invincible répugnance à verser le sang de ce Renaud qui m'a élevé...

— Ah ! tu peux lui garder de la reconnaissance, il y a de quoi !

— Enfin, je ne le veux pas.

— Bon, gronda Cacatois, on va lui faire des excuses.

— Je n'en demande pas tant, reprit Roger en riant ; nous allons seulement ligoter ces trois malfaiteurs et les emmener avec nous au camp ; là, on décidera de leur sort.

— Sapristi ! moi qui n'aime pas m'embarrasser de bagages, en voilà d'un peu encombrants.

— Allons-y ! dit Ladurec qui s'impatientait.

— Tu ne mets pas souvent ta voile au vent, toi, mais quand tu donnes toute ta toile, tu vas vent arrière !

— En avant ! conclut simplement l'enfant.

Et il ouvrit résolument la porte, suivi des deux marins, qui se précipitèrent aussitôt, l'un devant le seuil et l'autre devant la fenêtre, pour empêcher toute tentative de fuite des bandits.

Ceux-ci demeuraient pâles de stupeur et d'effroi.

— Messieurs, dit tranquillement Roger, je crois que vous n'attendiez pas notre visite, et je regrette de n'avoir pu vous prévenir. Vous voudrez bien aussi nous excuser de nous présenter dans cette tenue peu correcte ; le bain que vous nous avez si gracieusement offert en est la cause. Maintenant, pour vous rendre votre politesse, nous sommes venus vous inviter à faire une petite excursion dans le camp, où nous allons retourner.

Brown avait peu à peu recouvré son sang-froid.

Il le lança à travers les carreaux.

Glissant doucement sa main dans sa poche, il y atteignit un pistolet, l'arma et, le dirigeant sur Ladurec qui gardait la fenêtre, il fit feu.

Le chien s'abattit, mais la poudre était tombée, le bassinet était vide, et l'arme ne partit pas.

Le matelot, sans qu'on pût l'arrêter, empoigna l'Anglais dans ses mains puissantes et le lança à la volée à travers les carreaux.

On entendit un bruit effroyable de verre cassé.

— Il est tombé dans la véranda, fit tranquillement le brave Ladurec en se penchant; il a dû se tuer sur le coup.

— Ce n'est pas une grande perte! riposta Cacatois.

Après cet hommage rendu aux vertus de M. Brown, les cordons des rideaux furent détournés de leur usage primitif, afin de servir de liens pour attacher solidement le misérable Renaud.

Pablo avait disparu.

En regardant au dehors pour explorer prudemment les environs, Ladurec vit l'ex-sollicitor se relever péniblement; jugeant, d'après ce fait, avec assez de logique, que ce coquin était encore en vie, le marin descendit rapidement et lui fit subir le même sort qu'à son complice.

Les propres mouchoirs des misérables furent assujettis fortement devant leur bouche, afin de leur éviter la tentation de crier à l'aide; car l'excellent Cacatois, homme de bonnes manières et distingué avant tout, fit remarquer qu'il était du dernier mauvais goût d'interpeller les gens dans la rue.

La nuit était venue pendant ce temps.

— Voilà, dit Roger, le moment de nous esquiver modestement. Partons à l'anglaise, sans prendre congé de personne; nous aurions vraiment trop de visites à faire.

— Ne fût-ce qu'à ton cousin le geôlier, n'est-ce pas? Tout bien considéré, je me range à ton avis, ainsi que Ladurec, j'en suis sûr.

— Parfait! alors, allons-nous-en, sans perdre de temps.

— Un moment; si, avant de partir, on se réconfortait un peu l'estomac, à l'aide d'un verre de n'importe quoi arrosé d'une bonne ration de pain et de viande? Ces particuliers doivent avoir quelques provisions de choix dans leur soute aux vivres, et il ne serait pas mauvais de prendre des forces avant de partir.

— C'est vrai; mais il serait plus prudent, objecta l'enfant, de nous esquiver sans tarder davantage; nous souperons au camp. Si les geôliers ont la fâcheuse idée de faire une ronde, ils verront le mur à bas, devineront aisément comment nous avons pu nous évader, et nous serons pris ainsi que des souris dans une souricière.

— Tu as raison, filons. Mais nous ne pouvons emporter ces messieurs à la main comme des valises; enveloppons-les dans des rideaux et plaçons-les sur notre dos; personne ne devinera le contenu de nos paquets.

Joignant l'action à la parole, les matelots eurent bientôt fait de Renaud et de Brown deux colis très présentables et dénués de toute ressemblance avec des formes humaines.

Puis les trois amis sortirent de la maison, doucement et avec précaution, sans se douter que, à l'étage au-dessus, le chevalier et le vidame étaient couchés dans leurs lits, se reposant de leurs fatigues, et ne soupçonnant pas la présence de ceux qu'ils étaient venus chercher!

Les fugitifs eurent soin, tout d'abord, de s'éloigner de la prison en toute hâte; puis ils cherchèrent à s'orienter, afin de trouver la direction du port et d'y prendre le canot laissé par Roger.

Ce moyen était le plus simple, et ils pensaient pouvoir regagner aisément, de cette façon, la partie de la côte occupée par les Français.

Ils venaient de déboucher dans une rue donnant sur la mer, quand ils entendirent un bruit de pas cadencés.

— Halte! fit Cacatois, qu'est-ce que c'est que ça?

— C'est une patrouille, répondit Roger.

— Mille millions...

— Laisse là tes millions et tâchons de l'éviter.

— Trop tard, elle gouverne droit sur nous; les pas se rapprochent.

— Bon, faites comme moi et ne bougez surtout pas.

L'enfant s'étendit tout de son long devant une porte et feignit de dormir profondément.

Ses compagnons l'imitèrent; ils posèrent leurs fardeaux à terre, menaçant ceux qu'ils contenaient de les étrangler au moindre mouvement; puis ils se mirent à ronfler comme des gens dont la conscience est paisible et n'a rien à se reprocher.

La patrouille — car c'en était une — suivit la rue dans toute sa longueur et s'arrêta subitement devant les dormeurs, dont les ronflements devenaient de plus en plus sonores.

— Quels sont ces gens-là? fit brusquement le sergent commandant la petite troupe.

— Bah! dit un caporal, ce sont des contrebandiers; voyez leurs ballots.

— C'est juste, reprit le sous-officier; pauvres gens! Laissons-les reposer; ne faites pas trop de bruit, vous autres. En avant!

Et la patrouille s'éloigna sur la pointe du pied, pour ne pas réveiller les prétendus fraudeurs.

Quand elle eut disparu, les Français sautèrent vivement sur leurs pieds et se remirent en route, en riant de bon cœur de la naïveté des soldats espagnols.

Arrivés sur le port, ils se cachèrent derrière un amas de poutres et de pierres de taille destinées à réparer les bâtiments de la douane, et Roger partit seul à la recherche de sa barque.

Il s'avança prudemment, redoutant de voir se renouveler pour lui l'aventure de Cacatois et de Ladurec avec les douaniers.

Vainement il explora d'abord la place où il avait attaché le canot, puis tous les environs, et enfin presque tout le port; ses recherches demeurèrent infructueuses.

L'heure s'avançait, il fallait prendre un parti et surtout terminer l'évasion avant la nuit.

Il revint vers ses compagnons et leur annonça tristement ce nouvel et fâcheux incident.

— On l'a volé, supposa judicieusement Ladurec.

— Possible! riposta Cacatois, mais ça ne fait rien à l'affaire. Pour lors, s'agit présentement de voir de quel côté on va diriger le gouvernail. On pourrait s'en aller à la nage, si ça n'était pas si loin...

— Oui, mais c'est beaucoup trop loin en effet, dit Roger; il faut trouver autre chose. Peut-être pourrions-nous surprendre une sentinelle à une poterne, l'empêcher de crier en lui jetant un vêtement quelconque sur la tête, ouvrir la porte et filer.

— Malheureusement les factionnaires n'ont pas les clefs des portes, et à nous trois nous ne pouvons enlever un poste d'une vingtaine d'hommes.

— Pourquoi, dans ce cas, ne pas descendre des remparts avec une corde? Il n'en manque pas ici, nous n'avons qu'à en emporter.

— Fameux! fameux! s'exclama Cacatois; voilà quelques bouts de filin, empruntons-les sans bruit et allons aux remparts.

Tout en manifestant ainsi son approbation, le marin avait ramassé un paquet de cordages d'une bonne longueur et d'une solidité évidente.

Les trois amis se remirent alors en marche, sans oublier leurs « paquets », et trouvèrent facilement le chemin des fortifications.

CHAPITRE IX

DANS LEQUEL ON BRULE BEAUCOUP DE POUDRE AUX MOINEAUX

Les remparts de Cadix étaient gardés avec de minutieuses précautions, justifiées par la présence de l'armée française.

De cent mètres en cent mètres, des factionnaires étaient placés, l'arme chargée, pour observer les environs, et, toutes les cinq minutes, ils étaient obligés de se renvoyer le cri : « Sentinelles, prenez garde à vous! »

C'était une mesure de précaution destinée à empêcher les soldats de dormir à leur poste, et à s'assurer de leur vigilance.

Il y avait là une difficulté de plus pour nos héros.

S'ils s'emparaient d'un des veilleurs, on ne manquerait pas de s'en apercevoir par son silence, et aussitôt le corps de garde voisin ne tarderait pas à accourir.

— N'importe, répondit Cacatois à cette objection soulevée par Roger; nous n'avons pas le choix des moyens, et il faut nous tirer d'affaire comme nous pourrons.

Ladurec se chargea de réduire un factionnaire au silence, et il demanda à l'enfant son couteau.

— Pour quoi faire? Tu n'as pas l'intention de tuer ce malheureux?

— Dame!... fit le marin, d'un air un peu embarrassé.

— Mon fiston, repartit Cacatois, nous n'avons pas le temps de faire du sentiment; d'ailleurs nous sommes en guerre avec les naturels de ce pays, et si nous les rencontrons demain sur le champ de bataille, ça ne sera pas pour leur adresser tous nos compliments. Si ce brave Espagnol que tu veux épargner nous apercevait et savait qui nous sommes, il n'hésiterait pas, lui, à nous larguer un coup de fusil en grand. Alors...

— C'est vrai, approuva l'enfant, mais, mon bon Ladurec, fais ton possible pour ne pas le tuer.

— Convenu, répliqua le marin, laisse aller.

— Avant partout, commanda Cacatois.

Ladurec s'éloigna, et, se couchant à plat ventre, commença à ramper dans les herbes assez élevées qui poussaient sur les fortifications.

La sentinelle se promenait le long du talus, jetant fréquemment un regard rapide sur l'horizon, du côté de la campagne; mais elle ne se tournait jamais vers la ville, pensant qu'aucun danger n'était à redouter par là.

Le matelot avançait prudemment, se dissimulant de son mieux et levant la tête juste assez souvent pour ne pas s'égarer.

Roger et Cacatois prirent bientôt le même chemin, prêts à lui prêter main-forte à l'occasion, demeurant assez éloignés cependant pour ne pas gêner ses mouvements.

Ladurec parvint ainsi à un mètre du factionnaire.

Soudain il se leva brusquement, bondit sur l'homme et le saisit fortement à la gorge, lui faisant un collier de ses doigts de fer.

L'Espagnol ouvrit la bouche pour crier.

Le couteau du marin s'enfonça dans sa poitrine.

Le soldat tomba, proférant un gémissement étouffé.

— Bon! murmura Cacatois; maintenant prenons la chasse.

Et, déroulant la corde prise sur le port, il l'attacha solidement à un petit arbre qui se trouvait là.

— Le mousse d'abord, commanda-t-il d'un ton qui ne permettait pas de réplique; ensuite toi, Ladurec, et moi le dernier; mais démarrons les uns après les autres pour ne pas rompre le câble.

A ce moment, on entendit dans le lointain : « Sentinelles, prenez garde à vous! » en espagnol.

Le cri de veille se rapprocha, puis retentit à une centaine de mètres.

Cacatois écoutait attentivement.

Quand vint le tour du malheureux factionnaire qui ne pouvait répondre, — et pour cause, — le matelot répéta la phrase réglementaire, point trop distinctement pour ne pas donner de soupçons par sa prononciation d'une insuffisante correction.

— Maintenant, observa-t-il, nous avons cinq minutes devant nous, il faut en profiter. Pars, mousse, et quand tu auras abordé au fond du fossé, tu siffleras doucement.

La sentinelle se promenait le long du talus.

Roger saisit la corde à deux mains résolument, et se laissa glisser dans l'abîme.

Bientôt il donna le signal convenu, et Ladurec à son tour, après avoir, selon son expression, « largué les prisonniers sur l'amarre », se mit en devoir d'opérer la périlleuse descente.

A peine avait-il disparu, qu'un bruit d'armes retentit à quelques pas.

— Mille millions ! gronda Cacatois, c'est une ronde ! s'agit de gouverner vers le large. Je ne sais leur mot d'ordre, et puis mon costume me trahirait, et d'ailleurs le corps de ce brave Espagnol... — Ohé ! fit-il, en se penchant sur le fossé.

— Ohé ! répondit Ladurec.

— Patine-toi, mon fiston, voile à tribord, portant pavillon ennemi !

— Bon, largue tes amarres.

— On y va !

Et Cacatois, voyant une dizaine d'ombres éclairées par un falot s'avancer rapidement de son côté, s'élança sur la corde et s'y suspendit à son tour.

Heureusement le câble était solide et pouvait, même sur cette longueur, porter aisément le poids de plusieurs hommes.

Mais, si rapidement qu'il eût agi, l'officier commandant la ronde l'avait aperçu.

Il cria : « Aux armes ! »

Puis, s'élançant à la place où gisait l'infortuné factionnaire, il devina aisément ce qui s'était passé, d'autant plus que l'évasion des prisonniers venait d'être signalée.

— Montez sur le parapet, commanda-t-il, et feu sur ces misérables si vous les apercevez.

— Mon lieutenant, dit un des soldats, voici une corde qui pend sur le fossé.

L'officier se précipita, et, d'un violent coup de sabre, il trancha net le câble portant les deux matelots.

On entendit un double cri, puis le bruit de deux corps tombant dans l'eau...

Les Espagnols, après avoir attendu un instant, et encore qu'ils ne vissent rien remuer, déchargèrent leurs fusils au hasard.

On doubla les sentinelles, quelques hommes furent laissés en observation, puis la ronde s'éloigna enfin, et le lieutenant s'en fut au poste le plus voisin pour y prendre du monde et aller fouiller les environs, au cas où les fugitifs n'auraient pas péri dans leur chute.

Cacatois et Ladurec n'avaient pas été victimes, en effet, de ce terrible accident.

Comme ils savaient nager tous les deux, ils en avaient été quittes pour une forte émotion et un nouveau bain.

Revenus à la surface, ils avaient aperçu Roger assis sur une pierre faisant saillie aux pieds du rempart et gardant les prisonniers.

Cacatois lui avait fait signe de l'imiter, puis tous trois, plongeant de nouveau sans bruit, s'étaient éloignés rapidement, nageant entre deux eaux, si bien que leurs poursuivants n'avaient pu les apercevoir.

Dans leur plongeon, ils n'avaient eu garde d'oublier Renaud et Brown, sans s'inquiéter de savoir si les compagnons forcés buvaient, dans cette circonstance, un peu plus que de raison.

Quand ils furent à bout d'haleine, ils sortirent la tête de l'eau et continuèrent à nager dans le fossé avec un bras, soutenant les captifs de l'autre et suivant toujours le bas des fortifications, de façon à n'être pas vus.

— Faudrait voir maintenant à aborder, murmura Cacatois à voix basse ; j'ai idée que ces faillis chiens de terriens vont chercher à nous crocher ; or nous ne sommes pas assez nombreux pour tenter l'abordage...

— C'est bien mon avis, approuva Roger.

— Alors, ouvrons l'œil et carguons nos langues.

Le plus difficile était fait, mais il s'agissait à présent d'arriver au camp. Pour y parvenir sans encombre, il fallait échapper à tous les détachements qu'on ne manquerait pas, sans doute, d'envoyer dans la campagne, après la chaude alerte de tout à l'heure.

— Orientons-nous d'abord, dit l'enfant ; nous devons nous diriger vers le sud-est ; ne nous égarons pas, car nous retomberions entre les mains des Espagnols ; dans ce cas, nous n'aurions à espérer ni grâce ni merci.

— Va bien, fit Cacatois.

Et, d'après la position des étoiles, il trouva sans hésitation le nord.

— Filons notre nœud, maintenant, reprit-il, et gouvernons droit sur le camp, sans louvoyer ni bourlinguer.

Les trois amis se mirent en route d'un pas pressé.

Ils n'étaient pas au bout de leurs angoisses.

Pour ne pas rester en vue, et afin de se dissimuler de leur mieux, ils avaient eu soin d'éviter les chemins, et ils marchaient à travers champs, se cachant comme ils pouvaient et profitant des moindres accidents de terrain pour celer leur présence.

Ils étaient ainsi parvenus au pied d'une immense tour en ruine, quand ils entendirent sur la route retentir le galop d'une vingtaine de chevaux.

Impossible de revenir en arrière, les cavaliers approchaient rapidement.

En avant s'étendait une immense plaine sur laquelle on n'apercevait même pas le moindre cactus ni le plus petit aloès pour se blottir derrière.

Il n'y avait pas à hésiter.

— Entrons dans la tour, dit Roger.

— Hum! murmura Cacatois; ces faillis chiens vont nous harponner là dedans avec une facilité!...

— C'est bien possible, et même probable, reprit l'enfant; mais comme nous n'avons que cet unique moyen de salut, nous ne pouvons pas en choisir un autre!

— Le mousse a raison, approuva Cacatois; fais un nœud plat sur ta langue et laisse aller.

Les fugitifs pénétrèrent dans la tour, en effaçant derrière eux, avec beaucoup de soin, la trace de leurs pas; puis ils montèrent les marches croulantes de l'escalier et s'arrêtèrent sur le palier du premier étage.

Ils n'avaient pas abandonné leurs prisonniers dans cette série d'aventures, et ce n'était pas pour eux la moindre gêne dans leurs étapes aventureuses.

En opérant la descente des remparts, les deux matelots avaient emporté leurs fardeaux, toujours enveloppés des rideaux protecteurs. Quand ils étaient tombés dans l'eau des fossés, ils ne les avaient pas abandonnés, se les étaient attachés solidement par leur ceinture, et maintenant ils les tenaient toujours sur leur dos.

Il est fort à présumer que Renaud et Brown se louaient fort peu de la persévérance des marins à les conserver avec eux; mais ils ne manifestaient aucune opinion à cet égard, par la simple raison que les solides bâillons garnissant leurs mâchoires empêchaient toute expansion de leur part.

Les deux coquins n'étaient pas, au surplus, au bout de leurs peines.

Roger et ses compagnons étaient à peine depuis cinq minutes dans les ruines, que les cavaliers arrivèrent.

Une voix forte commanda : « Halte ! » et la troupe s'arrêta.

Nos héros, penchés anxieusement sur les meurtrières croulantes, reconnurent l'uniforme des lanciers espagnols.

L'officier fit mettre pied à terre et attacher les chevaux, après quoi il fit entrer tout son monde, et l'on commença à fouiller scrupuleusement jusqu'aux tas de pierres encombrant la grande salle du rez-de-chaussée.

Les trois amis, prévoyant avec raison que les recherches allaient continuer par les étages supérieurs, grimpèrent prestement et sans faire du bruit jusqu'à la plate-forme de la tour.

On ne pouvait aller plus loin.

Et les pas des cavaliers se rapprochaient !

Maintenant ils exploraient le premier étage !

Encore quelques minutes, et ils allaient arriver !

La résistance était chimérique ; on pouvait se faire tuer, mais toute fuite était matériellement impossible.

Les deux marins, les bras croisés, immobiles, semblaient les statues de la Résignation et du Désespoir.

Roger cherchait un moyen de se tirer de ce mauvais pas.

Il rôdait avec inquiétude dans tous les coins, frappait doucement sur toutes les pierres, dans l'espoir vague, insensé, de trouver une cachette quelconque.

Machinalement il se pencha sur le parapet, et, du regard, fouilla dans le vide.

Soudain sa figure s'éclaira d'une lueur d'espérance.

Il fit signe à ses compagnons de venir et leur montra le long du mur, à l'extérieur, des crampons de fer destinés sans doute à suspendre des échelles pour les travaux de réparation.

— Écoutez-moi, fit-il si doucement que sa voix semblait un souffle. Voici notre dernière chance de salut. Il s'agit de nous suspendre à ces crochets ; nous resterons là jusqu'à ce que les Espagnols soient partis.

S'ils nous aperçoivent, nous sommes perdus; mais s'ils ne nous voient pas, nous avons bien des chances de nous échapper. En tout cas, c'est notre dernière carte, il faut la jouer. Hâtons-nous, nous n'avons pas une minute à perdre !

— Ça va, riposta Cacatois, nous sommes parés. Je vas m'affaler le premier; Ladurec me passera les prisonniers, et tous les deux vous viendrez ensuite.

Ce plan hardi fut rapidement exécuté.

Renaud et Brown, toujours couverts de leurs rideaux, furent accrochés par les marins, avec une touchante sollicitude; puis nos héros, à leur tour, se suspendirent par leurs ceintures, au moment même où les lanciers débouchaient sur la plate-forme en jurant, furieux de ne pas trouver ceux qu'ils cherchaient.

Il y eut un moment d'attente, émouvant au suprême degré; le cœur des fugitifs battait à rompre leur poitrine !

— Personne ! s'exclama l'officier avec dépit. Les misérables ont plus d'avance que nous ne le pensions. A moins toutefois, et je commence à le croire, qu'ils n'aient péri dans leur chute, et que nous ne retrouvions demain leurs cadavres dans les fossés. Allons, à cheval, et en route ! Ils ne sont pas ici, c'est évident, et nous n'avons pas de temps à perdre pour les rejoindre, s'ils errent encore dans la campagne.

Ce disant, il descendit vivement l'escalier, et, quelques minutes après, le galop des chevaux, retentissant de nouveau sur la route, permettait aux malheureux, suspendus sur l'abîme, de remonter sur la tour sans crainte de surprise.

Il était temps, car les ceintures, vieilles et usées, menaçaient de se déchirer et de céder sous le poids de leurs propriétaires.

On hissa à l'intérieur les prisonniers, et, après un peu de repos bien gagné, l'on se remit en chemin.

L'aube blanchissait à l'horizon ; avant d'arriver au camp français, il fallait encore franchir les avant-postes espagnols.

Il s'agissait donc d'user de grandes précautions, afin de parvenir, sans être vus, jusqu'à la ligne des sentinelles, plus vigilantes encore que les autres, celles-là, puisqu'elles étaient à quelques pas de l'ennemi.

En outre, l'évasion des marins avait été signalée, à n'en pas douter, et chaque poste devait être sur ses gardes et redoubler certainement de vigilance.

La circonstance étant grave, on tint conseil.

Cacatois prit la parole le premier :

— Ladurec, mon vieux, tu es le plus âgé, à toi de t'exprimer d'abord ; tiens bon la voile, et moi le mât. Dis ce que tu penses.

Le matelot ainsi interpellé roula des yeux énormes, mâcha convulsivement sa chique et parut réfléchir profondément.

On eût dit qu'il soulevait des montagnes d'idées, à le voir ainsi absorbé.

Enfin :

— Mon opinion, énonça-t-il lentement, c'est qu'il faut gouverner droit sur le camp, et toutes voiles dehors.

— Ça, répondit son camarade, c'est une opinion tout à fait excellente ; mais comment feras-tu pour ne pas te faire jeter le grappin par les terriens que nous allons rencontrer ? Dis un peu, pour voir !

Quand une idée géniale sort de la cervelle d'un homme, on ne saurait exiger décemment qu'il lui en vienne aussitôt une seconde, et cependant Ladurec, après une nouvelle pause, assez prolongée il est vrai, émit un nouveau plan :

— Je les crocherai à l'abordage.

Voyant que le brave homme avait, cette fois, « vidé son sac », selon l'expression même de Catatois, Roger prit la parole à son tour :

— Au fond, nous n'avons guère que ce parti à prendre ; toute ruse est impossible ; passer sans être vus est un moyen encore plus impraticable, puisque le jour est venu maintenant ; attendre la nuit, nous ne le pouvons pas ; nous serions découverts dix fois d'ici là. Il ne nous reste qu'à franchir les lignes en combattant ; nous y resterons ou nous passerons : c'est le hasard des batailles. Qu'en pensez-vous, mes amis ?

Du moment qu'il s'agissait de se battre, les marins étaient prêts à tout.

Aussi approuvèrent-ils sans hésitation la tentative désespérée qu'on leur proposait.

Cependant il fallait régler les détails, afin de mettre toutes les chances pour soi.

Cacatois voulait s'élancer le premier, ouvrir ainsi le passage à ses compagnons, et diminuer de cette façon les dangers en les concentrant sur lui seul.

Mais Roger, fort judicieusement, lui fit remarquer que, l'éveil une fois donné, on aurait affaire à tous les avant-postes, mis sur pied par l'alerte que ne manqueraient pas de donner les sentinelles.

Il fut donc décidé qu'on ne se séparerait pas : adviendrait que pourrait !

A l'aide du couteau de l'enfant, on coupa trois bâtons solides et bien en main, destinés à remplacer les armes manquantes.

Puis, résolument, on continua la marche en avant.

En sortant d'un petit bouquet de bois, donnant sur un espace découvert assez étendu, les fugitifs aperçurent un soldat espagnol, se promenant de long en large, l'arme au bras et jetant de tous côtés des regards scrutateurs.

— Mille millions, grommela Cacatois, ça ne va pas être commode ; quand nous allons appareiller, le gredin va nous signaler de suite, et nous aurons au moins vingt ou trente marsouins de son espèce sur les bras !... Si encore on n'avait pas ces particuliers-là à porter !...

Du regard il désignait Renaud et Brown, ficelés et roulés en paquet ; puis il sollicitait de l'œil Roger, comme pour lui demander si on ne pourrait pas se débarrasser de ces compagnons si gênants !

Mais l'enfant ne sourcilla pas.

— Allons, continua le marin, faut en prendre son parti ; si on avale sa gaffe, on le verra bien ! Pour lors, branle-bas de combat ; pare à sauter à l'abordage.

L'ordre dans lequel on devrait s'élancer sur le factionnaire fut bientôt arrêté.

Les matelots devaient courir en avant les premiers, suivis de près par Roger, et, quant aux prisonniers, on les porterait de façon à s'en faire de vivants boucliers ; tant pis pour eux si quelque balle malavisée les enlevait prématurément à l'affection de leurs contemporains ; après tout, ce serait épargner de la besogne au conseil de guerre.

Au signal donné par l'enfant, tous se précipitèrent hors du bouquet de bois protecteur.

Le soldat espagnol tournait le dos à ce moment ; l'on gagnait ainsi quelques secondes.

Quand il se retourna, il demeura saisi de stupeur, à la vue de ces deux paquets d'étoffes se dirigeant vers lui avec une fabuleuse rapidité.

Quand il revint de son étonnement, il tira au hasard un coup de

Il demeura soisi de stupeur.

fusil, n'atteignit personne et se précipita vers le poste en criant : « Aux armes ! » de toute la force de ses poumons.

L'officier de garde fit sortir ses hommes en toute hâte et commanda un feu de peloton.

Heureusement, grâce à la confusion inévitable qui régnait dans la grand'garde, cette salve n'eut pas plus d'effet que la balle de la sentinelle.

Une poursuite enragée commença alors.

Nos héros avaient pris de l'avance ; ils ne s'endormaient pas et dévoraient l'espace avec toute la célérité dont ils étaient capables.

Mais leurs fardeaux les gênaient singulièrement.

Quant à les abandonner, ils n'y songeaient même pas. Ils avaient résolu de rapporter Renaud et Brown avec eux : aucune puissance humaine ne les en eût fait démordre.

Cependant ils commençaient à s'essouffler ; leur cœur battait avec force, leurs tempes semblaient serrées par une corde, des bourdonnements grondaient dans leurs oreilles...

Ils n'en pouvaient plus.

Les Espagnols, dans leur course, n'avaient pas pris le temps de recharger leurs armes, ils bondissaient comme des chèvres, ils gagnaient du terrain, et on pouvait aisément prévoir le moment où ils allaient aborder les fugitifs.

Tout à coup Ladurec buta contre une pierre et s'abattit de tout son long, la face sur Brown, qu'il tenait toujours entre ses bras vigoureux.

Les ennemis poussèrent un cri de triomphe. Mais ils se réjouissaient trop tôt, car en ce moment éclata une fusillade bien nourrie, et une section de grenadiers français parut entre des buissons qui avaient jusque-là caché leur présence.

— En avant ! commanda un capitaine ; à la baïonnette, mes enfants ! et culbutez-moi cette canaille !

Les Espagnols avaient disparu beaucoup plus vite qu'ils n'étaient venus, et le détachement arrivé si à propos put s'occuper uniquement de recueillir Roger et ses compagnons, sans oublier les captifs, qu'on délivra — enfin ! — de leur gênant attirail.

Les trois amis les confièrent aux soins éclairés des grenadiers et s'en furent à leurs tentes pour y prendre un repos bien gagné.

Roger, en arrivant, se mit en quête du fidèle Jasmin, afin de l'envoyer prévenir son oncle de son heureux retour.

Il ne tarda pas à trouver le vieux serviteur.

— Ah! mon Dieu, fit le brave homme, monsieur Roger!.

— Moi-même, mon bon Jasmin; sain et sauf, comme tu vois. Va-t'en bien vite prévenir mon oncle et le vidame de mon arrivée : ils doivent être dans une mortelle inquiétude.

Jasmin pâlit.

— Qu'as-tu donc?

— Seigneur! M. Roger ne ramène donc pas M. le chevalier, ni M. le vidame?

— Comment?

— Ces messieurs sont allés à Cadix, sachant la captivité de monsieur Roger, afin de le délivrer, ou du moins de faire tous leurs efforts pour cela!

L'enfant ne put retenir un geste de découragement.

— Il est donc écrit que nous n'en finirons jamais!... Que faire, mon Dieu, que faire?

— Peut-être, insinua le domestique, ces messieurs les marins pourraient-ils donner un bon avis à monsieur... Si monsieur les consultait?...

— Hé! parbleu, fit Roger avec humeur, Ladurec déclarera que c'est très grave, et Cacatois pensera qu'il faut reprendre mon oncle à l'abordage. Voilà tout ce que je tirerai des lumières de mes amis. Ce sont d'excellentes gens; mais, au point de vue de l'imagination, ils ne sont pas d'une force herculéenne... Que faire, mon Dieu, que faire?

— On dit que la nuit porte conseil, suggéra timidement Jasmin; d'ailleurs, monsieur Roger doit avoir besoin de repos.

— Ma foi, tu as raison, je n'en puis plus; demain nous aviserons. Mon pauvre oncle! Pauvre vidame! Que va-t-il leur arriver dans cette maudite ville!...

Et l'enfant désolé s'en fut coucher. La fatigue prit bientôt le dessus; il s'endormit profondément, en rêvant que Saint-Roquentin prenait Cadix d'assaut avec l'aide du vidame et que tous deux étaient décorés de la plaque de grand officier de la Légion d'honneur de la propre main de Napoléon.

CHAPITRE X

QUI DÉMONTRERA COMBIEN IL EST UTILE A LA GUERRE DE SAVOIR IMITER LES SIGNATURES

Roger s'éveilla fort tard.

La fatigue l'avait emporté sur l'inquiétude, et quand il sortit de sa tente, il trouva le camp dans toute l'animation des travaux quotidiens. Les cavaliers pansaient leurs chevaux, les artilleurs nettoyaient leurs pièces et leurs attelages, et les fantassins faisaient l'exercice comme en garnison.

Il commença par faire sa toilette d'une façon assez prolongée, car il avait dû, pendant sa dernière captivité, renoncer forcément à bien des soins que les Espagnols eussent qualifiés de raffinements, mais qui, pour les Français, étaient d'une absolue nécessité.

Après quoi il alla rejoindre ses amis les matelots.

Il les trouva au milieu du détachement des Marins de la Garde, formé depuis l'évasion des prisonniers de la *Vieille-Castille* et de l'*Argonaute;* car, grâce à ces débris de Baylen, on avait pu reconstituer deux belles compagnies.

Cacatois était fort occupé à narrer à ses amis ses dernières aventures, avec sa brillante éloquence accoutumée.

Au moment où Roger arriva, le gabier concluait :

— Pour lors, nous avons mouillé en fin finale dans le camp, et nous nous y sommes embossés, à cette heure, pour recommencer à crocher l'English et l'Espagnol et tout le fourniment... Vive l'empereur!

Tout l'auditoire répéta : « Vive l'empereur! » et on se sépara pour vaquer chacun à ses occupations.

— Mon bon Cacatois, dit l'enfant, on dit que la nuit porte conseil : je crois que le proverbe n'est pas toujours vrai; car j'ai fort bien dormi, mais aucune idée ne m'est venue!

— A moi pas davantage, soupira le marin; et cependant faudrait bien voir à ne pas laisser votre brave oncle et son ami avaler leur gaffe pour avoir fait voile à votre rencontre !

— C'est bien mon avis, mais que faire?

— On pourrait peut-être retourner à Cadix, pour naviguer de conserve avec eux?

— J'y ai bien songé, mais maintenant nous sommes trop connus, nous serions infailliblement arrêtés sans pouvoir leur être d'aucun secours... Et puis, le maréchal nous permettra-t-il de tenter l'aventure? Il faudrait trouver autre chose.

— Trouver autre chose!... mais quoi?

— J'avoue que je ne vois aucun moyen...

— Moi non plus!... On pourrait peut-être demander à Ladurec?

— Sans doute, approuva l'enfant, en souriant malgré lui.

— Ladurec, demanda-t-il, quelle est ton opinion?

— Je pense, repartit le marin, qu'il faut délivrer les deux respectables particuliers.

— A merveille, continua Roger, mais comment?

— Je ne sais pas, affirma Ladurec avec importance; mais il faut les délivrer! voilà mon sentiment.

— Je vois que nous sommes d'accord tous les trois, au moins sur ce point; mais nous restons aussi perplexes sur les moyens à employer pour arriver au résultat que nous cherchons.

— Alors que faire? interrogea Cacatois anxieux.

— Consulter un aide de camp du maréchal, qui nous a toujours témoigné une grande bienveillance depuis notre arrivée; il ne refusera pas de nous donner un bon conseil.

— Bon! consentit Cacatois; gouvernons droit sur lui.

— La barre au vent, ajouta Ladurec.

Fort de cette unanime approbation, Roger, suivi de ses deux inséparables, se dirigea vers le quartier général et demanda le capitaine Castanié.

Quelques instants après, l'officier arriva, et apercevant ses visiteurs :

— Ah! c'est vous, mes amis, s'écria-t-il; j'ai su votre seconde évasion et le courage avec lequel vous l'avez si heureusement accomplie. Que puis-je faire pour vous être utile?

En peu de mots, il fut mis au courant de ce que l'on venait lui demander.

— Hum! fit-il avec embarras, voilà qui ne me paraît pas facile à arranger cette fois!... Il est évident que vous ne sauriez retourner là-bas, et d'ailleurs, je puis vous l'affirmer à coup sûr, le maréchal Victor ne vous autoriserait pas à tenter de nouveau l'aventure; il m'a parlé de vous hier, quand on lui a appris votre retour, et il est décidé à vous refuser toute autorisation de ce genre.

Puis, voyant la triste mine des trois compagnons :

— Je comprends votre désir de venir en aide au chevalier et au vidame, qui, en somme, se trouvent dans cette pénible situation pour avoir voulu aller à votre secours... Tenez, je vous connais assez maintenant pour savoir que je puis compter sur votre discrétion. Sachez donc que le duc de Bellune va envoyer à Cadix deux des meilleurs agents de Fouché, le ministre de la police, arrivés d'hier pour se mettre à sa disposition; ces gens auront pour mission de tenter l'impossible pour délivrer les deux gentilshommes. Si même vous désirez leur donner une lettre pour eux, ils se chargeront certainement de la leur faire parvenir. En résumé, je crois qu'ils s'acquitteront mieux de leur tâche que vous ne sauriez le faire vous-mêmes. Ils ont, plus que vous, l'habitude de ce genre d'exercice.

— Mon capitaine, répondit Roger avec un soupir de regret, il m'eût été bien plus agréable de tirer moi-même mon oncle et le vidame du mauvais pas dans lequel ils se sont mis pour moi; mais, puisque cela est impossible, je suis bien heureux néanmoins que l'on s'occupe de les tirer d'embarras; je vous remercie de votre bonté; tout à l'heure je vous ferai remettre une lettre pour le chevalier.

Et, saluant militairement, il s'éloigna.

Aussitôt rentré dans sa tente, il se procura, non sans difficulté, du papier, de l'encre et une plume, objets rares dans le camp, puis il écrivit à Saint-Roquentin.

Après lui avoir raconté, dans les plus petits détails, les péripéties de sa fuite, il terminait ainsi :

« Cette lettre vous sera remise, mon bon oncle, par un agent de M. Fouché, le ministre de la police; je ne le connais ni ne l'ai vu, mais le capitaine Castanié m'a affirmé que le maréchal Victor avait grande confiance en lui. J'espère qu'il sera assez habile pour vous ramener parmi nous; vous ne sauriez croire combien j'ai été peiné de vous savoir dans cette terrible situation à cause de moi. J'ai bien du chagrin à l'idée qu'un autre vous délivrera, qu'un autre fera pour vous ce que j'ai fait pour Cacatois et Ladurec. Eux étaient mes amis, mais vous, vous êtes non seulement le meilleur de mes amis, mais mon seul parent; vous remplacez mon pauvre père, et je ne puis penser sans une réelle douleur, que vous courez tous ces périls à cause de moi!

« Dieu veuille nous réunir bientôt, mon cher oncle, et vous ramener sains et saufs tous les deux! C'est la seule prière que je lui adresse en ce moment.

« Votre bien affectionné neveu,

« Roger de Noirmont. »

La lettre terminée, Ladurec l'alla porter au capitaine Castanié.

L'aide de camp l'assura qu'elle serait remise en mains sûres, et le brave marin revint enchanté.

S'il avait pu savoir quels étaient ces émissaires de Fouché, il eût été moins tranquille.

Renaud et son digne complice, mister Brown, ainsi que nous l'avons dit, avaient été, en arrivant au camp, confiés aux bons soins de la prévôté.

Ces deux honorables gentlemen n'étaient pas absolument à leur aise quand on les débarrassa des rideaux dont ils étaient enveloppés et des liens qui les serraient peut-être un peu plus qu'il n'eût convenu à leurs opinions sur le confortable en voyage.

En outre, leurs bâillons les avaient singulièrement gênés pour respirer, et, sans le secours du diable, leur patron et ami, nul doute qu'une prompte asphyxie ne les eût fait lamentablement périr à la fleur de l'âge.

Ils commencèrent donc par respirer largement, par s'étirer les membres et s'efforcer de marcher un peu dans les quatre pieds carrés de la tente servant de prison, qui constituait présentement leur domicile légal.

Ces utiles opérations terminées, ils se sentirent mieux, et M. Brown, avec son flegme habituel, interpella son compagnon en ces termes:

— Mister Renaud, je crains bien que notre carrière ne s'arrête ici; ces French dogs me semblent très disposés à nous enrichir chacun de douze balles de plomb, sans compter peut-être une treizième pour le coup de grâce.

— Mon cher monsieur Brown, il ne faut pas nous laisser faire; je suis extrêmement superstitieux, et je craindrais vraiment que ce chiffre de treize balles ne nous portât malheur.

— Je partage votre avis là-dessus, mister Renaud; mais comment éviter cet accident?

— Monsieur Brown, ma modestie bien connue m'empêche de me décerner à moi-même des éloges, bien mérités cependant, mais je ne verrais aucun inconvénient...

— A ce que je vous les adressasse moi-même?

— Parfaitement. Vous êtes, en vérité, d'une perspicacité merveilleuse.

— Je vous remercie. Mais, avant de vous décerner ces couronnes, je voudrais bien...

— Fi! monsieur Brown! vous avez bien peu confiance en moi; je m'en aperçois avec peine; mais cela ne m'empêchera pas, néanmoins, de vous tirer avec moi de ce mauvais pas où nous sommes.

— Ho! je serais curieux de voir comment.

— On va vous satisfaire, et sur-le-champ, encore.

Ce disant, Renaud écarta la toile de la tente.

— On ne passe pas! cria un factionnaire, en croisant la baïonnette contre le prisonnier.

— Mon ami, repartit doucereusement le coquin, nous désirons parler à M. le maréchal Victor, duc de Bellune, commandant en chef l'armée française...

— Ça n'est pas mon affaire, interrompit brusquement le soldat; vous vous expliquerez si vous voulez avec le caporal, quand il viendra me relever. Pour le moment, assez causé; rentrez, ou sinon...

Un geste menaçant compléta le discours succinct, mais énergique, du troupier.

— Mon ami, insista Renaud, prenez garde : vous serez responsable de grands malheurs. Il est urgent que nous puissions parler sur-le-champ au général en chef. Appelez votre caporal, de cette façon vous ne serez passible d'aucun reproche.

Le grenadier réfléchit un instant.

— C'est bon, rentrez, on va l'appeler.

Dix minutes après ce court dialogue, le caporal entrait dans la tente.

— C'est-il que vous avez à me parler? demanda-t-il d'un air imposant et en relevant sa moustache droite avec beaucoup de majesté.

— Oui, monsieur le caporal; nous voudrions être admis à voir tout de suite M. le maréchal...

— Le maréchal Victor! s'exclama le caporal. Ah bien! ne vous gênez pas! Vous faut-il la croix de la Légion d'honneur avec ça?

— Monsieur le caporal, ne plaisantez pas; c'est très sérieux : il s'agit de révélations de la plus haute gravité; en outre, c'est extrêmement pressé. Si vous ne teniez pas compte de notre demande, vous pourriez avoir à répondre un jour des terribles catastrophes qui arriveraient par votre faute, songez-y.

Le caporal passa les cinq doigts de sa main droite sur son occiput et le frictionna avec beaucoup d'énergie, symptôme de profonde réflexion chez ce gradé subalterne:

— C'est bon, fit-il enfin; on va voir.

Et il sortit.

Renaud se frotta les mains avec une vive satisfaction :

— Nous allons voir le maréchal.

— *All right!* répliqua M. Brown; mais que lui direz-vous?

— C'est une surprise, et je tiens à vous en conserver toute la saveur.

— Faites comme il vous plaira. Au point où nous en sommes, d'ailleurs, nous n'avons plus rien à perdre...

— Mais tout à gagner.

— Soit.

— Vous allez voir. Nous serons remis en liberté, complimentés et, si nous le désirons même, on nous donnera de l'argent.

— Je le désire vivement; mais vous me permettrez d'hésiter à vous croire. Si ingénieuse que soit votre ruse...

— Elle réussira.

— Tant mieux! *dear sir*, mais je crains que vous ne vous illusionniez fort!

— Vous verrez bien.

— Tant mieux, répéta l'Anglais, qui s'enferma dans un mutisme complet dont Renaud ne put le tirer.

— Allons, venez par ici; M. le maréchal consent à vous recevoir.

Et le caporal, soulevant la porte de toile de la tente, s'effaça pour laisser passer ses prisonniers.

Deux grenadiers, la baïonnette au canon, se placèrent à droite et à gauche de chacun d'eux.

— Maintenant, ne vous avisez pas de chercher à vous sauver, car on vous enverrait immédiatement une balle pour vous ôter l'envie et le moyen de recommencer.

La petite escorte se mit en route en marchant d'un bon pas, et on arriva bientôt au quartier général.

L'officier de service avait reçu d'abord assez mal la communication du chef de poste :

— Nous connaissons ça, grommela-t-il; c'est toujours la même chose : on veut faire des révélations, d'importantes communications, etc. ; et puis on débite des fadaises et l'on cherche à obtenir sa grâce... Enfin, il se pourrait, le hasard est si grand, que ces drôles eussent réellement d'importantes nouvelles à donner... Je vais avertir le maréchal.

Le duc de Bellune hésita un instant, puis il donna ordre qu'on fît venir les prisonniers.

— Monsieur le maréchal, dit Renaud, après s'être incliné profondément, ce que nous avons à vous dire ne doit être connu que de vous seul, et nous ne saurions vous parler autrement, car il s'agit presque d'un secret d'État.

— Soit, consentit le duc.

Et, d'un geste, il congédia les officiers de son état-major et les grenadiers.

— Parlez, maintenant, je vous écoute.

— Monsieur le maréchal, reprit le coquin, nous n'ignorons pas que vous croyez avoir devant vous deux traîtres passés à l'ennemi et entrés dans Cadix avec les plus mauvais desseins.

— Continuez.

— Je pourrais nous justifier longuement et entrer dans tous les détails de notre conduite, de façon à vous prouver notre complète innocence; mais je ne veux pas abuser des moments si précieux que vous voulez bien nous accorder. Voici des documents qui vous éclai-

— Monsieur le maréchal..., dit Renaud.

reront avec la dernière certitude. Quand vous les aurez parcourus, vous serez pleinement édifié sur notre compte.

Ce disant, Renaud tira d'une poche intérieure de ses vêtements un volumineux portefeuille, et le plaça sur la petite table derrière laquelle était assis le maréchal.

Victor l'ouvrit et lut avec attention tous les papiers qu'il renfermait. Quand il eut fini, il les examina encore une fois avec une attention scrupuleuse, puis il les plia et les rendit à Renaud.

— Ainsi, fit-il, vous êtes, tous les deux, agents de M. Fouché, ministre de la police, et M. le duc d'Otrante vous a envoyés à Cadix en mission secrète?

— Oui, monsieur le maréchal.

— Ce point me paraît suffisamment éclairci; mais il n'en est pas de même de votre conduite envers les Marins de la Garde Impériale, Roger de Noirmont, Cacatois et Ladurec.

— Pardon, monsieur le maréchal, Votre Excellence veut sans doute parler de ceux qui nous ont amenés ici?

— Sans doute.

— Nous ne connaissions pas leurs noms, et c'est la première fois que nous les entendons prononcer. Mais Votre Excellence me permettra de lui faire remarquer que, si quelqu'un doit se plaindre, c'est mon compagnon que voici et moi; car ces messieurs les matelots nous ont enlevés sans aucune explication préalable, et dans des conditions qui auraient pu nous coûter la vie.

— Certainement! appuya Brown.

— Ils ont cru bien faire; ils vous ont pris pour d'autres, je le vois, pour deux misérables acharnés à la poursuite du jeune de Noirmont... Enfin, tout le monde peut se tromper, et cette fâcheuse erreur sera réparée. Je vois, d'après vos papiers et leurs signalements, que vous êtes bien les agents de M. Fouché. Sa Majesté l'empereur nous a donné ordre d'aider qui viendrait au nom du ministre de la police. Que puis-je faire pour vous?

— Nous faire mettre en liberté, d'abord, monsieur le maréchal.

— Bien entendu; et ensuite?

— Ensuite, nous donner un sauf-conduit pour traverser les avant-postes français et rentrer dans Cadix, où nous devons accomplir notre mission.

— C'est bien!... Capitaine Castanié!

L'officier ainsi appelé apparut.

— Faites mettre ces deux hommes en liberté. Puis vous leur délivrerez un sauf-conduit, et, comme ils vont retourner dans la ville, vous demanderez au fifre Noirmont, des Marins de la Garde, s'il veut

Le capitaine Castanié.

leur donner un mot pour son oncle, et vous expliquerez de quoi il s'agit à ces messieurs.

Renaud et Brown firent un mouvement de joie, mais le réprimèrent aussitôt.

Ils prirent congé du duc de Bellune, qui leur rendit leur salut avec une froideur mêlée de quelque mépris, puis ils sortirent avec le capitaine Castanié, étrangement surpris de ce revirement, que le maréchal, d'ailleurs, lui expliqua, à son retour au quartier général.

Par une incroyable fatalité, les deux bandits se trouvaient donc chargés d'apporter au chevalier de Saint-Roquentin la lettre de son neveu.

On la leur remit aussitôt que Ladurec l'apporta.

— Mister Renaud, opina l'Anglais, sans se départir de son flegme habituel, je ne crois pas que notre présence ici soit bien utile maintenant malgré la remarquable habileté avec laquelle vous imitez la signature de M. Fouché et le cachet du ministre de la police.

— Mister Brown, approuva Renaud, vous êtes la sagesse même.

— En outre, nous avons à Cadix des affaires urgentes, et je pense qu'il convient de ne pas retarder notre départ.

— Nos bagages ne nous arrêtent pas, puisque nous avons négligé d'en apporter.

— Donc, partons.

— Bien dit, partons !

Les deux misérables, munis de la lettre de Roger au chevalier et du sauf-conduit du maréchal, se mirent en route promptement.

Ils se hâtèrent de gagner les avant-postes, craignant quelque nouveau mécompte.

Enfin ils dépassèrent la dernière ligne de vedettes, et, arrivés hors de la portée des fusils français, s'arrêtèrent pour se reposer un instant.

— Ouf! soupira l'ex-sollicitor en s'essuyant le front.

— Nous sommes sauvés, fit son digne acolyte, mais cela n'a pas été sans peine.

— Certes.

— Maintenant ces deux vieux fous sont à nous, grâce à cette bienheureuse lettre, et si nous sommes adroits, nos affaires sont en bonne voie.

— Nous serons adroits, appuya M. Brown avec un méchant sourire.

Pendant que les mortels ennemis de Roger s'éloignaient ainsi, l'enfant se promenait tristement avec Cacatois, Ladurec et le sapeur Billenbois, accouru pour voir son compagnon de captivité, dont il avait appris le retour avec une joie infinie.

On discutait avec animation les moyens de tirer le chevalier et le vidame de la dangereuse situation où ils s'étaient mis par dévouement, et chacun émettait un avis, plus ou moins extravagant, mais fort peu pratique, lorsque le capitaine Castanié apparut, et, apercevant les marins, se dirigea droit vers eux.

— Mon enfant, dit-il à Roger, ne vous alarmez pas au sujet de votre excellent oncle ; les émissaires de Fouché lui remettront votre lettre : ils l'aideront certainement de tout leur pouvoir à se tirer de ce mauvais pas, et, comme ce sont des gaillards fort habiles, certainement ils parviendront sous peu à vous le ramener sain et sauf, avec son ami le vidame.

— Dieu vous entende, mon capitaine ; en tout cas, je vous remercie infiniment de l'espoir que vous voulez bien me donner et dont j'avais grand besoin, je l'avoue, car nous commencions à désespérer.

— Eh bien! maintenant, vous pouvez vous rassurer et reprendre toute votre gaieté... Mais, à propos, nous avons bien ri de votre méprise, au quartier général, et le maréchal surtout s'en est bien diverti.

— De quelle méprise voulez-vous parler, mon capitaine? demanda Roger étonné.

— Parbleu, de celle que vous avez commise avec vos prisonniers, ces deux individus que vous avez ramenés avec tant de peines jusqu'ici.

— Je vous demande pardon, mon capitaine, mais je ne comprends pas bien...

— C'est juste, interrompit l'officier d'état-major en riant ; c'est juste, on ne vous a pas raconté... Ma foi, il n'y a pas grand mystère à cela, et j'aime mieux vous mettre au courant de la situation, pour que vous laissiez désormais ces braves gens tranquilles si vous les rencontrez jamais.

— Ces braves gens !... balbutia Cacatois effaré, tandis que Roger et Ladurec stupéfaits demeuraient immobiles et silencieux.

— Mais oui, poursuivit le capitaine. Figurez-vous que ce Brown et ce Renaud sont des agents de Fouché, le ministre de la police ; ils sont chargés d'une mission, je ne sais trop laquelle ; le maréchal a vu leurs papiers, absolument en règle, et il leur a remis votre lettre pour la porter à M. de Saint-Roquentin. Heureusement, ils ne vous gardent pas rancune, et, grâce à eux, je vous le répète, vous pouvez espérer revoir bientôt votre oncle.

— Mon Dieu ! murmura Roger en pâlissant, mon pauvre oncle est perdu !

— Mille millions de n'importe quoi !... rugit Cacatois, pardon, mon officier, mais je ne peux pas me contenir ! Les gredins vous ont, sauf respect, fait faire une embardée que le diable en prendrait le quart !

— Voyons, mes amis, voyons, vous vous obstinez encore dans votre erreur. Prenez-en donc votre parti, et, croyez-moi, quand vous les verrez, faites-leur vos excuses ; les traitements un peu... vifs que vous leur avez infligés en valent bien la peine.

— Mais, mon capitaine...

— Allons, pas d'enfantillages, n'est-ce pas? Je vous le répète, le maréchal a entre les mains les preuves de ce que je viens de vous raconter, et il est aussi malin que vous, croyez-moi.

Et le capitaine, haussant les épaules avec un peu d'humeur, tourna le dos aux marins et s'éloigna.

Les quatre amis se regardèrent avec désespoir.

— Cette fois, gémit Cacatois, nous avons le vent contraire !

— C'est le grain ! amplifia Ladurec.

— Que faire ? soupira le sapeur.

— Prier Dieu de les sauver, répliqua Roger, car nous sommes impuissants maintenant !

CHAPITRE XI

M. BROWN OCCASIONNE UNE PÉNIBLE SURPRISE A MISTER RENAUD

Quelques jours après le combat que nous avons raconté et la sortie infructueuse des Espagnols, Saint-Roquentin et Páloiseau étaient assis sur deux médiocres fauteuils, dans une petite pièce leur servant de salon, près de l'appartement du señor gouverneur de Cadix, les deux gentilshommes n'ayant pas cru devoir rester dans la demeure hospitalière de leurs nouveaux amis, après leur disparition inexpliquée.

— Ah! gémissait le chevalier, mon cher vidame, où sont nos dîners de Paris! où est la cuisine délicate de Champagne, mon cuisinier!

— Croyez bien que je la regrette comme vous ; ces gargotiers espagnols ont juré, je pense, de nous empoisonner, avec leurs affreux ragoûts à l'huile et leurs infâmes mixtures au piment rouge...

Le vidame fut interrompu dans ses doléances culinaires par un coup discret frappé à la porte.

— Entrez, dit Saint-Roquentin.

Un personnage d'humble apparence, entièrement vêtu de noir et d'une allure des plus modestes, entra et salua profondément les deux gentilshommes.

— Asseyez-vous, monsieur, dit le chevalier, et veuillez nous dire à qui nous avons l'honneur de parler.

— Monsieur, mon nom ne vous apprendra pas grand'chose, vous ne le connaissez point. Je suis un ami, — si vous voulez bien me permettre de prendre ce titre, — et voilà tout.

— Au moins, veuillez nous dire à qui nous devons...

— Ma visite? Mon Dieu, monsieur le chevalier, je dois d'abord vous demander la discrétion la plus absolue. Il y va de ma tête, et si le gouverneur pouvait soupçonner ce que je viens faire ici, je ne tarderais pas à payer de ma vie mon dévouement. La justice militaire est expéditive.

— Parlez sans crainte, monsieur; qui que vous soyez, vous pouvez être assuré de notre silence.

— J'en suis persuadé... Je suis venu d'abord pour vous apporter des nouvelles d'un fifre des Marins de la Garde...

— Roger?...

— Précisément. Et voici une lettre de votre neveu.

— Ce disant, Renaud — car c'était lui, habilement grimé — tendit à Saint-Roquentin les quelques mots remis par l'enfant au capitaine Castanié.

— Soyez béni, monsieur, dit le bon chevalier, sans chercher à cacher son émotion.

Puis, après avoir lu :

— Je vous aurai toute ma vie la dernière obligation, et si je puis un jour vous être utile, en quelque façon que ce soit, j'en serai plus heureux que je ne saurais vous l'exprimer.

Puis il tendit la bienheureuse lettre au vidame.

Pâloiseau ne fut guère moins ému que son ami, à la vue de l'écriture de cet enfant, qu'il considérait un peu comme le sien, lui aussi.

— Ne croyez pas, messieurs, continua le mystérieux visiteur, que je sois venu ici uniquement pour vous faire tenir ce message ; je partage la joie qu'il vous donne, mais là ne se borne pas ma mission.

— Parlez, monsieur.

— Le maréchal Victor m'a envoyé à Cadix tout exprès pour vous ramener ; il m'a laissé libre d'employer les moyens que je jugerais convenables. Voici un sauf-conduit, signé de sa main ; veuillez en prendre connaissance : il vous prouvera la véracité de mes paroles et sera le garant de la confiance que veut bien m'accorder M. le duc de Bellune.

Le drôle n'avait eu garde d'exhiber les fausses pièces du ministère de la police.

Il savait son monde, et jugeait avec raison ces références suspectes pour les deux vieux gentilshommes, qui estimaient fort médiocrement M. Fouché, et, partant, ses agents eux-mêmes bien moins encore.

— Monsieur, dit Saint-Roquentin en tendant la main à Renaud, votre dévouement est au-dessus de tous mes éloges, comme tous mes remerciements seraient insuffisants. Je puis seulement vous affirmer, une fois de plus, ma profonde reconnaissance, et du fond du cœur.

— Je vous en prie, supplia le coquin, d'un air de modestie tout à fait touchant, ne parlons pas de cela. J'accomplis mon devoir, avec plaisir il est vrai, mais voilà tout.

— La modestie, dit Paloiseau, sied...

— Au vrai mérite, acheva le chevalier.

Maintenant, monsieur, puis-je vous demander ce que vous comptez faire, quels sont vos moyens d'action, et le rôle que nous-mêmes nous devons jouer?

— Mon plan n'est pas compliqué. Je crois les ruses les plus grossières préférables à toutes les autres, parce qu'on s'en défie moins.

— C'est fort sagement raisonné.

Renaud s'inclina modestement.

— Vous allez, poursuivit-il, si vous le voulez bien, écrire un mot à M. Roger de Noirmont; je me charge de le lui faire parvenir.

— Vous lui prescrirez de venir demain soir, à minuit, à l'entrée du port, à l'extrémité de la digue, du côté de la terre, dans un canot; qu'il se fasse accompagner seulement des deux marins qu'il est venu chercher ici; un plus grand nombre exciterait la méfiance.

Nous serons là-bas tous les trois, et je prendrai mes dispositions pour que tout se passe comme je l'ai résolu.

Le bandit eut, en terminant ces mots, un imperceptible sourire.

Et comme le chevalier lui tendait la main, il la serra avec une feinte émotion.

— Je vous en prie, monsieur, ne me remerciez pas; je vous le répète, je fais mon devoir et voilà tout.

— Tout le monde ne le fait pas comme vous.

— Peut-être, approuva Renaud en riant; mais je trouve ma récompense dans la satisfaction de ma conscience.

— Maintenant, permettez-moi de vous quitter : ma visite a duré trop longtemps déjà; nous ne saurions être trop prudents.

Surtout, pas un mot à personne !

Il prit la lettre que Saint-Roquentin venait d'écrire rapidement à son neveu, et sortit d'un pas discret, comme il était venu.

Dans la rue, il retrouva Brown, se promenant de long en large en l'attendant.

— Eh bien? interrogea l'Anglais.

— Peuh ! c'est un jeu d'enfant de duper ces deux vieux fous.

— Alors la lettre?

— La voici.

— Bien.

— Je vais envoyer Pablo la porter. Avec le sauf-conduit du maréchal, il pourra passer sans difficulté ; quant aux Espagnols, ils le connaissent, et ne l'arrêteront pas.

— A merveille. Tout va donc bien de ce côté. Il nous reste à régler les derniers détails de notre plan.

— C'est bien simple.

J'ai à ma disposition quelques camarades de Pablo, des gaillards très vigoureux et très adroits, dénués complètement de vains scrupules.

Quand Roger débarquera, suivi de ses deux amis, je donnerai un signal convenu ; nos hommes, cachés tout près, se jetteront sur eux et...

— Et ?...

— Et, grâce aux excellents couteaux de ces braves gens, nos trois gaillards n'auront pas même le temps de pousser un cri.

Après quoi on les jettera à la mer ; si on les retrouve, on supposera qu'il s'agit d'une rixe de matelots, on les fera enterrer convenablement, et il n'en sera plus question.

— Je vous approuve complètement, mister Renaud ; ces marins sont extrêmement mal élevés et grossiers.

— Certes. Ils n'ont pas eu pour nous les égards dus à des gentlemen.

— Ensuite, mister Renaud, vous prendrez le personnage du marquis de Noirmont, grâce aux papiers que j'ai su garder en ma possession, et vous recueillerez l'héritage de votre infortuné neveu.

— Parfaitement.

— Voilà qui va bien.

A présent, je vous prie de m'excuser si je vous quitte ; un bâtiment anglais vient d'être signalé ; j'attends des lettres de Londres, il doit probablement les apporter ; je vais au-devant de lui.

— A votre aise ; moi, je vais donner les dernières instructions à nos hommes, pour ce soir.

Les deux complices se quittèrent en échangeant un salut des plus corrects, car M. James Brown, esquire, était un homme très entiché des convenances sociales, et il procédait à tous ses actes avec une rare politesse.

Pablo, de son côté, n'avait pas perdu de temps.

Monté sur un petit cheval andalou, qui ne payait pas de mine, mais dévorait l'espace avec une prodigieuse rapidité, il était promptement arrivé au camp.

Monté sur un petit cheval andalou...

Comme il était fort peu avantageusement connu de Roger, il avait cru bon de se grimer afin de n'être pas reconnu, et, grâce à une longue perruque rousse et une énorme barbe de même couleur, il était parvenu à se rendre méconnaissable.

Il trouva aisément l'enfant et lui remit la lettre de Saint-Roquentin.

Le premier moment de joie passé, le neveu de l'excellent chevalier parut frappé d'une idée soudaine, hocha la tête d'un air préoccupé; puis, regardant Pablo avec attention :

— Qui t'a donné cela?

—Señor, c'est le señor chevalier de Saint-Roquentin, répondit Pablo en déguisant soigneusement sa voix.

— Puis-je te remettre une réponse?

— Oui, señor, sauf votre bon plaisir.

— Eh bien, attends-moi ici; je vais revenir.

Pablo demeura un instant indécis :

— S'il m'a reconnu, je suis perdu!... Pourquoi s'éloigne-t-il?... S'il allait me faire arrêter!... J'ai bien envie de m'en aller!... Bah! je suis fou; j'ai trop bien changé ma figure et ma voix. Il va écrire sa réponse, tout simplement.

Je ferai mieux de rester, d'autant plus que le señor Renaud me recevrait fort mal si je revenais sans avoir accompli ma mission... Et il n'est pas commode, le señor Renaud!...

Roger était allé trouver Cacatois et Ladurec, pour leur communiquer les nouvelles qu'il venait de recevoir.

— Voyons, mousse, fit Cacatois, lis-nous un peu ce grimoire.

— Et à haute voix, opina de son côté Ladurec.

L'enfant obéit :

« Mon cher neveu...

— Très bien, approuva Ladurec.

— Tâche moyen de voir à carguer ta langue, toi, grogna Cacatois. File ton nœud, mousse.

« Je viens d'avoir de tes nouvelles par un envoyé de M. le maréchal duc de Bellune, et je rends grâce à Dieu de te savoir échappé sain et sauf des prisons de Cadix avec tes braves amis...

— Bien honnête, interrompit Cacatois; c'est un digne particulier, ton oncle, petit.

— Dommage qu'il ne soit pas marin, dit Ladurec, ça aurait fait un matelot fini.

« ... L'émissaire de M. le maréchal est un homme en qui nous pouvons avoir toute confiance. Il a combiné, pour le vidame et pour moi, un plan d'évasion merveilleux et assuré, paraît-il.

« Toutefois, pour sa réussite complète, il faut que tu viennes, avec

Cacatois et Ladurec, ce soir, en canot, à minuit, à l'extrémité de la digue, du côté de la terre. N'emmenez personne avec vous, pour ne pas exciter les soupçons des Espagnols ni des chaloupes anglaises ; nous vous attendrons là et nous repartirons tous ensemble.

« Je t'embrasse de tout cœur, mon cher enfant, avec une incroyable impatience de te revoir.

« Ton oncle,

« Chevalier DE SAINT-ROQUENTIN. »

— Que pensez-vous de tout cela? demanda Roger, après avoir terminé sa lecture.

— Moi, je pense que l'émissaire, comme il dit, c'est notre coquin de Renaud.

— J'en ai peur. Mais, dans ce cas, pourquoi veut-il faire évader mon oncle?... C'est un nouveau piège qu'il nous tend.

— Tu es dans la passe, mousse. Le failli chien veut nous amarrer dans sa cale ; mais on le laissera bourlinguer. Pas vrai, Ladurec? c'est-il pas ton avis ?

— Laissons-le bourlinguer, approuva le matelot.

— Mais, objecta l'enfant, mon pauvre oncle va croire que je l'abandonne !

— As pas peur ; quand il jettera l'ancre dans le port, on lui hélera la chose dans le pertuis de l'entendement.

— Et ne sera-t-il pas victime de ces deux misérables ? Puisque nous sommes sur nos gardes, à nous trois nous pourrions peut-être venir à bout de l'entreprise. On nous croit sans défiance : un homme prévenu en vaut deux.

— Possible, corrigea Cacatois ; mais il n'en vaut pas cinq, et si nous allons dans une embuscade...

— Qui ne risque rien n'a rien, prononça sentencieusement Ladurec.

— Alors, si c'est ton avis, matelot, et le tien aussi, mousse, avant partout.

— Tiens bon! s'écria Ladurec.

Après avoir émis cette pensée profonde, le marin fit passer une chique énorme de sa joue droite à sa joue gauche, et il ajouta :

— Nous sommes parés.

— Il ne s'agit plus, dit Roger, que d'obtenir une permission de quelques heures pour quitter le camp.

— Sans ça nous pourrions attraper huit jours de fers.

— Je l'obtiendrai facilement, je m'en charge.

Roger alla trouver son capitaine, le même qui l'avait traité si affectueusement et avait voulu le retenir avec lui à bord de la *Vieille-Castille*. — L'officier lui accorda ce qu'il demandait, pour lui et pour ses camarades, sans même l'interroger sur ce qu'il comptait faire.

Quand tout fut ainsi réglé, Roger écrivit au chevalier un court billet ainsi conçu :

« Convenu !

« Roger, »

de façon à éviter de compromettre Saint-Roquentin au cas où son messager serait surpris.

Il remit le papier à Pablo, avec une pièce de monnaie que celui-ci empocha sans difficulté.

L'Espagnol remonta sur son cheval et partit au galop.

Il traversa les lignes françaises et les lignes ennemies avec la même facilité qu'en venant, et, aussitôt arrivé, s'empressa d'apporter à Renaud la réponse de l'enfant.

Le coquin déchira sans cérémonie l'enveloppe du billet et le lut.

— Parfait, murmura-t-il, tout va bien.

Puis, avec une habileté qui prouvait son habitude de ce genre d'exercice, il prit une enveloppe neuve, imita, de façon à s'y méprendre, l'écriture de Roger; ensuite il la cacheta et la remit à Pablo en lui disant :

— Va porter cela au chevalier; tu lui rappelleras en même temps le lieu et l'heure du rendez-vous convenu pour ce soir.

— Bon ! fit l'Espagnol.

Et il partit en courant.

— Je crois, pensa le bandit, que nous touchons au but...

Je touche au but, du moins, car mister Brown va être gênant dans quelque temps, et je ne serais pas surpris qu'il lui arrivât sous peu quelque grave accident...

C'est bien pénible de partager une si belle fortune, quand on pourrait l'avoir à soi tout seul !

Au fait, il n'est pas revenu, mister Brown ; son absence se prolonge singulièrement ! Qu'a-t-il été faire à bord de ce navire anglais ?...

Songerait-il déjà à se défaire de moi !...

Oh ! si je le savais !...

Et M. Renaud eut un grincement de dents qui eût fort donné à réfléchir à l'ex-sollicitor sur la cordialité de ses relations futures avec son digne associé, s'il eût pu le voir.

Pour dissiper ces pénibles pensées, il se dirigea vers le port. Tout dormait, sauf les sentinelles qui, dans les batteries et les forts voisins, se renvoyaient leur cri de veille monotone. Le ciel était constellé de myriades d'étoiles, et un splendide clair de lune illuminait la terre et la mer, presque comme en plein jour.

Renaud se dirigea vers la digue, il la suivit jusqu'à son extrémité, où brillait un phare à feu vert, indiquant aux navires l'entrée du port.

Près du phare était un amoncellement de ballots de toutes sortes, jetés les uns sur les autres et formant une sorte de muraille à hauteur d'homme.

Le coquin fit entendre un sifflement très doux et prolongé.

Aussitôt dix hommes surgirent autour de lui ; Pablo était à leur tête.

— Vous êtes tous là, dit-il à voix basse, je voulais m'en assurer ; maintenant je suis tranquille : regagnez votre cachette, et attention au signal définitif.

Les dix coquins disparurent avec leur chef.

Il était temps : deux ombres approchaient rapidement, venant du port.

Quand elles furent à quelques pas, le manteau qui leur couvrait une partie de la figure s'écarta pour laisser voir le visage du chevalier et celui du vidame.

— Vous êtes exacts, messieurs, s'exclama Renaud en les saluant ; bravo, vous n'aurez pas longtemps à attendre, j'espère... Écoutez...

Minuit sonnait aux nombreuses églises de Cadix, et au loin on entendait, en prêtant l'oreille avec beaucoup d'attention, un léger bruit de rames, presque imperceptible.

— Voici votre neveu et ses amis.

Dans quelques minutes vous serez réunis,... et pour ne plus vous quitter, je pense.

— Oh ! monsieur, s'écria Saint-Roquentin, comment pourrai-je jamais reconnaître votre dévouement ?

— Silence, écoutez encore.

Le bruit devenait de plus en plus distinct.

— Voyez-vous ce canot qui se dirige vers nous ?... Ce sont ceux que nous attendons.

Le chevalier, haletant, était hors d'état de proférer une parole; il dévorait des yeux la petite barque et cherchait à découvrir, dans les trois hommes qui la montaient, les traits de son neveu bien-aimé.

Quoique la température fût extrêmement clémente, M. Renaud s'enrhumait peut-être, car il toussa à plusieurs reprises, en se penchant sur les ballots.

Mais les deux gentilshommes étaient si fort absorbés dans leur contemplation qu'ils ne songèrent même pas à lui offrir une pastille de leur drageoir.

La joie rend parfois égoïste.

Cependant, ce bon M. Renaud ne leur en voulait pas, et lui aussi semblait prendre le plus vif intérêt à la marche du canot.

Les trois personnes qu'il contenait étaient bien visibles à présent.

On distinguait nettement Roger à la barre, Cacatois et Ladurec aux avirons.

La légère embarcation accosta enfin.

Ladurec passa un bout de câble dans un des anneaux de fer scellés dans la maçonnerie, puis, de la main, il fit signe au chevalier et au vidame de se taire, et d'un bond il se hissa sur la digue.

Renaud avait disparu.

N'apercevant rien de suspect, le marin frappa deux fois dans ses mains aussi doucement que possible, mais, vu l'étendue et la sécheresse de ses membres, de façon à donner l'illusion de deux grands coups de battoirs de blanchisseuses doués d'une belle force moyenne.

Aussitôt Cacatois et Roger le rejoignirent en sautant avec une merveilleuse légèreté.

L'enfant allait se jeter dans les bras de son oncle, quand un coup de sifflet retentit.

A ce signal, les dix hommes, Pablo et Renaud se ruèrent, le couteau à la main, sur les marins sans pousser un cri.

— Oh! gronda Cacatois, nous avons relevé le point, mes gars ! espérez un brin !

Ce disant, il saisit un des bandits à bras le corps et le lança dans

Les trois personnes étaient bien visibles à présent.

la mer; puis, se retournant vers un autre, il le prit par les pieds et, s'en servant comme d'une massue, fracassa la tête d'un troisième avec cet engin vivant qui poussait des hurlements suraigus.

Ladurec, surpris par la violence du choc, était tombé sur les genoux, mais il s'était promptement relevé et, d'un coup de hache, avait fendu la tête d'un de ses adversaires en lui disant avec sa simplicité habituelle :

— Voilà mon opinion !

Le chevalier et le vidame n'avaient pas eu le temps de se mettre en défense; quatre des assaillants les avaient jetés à terre et désarmés en moins de rien.

Quant à Roger, il luttait courageusement de son côté; mais, tandis que d'un coup de son poignard d'abordage il mettait un combattant dans l'impossibilité de rendre aucun service appréciable désormais à ses complices, Renaud et Pablo s'étaient traîtreusement glissés derrière lui.

Renaud levait un couteau long et acéré, choisissant avec soin sa place, lorsqu'un coup de canne formidable fit voler l'arme dans la mer, et en même temps une voix tonnante cria :

— Arrêtez !

Renaud, ivre de rage, se retourna.

Le personnage intervenu si mal à propos pour l'empêcher d'atteindre enfin son but n'était autre que M. Brown lui-même.

Les bandits, ahuris de ce fait inexplicable, et quelque peu dégoûtés par l'accueil des marins français, reculèrent...

Si courte que fût leur hésitation, elle suffit à Cacatois pour enlever Roger dans ses bras et se jeter avec lui dans le canot :

— Embarque ! embarque ! cria-t-il en même temps à Ladurec.

Le matelot se laissa glisser auprès de ses camarades, coupa le câble d'un coup de hache et, repoussant le bateau, saisit les avirons et nagea vigoureusement vers le large.

Cacatois ne pouvait l'aider, occupé qu'il était à empêcher Roger de se jeter à l'eau pour rejoindre son oncle.

— Voyons, mousse, tu ne pourras pas le sauver à toi tout seul !

— Laisse-moi, Cacatois, laisse-moi au moins mourir avec lui !

— Tu ne mourras pas avec lui, fit le brave homme, ému quoi qu'il en eût; nous reviendrons, sois tranquille, car nous avons, nous aussi, un compte à régler avec ces terriens.

CHAPITRE XII

OU LA BONNE ACTION DE M. BROWN EXCITE L'ADMIRATION

Tandis que le canot s'éloignait, M. Brown — comme s'il eût entrepris, par son inexplicable conduite, de pétrifier d'étonnement son complice — se dirigea vers le chevalier et le vidame, coupa tranquillement leurs liens et les aida à se relever en leur disant :

— Rassurez-vous, messieurs, vos amis sont maintenant en sûreté.

En ce qui vous concerne personnellement, demeurez également sans inquiétude, je saurai déjouer les perfides stratagèmes des misérables qui vous ont attirés dans ce piège, et en faire bonne et prompte justice, s'ils s'avisent de chercher encore à vous nuire.

Maintenant, vous pouvez regagner votre logis. Désirez-vous que je vous accompagne?

Saint-Roquentin et Pâloiseau se confondirent en remerciements et déclarèrent qu'ils rentreraient seuls, ne voulant pas déranger leur sauveur.

— A votre aise, messieurs. Demain j'aurai l'honneur d'aller prendre de vos nouvelles, et nous aviserons ensemble à pourvoir désormais à votre sûreté.

Les deux gentilshommes remercièrent encore, saluèrent et partirent.

Quand ils eurent disparu, Renaud, revenu de sa surprise, cria à Pablo :

— Cours à la batterie voisine. Qu'on fasse feu sur ces misérables. Hâte-toi; vite!

— Ne bouge pas, coquin! fit M. Brown. Halte! répéta-t-il en tirant de sa poche un pistolet et en le dirigeant sur l'Espagnol, qui, sur un signe de son maître, s'élançait déjà pour exécuter ses ordres.

— Ainsi, grinça Renaud, dans un état d'exaspération impossible à décrire, vous nous trahissez, Brown! Ah! prenez garde!...

— Fi, mister Renaud! pas de cris de mauvais goût! pas de ces scènes violentes en public! Cela est tout à fait *improper!*

— Traître! scélérat!

— Mister Renaud, je vous prierai, dans votre intérêt, de renoncer à ces épithètes peu flatteuses. Venez plutôt avec moi; nous causerons tranquillement, en bons amis, et je ne doute pas qu'après cinq minutes de paisible conversation, vous n'approuviez complètement ma conduite...

— Peut-être même vous ferai-je des excuses?

— C'est fort probable.

— J'en doute!

— Venez toujours; vous verrez qui de nous a raison.

Renaud, dompté par l'accent d'autorité de son complice, le suivit en grondant, après avoir rendu la liberté à la petite troupe de Pablo, quelque peu diminuée par les manières expansives des marins français.

Les deux coquins gagnèrent leur maison sans dire un mot, plongés tous deux dans leurs réflexions.

Quand ils furent enfermés en tête-à-tête, Renaud prit la parole le premier.

— M'expliquerez-vous enfin votre singulière conduite?

— Avec plaisir.

— Je suis curieux de connaître vos belles raisons.

— Vous allez les apprendre.

— Je vous écoute.

— Vous vous souvenez, mister Renaud, que je vous ai quitté, cet après-midi, pour aller au-devant d'un navire anglais signalé à l'entrée du port?

— Parfaitement.

— J'attendais quelques lettres de Londres, et je suis monté à bord pour les réclamer.

— Après?

— Vous êtes peu patient, mister Renaud; cependant on apprend toujours assez tôt les mauvaises nouvelles.

— Quelles mauvaises nouvelles? Parlez, mais parlez donc!

— Mister Renaud, à bord de ce bâtiment j'ai fait une rencontre peu agréable.

Sur le pont, causant avec le capitaine, j'ai aperçu... vous ne sauriez deviner qui!

— Dites-le-moi tout de suite; ce sera plus tôt fait, et je ne suis pas en humeur aujourd'hui de déchiffrer les énigmes.

— Je ne veux pas vous faire languir plus longtemps : c'était M. le marquis Louis de Noirmont.

— Louis de Noirmont!... L'oncle de Roger?...

— Lui-même.

— Et il vous a reconnu?

— Non, car je n'ai eu garde de me montrer à lui. Bien au contraire, je me suis dissimulé aussi complètement que possible et je suis revenu ici pour réfléchir sérieusement : cette arrivée inattendue va bouleverser tous nos projets et changer tous nos plans.

— Voilà certainement un fâcheux accident; mais ce n'était pas une raison pour intervenir, comme vous l'avez fait, en faveur de Roger et de ces maudits marins.

— Je vous demande bien pardon; c'était même une excellente raison.

— Je ne saisis pas votre pensée.

— Vous allez la comprendre.

Quel était notre projet?

Nous voulions nous débarrasser de Roger de Noirmont. La mort de l'enfant régulièrement constatée, vous vous faisiez passer, vous, pour Louis de Noirmont, l'oncle de l'enfant, grâce aux papiers que le marquis m'avait confiés quand j'étais chargé de ses affaires, et nous partagions l'immense fortune de laquelle vous deveniez ainsi possesseur.

— Eh bien, vous avez sauvé Roger; maintenant cette ingénieuse combinaison ne peut plus se réaliser.

— Peu importe, nous retrouverons une occasion favorable.

— Pourquoi remettre à plus tard ce qu'on peut faire de suite?

— Mister Renaud, j'ai le regret de vous informer que je vous croyais plus perspicace.

— Expliquez-vous.

— C'est bien simple. Comment voulez-vous passer pour Louis de Noirmont, si le véritable marquis est encore de ce monde?...

— Pas pour longtemps, interrompit Renaud, avec un mauvais sourire.

— Soit! mais pour le moment il est vivant et bien vivant. D'après les informations que j'ai prises, il garde le plus strict incognito.

— Alors nous n'avons rien à craindre?

— Sans doute; mais si je n'étais intervenu tout à l'heure, il aurait appris la mort de son neveu, et nul doute que, dans ce cas, il ne se fût fait connaître, pour faire valoir ses droits à la succession de l'enfant.

Il importe donc que nous nous débarrassions de lui avant tout; nous verrons après.

— Mais pourquoi avez-vous joué cette comédie avec le chevalier et le vidame?

— Parce que le moment de les faire disparaître n'était pas venu, pour la même raison, et j'ai pris leur défense afin de gagner leur confiance. Il faut à tout prix éviter qu'ils voient le marquis, et je me charge de les en empêcher.

— Très bien, je comprends.

— Pensez-vous maintenant que j'aie eu raison?

— Je ne peux pas vous blâmer; vous avez agi avec la prudence la plus louable.

— Nous voici tout à fait d'accord, et j'en suis très heureux.

Il faut donc songer à faire disparaître rapidement le marquis, arrivé si mal à propos.

— Malheureusement il vous connaît, et j'imagine, d'après la nature de vos relations passées, que vous ne devez pas avoir grande envie de renouveler connaissance avec lui.

— C'est fort juste; car j'ai conservé, vous le savez, tous ses papiers de famille, et ne suis nullement disposé à les lui rendre.

Mais vous, mister Renaud, il ne vous connaît pas.

— Il ne m'a même jamais vu; quand j'étais intendant de son frère, il était continuellement en voyage.

— Dans ces conditions, rien ne vous empêche de chercher à vous lier d'amitié avec lui.

— Je ne demande pas mieux, mais sous quel prétexte? Car enfin, je ne puis vraiment me présenter moi-même...

— Ne faites surtout pas cela. Il a beaucoup vécu en Angleterre, et il a dû garder les usages du royaume britannique; il trouverait tout à fait choquant de voir un inconnu entrer chez lui sans lui avoir été présenté dans toutes les règles.

— Alors je ne vois pas...

— Vous verrez, quand je vous aurai fait la leçon; mais il faut

— Ho! marquis, je suis tout à fait heureux de vous rencontrer.

d'abord changer légèrement votre figure et revêtir des habits de circonstance pour le rôle que vous aurez à jouer.

Le lendemain matin, Louis de Noirmont se promenait sur le port, quand il vit venir à lui, à grands pas, un gentleman élégamment vêtu, la figure allongée par deux grands favoris roux, qui le salua avec la raideur anglaise, et lui prit la main pour la secouer d'un mouvement automatique.

— Ho! marquis, je suis tout à fait heureux et satisfait de vous rencontrer. Comment vous portez-vous?

Ce personnage était complètement inconnu pour Louis, et il avait beau fouiller ses souvenirs, il n'y retrouvait pas les traits de son interlocuteur.

Néanmoins, comme il était fort poli, il n'en témoigna rien, et, de peur de faire une incivilité, attendit quelque indice ressortant de la conversation qui pût le renseigner.

— Mon cher marquis, reprit Renaud, — car on l'a déjà reconnu sans doute, — vous ne vous attendiez pas à me rencontrer ici, avouez-le.

Louis ne fit aucune difficulté pour convenir de ce point.

— Qui eût pu croire, quand j'eus l'honneur de vous être présenté chez Sa Grâce le duc de Devonshire, que nous nous retrouverions ici à Cadix?... Mais j'y songe, peut-être avez-vous oublié mon nom?... Lord Dudlay.

Le marquis parut trouver parfaitement inutile qu'on lui rappelât ce nom, trop galamment porté pour être jamais sorti de sa mémoire, et finalement se montra ravi de trouver dans cette ville, où il ne connaissait personne, le gentilhomme rencontré jadis à Londres.

Renaud était triomphant.

La ruse avait pris à merveille, et le plus difficile était fait.

Il fallait continuer à jouer le personnage du prétendu lord Dudlay avec la même adresse.

— Je compte bien, mon cher marquis, que vous me ferez le très grand plaisir de loger chez moi.

J'ai une maison assez grande pour vous recevoir convenablement et vous laisser la liberté d'aller et venir à votre guise. C'est dit, n'est-ce pas?

— Mon cher lord, je suis confus de ne pouvoir accepter une invitation faite de si bonne grâce et en termes aussi affables; mais je me suis engagé avec le gouverneur, qui, dès mon arrivée, m'a offert l'hospitalité ainsi qu'à l'état-major du *Fairfax,* le vaisseau sur lequel je suis venu, et, en vérité, je craindrais de le désobliger.

Renaud ne crut pas prudent d'insister :

— S'il en est ainsi, je suis forcé de m'incliner ; mais promettez-moi que, si vous pouvez reconquérir votre liberté, ce sera chez moi que vous viendrez !

Le marquis promit de bonne grâce.

— En tout cas, vous me ferez bien l'honneur d'accepter à souper ce soir?

— Volontiers ; je serai charmé de passer quelques instants avec vous, mylord ; nous parlerons de la société de Londres, qui m'a si gracieusement accueilli, et dont j'ai gardé le meilleur souvenir.

— A ce soir donc.

— A ce soir.

Renaud partit enchanté, pour aller rejoindre Brown.

— Une seule chose m'inquiète, lui dit-il.

— Laquelle?

— Nous devons nous entretenir d'une foule de gens dont j'ignore même les noms, et que je suis censé avoir intimement connus en Angleterre.

— Je les connais, moi, très suffisamment.

— Je n'en suis pas plus avancé pour cela !

— Pardon, car je serai du souper : vous me présenterez sous le nom de sir Edward Walker, baronnet.

— Et si le marquis vous reconnaît !

— Il ne me reconnaîtra pas.

— Le fait est que si vous êtes aussi bien grimé que moi...

— Je le serai mieux encore.

— Parfait. Occupons-nous du souper, alors.

— Je m'en charge. Je vais le commander, et il sera digne de votre convive. En ce qui vous concerne, occupez-vous seulement de préparer ce que vous aurez à dire pour continuer à jouer votre personnage aussi bien que vous avez commencé.

— Voilà un compliment, monsieur Brown, et, venant de vous, il me flatte doublement.

— Si vous aviez mal fait, mister Renaud, je prendrais la liberté de vous le dire avec la même franchise.

Voyons, nous n'avons pas le temps de nous congratuler ainsi réciproquement ; allez à vos occupations, moi je vais aux miennes.

M. Brown déploya sans doute une prodigieuse activité, car, à l'heure du souper, la table était servie avec des raffinements de luxe invraisemblables dans ce pays à cette époque, et quantité de mets succulents, apprêtés avec un soin merveilleux, attendaient les convives.

Aussi, quand Louis de Noirmont arriva, tout était prêt ; tout avait le grand air qui convient à la maison habitée par un loyal sujet du Royaume-Uni de la Grande-Bretagne, et le marquis ne pouvait concevoir aucun soupçon.

Renaud, le faux lord Dudlay, présenta son ami, sir Edward Walker, baronnet.

M. Brown, en changeant de nom pour la circonstance, avait aussi changé de physionomie, de façon à se rendre absolument méconnaissable.

Au cours du repas, la conversation roula uniquement sur la haute société anglaise.

Renaud ignorait jusqu'aux noms de ces personnages ; mais Brown, avec une incroyable habileté, lui donnait la réplique, de façon à lui faire placer de temps en temps un mot, pour lui conserver l'apparence du mondain très répandu qu'il devait paraître.

— Marquis, fit tout à coup le faux baronnet, si je ne craignais d'être indiscret, je vous demanderais si nous aurons le plaisir de vous voir longtemps ici ?

— Il n'y a aucune indiscrétion là dedans, sir Walker ; mon séjour durera aussi longtemps que mes recherches.

Voici bien des années que j'ai dû quitter la France ; j'ai vécu en Angleterre et en Amérique, sans nouvelles de mon frère, le duc de Noirmont, ni des siens. A mon retour à Londres, où l'on m'avait cru mort, paraît-il, j'ai chargé un de mes amis, le capitaine du *Fairfax*, dont le navire fait un service régulier entre Portsmouth et Cadix, de se procurer des nouvelles, car je savais seulement que ma famille avait émigré en Espagne.

Le capitaine a pu trouver quelques indices, grâce auxquels je pourrai continuer les recherches moi-même.

— Voilà qui tombe à merveille, répliqua Renaud ; nous avons, sir Edward et moi, de puissants appuis dans ce pays, et, si vous voulez bien le permettre, nous les mettrons à votre disposition.

— Je ne saurais assez vous remercier de votre obligeance, messieurs ; j'accepte avec reconnaissance. Je vous prierai seulement de ne pas dévoiler mon incognito, car, si je venais à rencontrer les armées françaises, ma situation d'émigré, non encore régularisée, m'attirerait de graves embarras.

— Comptez sur notre discrétion, marquis, protesta Brown.

— Mon séjour à Cadix sera donc limité uniquement par les circonstances, et je souhaite qu'il se prolonge le moins possible, car j'ai hâte de revoir les miens.

S'ils sont heureux, je partagerai leur bonheur ; s'ils ne le sont pas, je m'efforcerai de les aider de mon mieux.

Du reste, je rapporte d'Amérique une fortune assez considérable que j'ai gagnée rapidement...

— En effet, observa Brown, vous n'êtes pas resté bien longtemps dans le nouveau monde.

— J'ai eu beaucoup de chance, plus même que je n'en méritais, je l'avoue, car j'avais dissipé sottement tout ce que je possédais. Enfin, grâce à Dieu, je suis revenu plus riche qu'avant.

Renaud échangea un coup d'œil rapide avec Brown.

— Nous en sommes plus heureux que vous ne sauriez le croire, dit le faux lord Dudlay.

Le marquis s'inclina.

— En tout cas, conclut sir Edward, soyez assuré que vous pouvez compter sur nous comme sur deux véritables amis, si toutefois vous voulez bien nous permettre de prendre ce titre.

— De grand cœur, messieurs, et merci encore !

Louis de Noirmont, avec de brillantes qualités, possédait deux graves défauts : il était confiant à l'excès, et manifestait en toute occasion une légèreté allant parfois jusqu'à l'étourderie.

Il crut donc aisément aux protestations des deux coquins, et ne douta pas d'avoir trouvé en eux un dévouement à toute épreuve.

A la fin de la soirée, on se sépara en se promettant de se revoir fréquemment, et le marquis s'engagea même à passer la journée du lendemain avec les prétendus Anglais, qui insistèrent de nouveau pour l'aider dans toutes ses démarches.

Quand la porte de la rue se fut refermée sur leur convive, M. Brown esquissa un sourire de triomphe :

— Eh bien ? interrogea-t-il.

— Ma foi, répondit Renaud, comme disait Catherine de Médicis à son fils : « C'est bien taillé, mais il faut coudre. »

L'ancien intendant se piquait volontiers d'érudition et ne haïssait pas d'en faire montre à l'occasion.

— Soyez tranquille ; je me charge de tout mener à bien.

Les deux gentilshommes avaient repris, comme nous l'avons dit, leur logement chez le gouverneur.

C'est là que M. Brown se présenta pour leur faire une visite, le lendemain des événements que nous venons de raconter.

Saint-Roquentin le reçut avec une ardente reconnaissance :

— Venez, vidame, dit-il à Pâloiseau ; venez remercier monsieur, notre sauveur, du courageux dévouement qu'il a montré pour nous hier.

La modestie de l'ex-sollicitor ne pouvait s'accommoder d'éloges aussi considérables : aussi se hâta-t-il de détourner la conversation.

Il raconta qu'il avait été mis tout à fait par hasard au courant des menées ténébreuses des bandits ; il avait été trop heureux d'intervenir, efficacement cette fois, mais il craignait fort pour l'avenir, et il croyait pouvoir affirmer qu'un bien plus dangereux adversaire allait entrer en ligne.

Il fit une allusion discrète à l'arrivée du marquis, sans le nommer, bien entendu, engagea les deux vieux amis à se défier de tout le monde et prit congé, poursuivi par les remerciements et les actions de grâce de ceux qui le prenaient si inconsidérément pour leur sauveur.

— Maintenant, songeait-il en s'en allant, nos précautions sont prises, mais il ne faudra pas nous endormir !...

CHAPITRE XIII

POURQUOI PABLO S'EFFORÇA DE TROUBLER L'ORDRE DES PRÉSÉANCES ÉTABLI PAR LA POLITIQUE EUROPÉENNE

Depuis quelques jours, des rixes continuelles avaient lieu entre les marins anglais et les Espagnols; les caractères si différents des deux nations ne sympathisaient décidément pas, au grand regret des chefs des deux partis.

En effet, les Espagnols, soulevés contre la domination française, étaient résolus de se débarrasser par tous les moyens possibles du roi Joseph que Napoléon leur avait imposé; mais, pour arriver à ce résultat, il leur fallait, de toute nécessité, le secours d'une armée régulière, et l'alliance anglaise leur en fournissait une nombreuse, bien armée, disciplinée, et sans cesse renouvelée au fur et à mesure des vides faits dans ses rangs par les victoires des Français.

En outre, la flotte de Sa Majesté britannique, croisant sans cesse devant les côtes, était un appoint considérable.

Par conséquent, il fallait éviter tout conflit, pouvant amener la mésintelligence dans les rapports des deux pays.

L'amiral anglais, d'autre part, sachant les intentions de son gouvernement, tenait, lui aussi, à ce qu'aucun incident ne pût survenir, car la perfide Albion — ainsi qu'on la nommait à cette époque — voulait contre-balancer la puissance de l'empereur et l'obliger à envoyer quantité de troupes dans la péninsule, afin de diminuer ses forces dans le centre de l'Europe, où les coalitions, sans cesse suscitées par le cabinet de Saint-James, armaient continuellement les grandes puissances contre lui.

Le gouverneur de Cadix et l'amiral résolurent donc, faute de mieux, de se donner des témoignages officiels d'amitié pour atténuer l'effet de ces querelles quotidiennes.

L'amiral invita les deux états-majors à un grand dîner, auquel tous les officiers durent assister par ordre.

Le marquis fut prié, à la demande du capitaine du *Fairfax*; le chevalier et le vidame furent également convoqués, comme appartenant à la maison militaire du gouverneur.

Brown et Renaud les surveillaient de près, afin de les empêcher de se voir; ils furent donc médiocrement satisfaits du hasard qui allait mettre en présence ces trois personnages, dont ils voulaient éviter la rencontre à tout prix.

Ils cherchèrent longtemps un moyen de parer à cette fâcheuse éventualité, mais ils n'en trouvèrent point : les ordres les plus formels étant donnés, de part et d'autre, pour que personne ne manquât au banquet et que la plus grande cordialité ne cessât d'y régner.

Impossible de soustraire qui que ce soit à cette manifestation d'amitié officielle.

Faute de mieux, les deux coquins se firent inviter, afin de pouvoir intervenir pour empêcher la fatale rencontre.

Au jour fixé, lord Dudlay et sir Edward Walker, baronnet, faisaient leur entrée dans le salon d'attente où l'amiral recevait.

Parmi les domestiques engagés pour la circonstance, s'en trouvait un nommé Pablo...

Le drôle, pendant l'arrivée des invités, était entré dans la salle du banquet et s'était mis à compulser avec soin tous les noms déposés sur les assiettes, fixant les places que chacun devait occuper.

Trois appelèrent son attention : M. le chevalier de Saint-Roquentin, M. le comte de Belval, M. le vidame de Pâloiseau.

— J'arrive à propos, s'exclama Pablo ; le comte de Belval, c'est le nom sous lequel se cache le marquis de Noirmont, et justement le voilà entre ces deux vieux fous!... Corrigeons les fautes du hasard.

Ce disant, il enlevait déjà les carrés de papier, quand une voix rude se fit entendre :

— Que faites-vous là, imbécile?

L'Espagnol se retourna effaré.

La silhouette menaçante du maître d'hôtel anglais se dressait devant lui, telle la tête de Méduse.

— Remettez tout cela où vous l'avez pris et allez à votre travail !

Puis, après un moment de réflexion :
Et voilà pour votre curiosité.

Tout en parlant, il envoya dans les basques de la livrée de Pablo un formidable coup de pied.

Il envoya dans les basques de la livrée de Pablo un formidable coup de pied.

Ce gage de sincère amitié anglo-espagnole envoya le laquais vers la porte avec la rapidité d'un boulet de canon.

— Hum! réfléchit le coquin, voilà qui n'avance pas nos affaires !... Et comment prévenir M. Brown et M. Renaud !...

— Bah, j'ai fait ce que j'ai pu, ils s'arrangeront.

Cet honorable témoignage de satisfaction accordé à sa conscience, le valet s'en fut à sa besogne.

Quand on se mit à table, Brown constata avec rage que ses ordres n'avaient pas été exécutés.

Il foudroya d'un regard l'infortuné Pablo, puis s'esquiva un instant en disant qu'il avait oublié de donner des ordres pour que sa voiture vînt le chercher.

Il envoya querir le chevalier par un laquais.

Dès que Saint-Roquentin parut, il courut au-devant de lui.

— Monsieur, lui dit-il précipitamment, vous m'excuserez de vous avoir dérangé, mais il s'agit d'une affaire des plus graves.

— Qu'est-ce?

Et le chevalier sursauta, tout effaré.

— Je n'ai pas le temps de vous expliquer à loisir ce dont il s'agit; je ne puis vous dire que ceci : tenez-vous sur vos gardes et défiez-vous de votre voisin, le prétendu comte de Belval; c'est un espion des Anglais; prenez garde à ce que vous lui direz, ne parlez que des banalités courantes, et surtout évitez de lui révéler votre nom. Transmettez ces quelques conseils que je me permets de vous donner à M. de Pâloiseau; soyez prudent, et vous éviterez ainsi tout accident.

— Très bien, fit Saint-Roquentin, étourdi par ce nouveau péril insoupçonné.

Très bien, en effet, figure au nombre des formules illogiques de la langue française; loin d'exprimer la satisfaction, il signifie, à l'encontre de son essence, depuis la simple contrariété jusqu'au profond désespoir. Le maître découvre-t-il une faute de l'écolier : « Très bien; vous me copierez cinq cents vers! » Le médecin trouve-t-il une maladie grave à son malade : « Très bien; vous prendrez tel remède! »

C'est dans ce sens pénible que le vieux gentilhomme proféra cette exclamation; après quoi il regagna sa place, ayant murmuré l'avertissement du faux Walker à l'oreille du vidame, contre toutes les règles de la civilité, il est vrai; mais les circonstances excusaient à ses yeux l'incorrection de sa conduite.

Un instant après, un valet apportait au marquis un billet soigneusement cacheté.

— Vous permettez? demanda-t-il à ses voisins.

La même idée vint à l'esprit des deux gentilshommes.

— Ce sont, pensèrent-ils, de nouvelles instructions que le misérable reçoit, et on lui fait connaître ce qu'il doit nous arracher dans la conversation. Méfions-nous!

La lettre contenait simplement :

« Mon cher marquis,

« Vous êtes entre deux espions d'une prodigieuse habileté. Ne dévoilez pas votre incognito, et si vous leur parlez, soyez prudent.
« Votre tout dévoué,

« Lord D... »

— Parbleu ! se dit Louis de Noirmont, voilà d'impudents drôles ! C'est qu'en vérité ils ont tous deux d'excellentes figures ; à les voir, on jugerait avoir affaire aux plus honnêtes gens de la terre !
Lord Dudlay — car ce billet ne peut venir que de lui — a bien fait de m'avertir, j'aurais été avec eux tout à fait en confiance.
A qui se fier, Seigneur !
Mais me voilà sur mes gardes, et ils seront bien malins s'ils peuvent m'arracher le moindre mot compromettant ou pouvant leur révéler mon véritable nom !
Excellent Dudlay, c'est un ami bien récent, mais singulièrement dévoué !
Enfin, causons un peu avec eux, pour ne pas leur laisser soupçonner qu'ils sont démasqués ; mais une conversation banale...
— Y a-t-il longtemps, messieurs, demanda-t-il à haute voix, que vous habitez Cadix ?
— Depuis notre enfance.
— Il y a quelques jours seulement, répondirent ensemble le chevalier et le vidame, qui devinrent aussitôt rouges et confus de leur inconséquence et se firent mutuellement des signes désespérés.
— Ils sont moins forts que je ne pensais, conclut Louis de Noirmont.
— Vous êtes Espagnols, sans doute ? continua-t-il d'un air d'indifférence polie.
De peur de faire un nouvel impair, les deux amis se turent afin de se laisser réciproquement la parole.
Puis chacun, voyant que l'autre gardait le silence, voulut répondre, et ils repartirent à la fois :
— Oui, monsieur, nous sommes Espagnols.
— Non, monsieur, nous sommes Anglais.

D'où un embarras plus marqué qu'à leur première réplique.

— Décidément, jugea le marquis, ils sont fort sots, et je n'ai guère à craindre semblables bélîtres!

Saint-Roquentin, pour éviter les dangers de cette extraordinaire conversation, entreprit courageusement de conduire lui-même l'entretien.

— Vous êtes étranger, sans doute, monsieur? interrogea-t-il.
— Oui, monsieur.
— Et vous ne connaissez pas encore Cadix?
— Non, monsieur.
— C'est une ville fort curieuse à visiter. Je ne saurais trop vous engager à surtout aller voir le... les... la...

Ici, l'excellent chevalier s'aperçut, à son grand désespoir, que, n'étant pas sorti lui-même et n'ayant jamais abordé ce sujet avec personne, il se trouvait fort empêché pour citer un seul monument ou même une promenade.

— J'ai vu tout cela, répliqua ironiquement Noirmont, commençant à s'amuser de l'entretien, et décidé maintenant à se moquer à cœur joie des prétendus espions.

— Et quelle a été votre impression? questionna alors le vidame à son tour d'un air entendu.

— Excellente, monsieur.

— Il ne se livre pas, murmura Saint-Roquentin à part soi; c'est bien un homme dangereux!...

— Pourvu que nous n'ayons pas été trop loin, mon Dieu! gémissait intérieurement Pâloiseau.

Le banquet, comme la plupart des banquets, dura fort longtemps, et sans interruption la conversation se soutint entre les trois interlocuteurs sur ce ton d'un intérêt si piquant.

Enfin les meilleures choses, comme les pires, ne sauraient durer éternellement : le repas prit fin.

L'amiral anglais but à la santé du gouverneur espagnol, en exprimant le vœu que les deux nations fussent unies pour toujours dans une alliance indissoluble; il porta un toast à la vaillante armée de l'Espagne et à ses victoires futures.

Le gouverneur espagnol, à son tour, riposta en buvant à la santé de l'amiral anglais; il exprima, avec beaucoup d'à-propos, le vœu que, pour toujours, les deux nations fussent unies dans une indissoluble alliance ; puis il porta, lui aussi, un toast à la vaillante armée de l'Angleterre et à ses futures victoires.

Après ces torrents d'éloquence internationale, on échangea une quantité de poignées de mains, défiant toute statistique ; puis on se sépara, pour reprendre au vestiaire, avec les manteaux, la même froideur, sinon la même animosité qu'auparavant.

Le marquis d'une part, le vidame et le chevalier de l'autre, se prenant de plus en plus pour des espions à la solde de leurs ennemis, eurent grand soin de se dépister à la sortie et firent pour s'éviter tant de détours dans les rues de la ville qu'ils faillirent se retrouver à force de se fuir.

Comme on le pense, Brown et Renaud n'eurent garde de laisser à elles-mêmes les victimes de leurs ténébreuses machinations ; ils entretinrent habilement leurs détestables dispositions réciproques, et ils purent, sans se flatter d'un espoir chimérique, juger que la rencontre de Saint-Roquentin avec Louis de Noirmont n'était plus à redouter désormais, grâce aux précautions prises par ces deux personnages pour ne point se rencontrer.

Cependant, si la ruse de l'ex-sollicitor avait eu un excellent résultat à son point de vue, il faut convenir qu'elle avait eu également son mauvais côté.

Mis en défiance par la pensée qu'on l'avait, dans un but caché, fait espionner presque dès son arrivée, le marquis était devenu soupçonneux ; il se tenait sur ses gardes, et il ne semblait plus facile, au moins pour le moment, de l'attirer dans un guet-apens pour se défaire de lui.

En conséquence, Renaud, plus impatient que son complice, déclara qu'il ne fallait pas perdre tant de jours si précieux, et que, si l'on ne tentait rien contre Roger et les deux gentilshommes, tout au moins devrait-on préparer à l'avance les pièges dans lesquels on les ferait tomber en temps opportun.

M. Brown daigna trouver que mister Renaud avait raison, et l'ancien intendant du duc de Noirmont se rendit au camp français.

Sa tâche n'était pas facile, car il ne pouvait se rapprocher de Roger sans s'exposer à un esclandre avec les marins, qui l'eussent certainement reconnu. De ce côté, il valait mieux ne pas se montrer, et, s'il était possible, se faire oublier.

Il jugea plus aisé d'agir contre les deux gentilshommes, et il tourna ses batteries en conséquence.

Afin de gagner la confiance du maréchal Victor et de jouer son rôle d'agent de Fouché d'une façon plus vraisemblable, il apporta, et à plusieurs reprises, des renseignements importants sur les forces des assiégés, sur leurs projets, les mouvements de leurs troupes.

Quand il crut en avoir fait assez pour qu'on accordât quelque crédit à ses paroles, il demanda à parler au duc de Bellune, sans témoins, pour lui faire une communication des plus graves.

Il obtint facilement cette audience, et, sans chercher de périphrases, il alla droit au but.

— Monsieur le maréchal, dit-il, j'ai désiré vous parler à vous seul, parce que j'ai à vous faire des révélations compromettantes pour l'honneur d'une grande famille, et il m'a semblé que je devais vous mettre seul au courant des faits, pour vous permettre de prendre ensuite telle mesure que vous jugeriez convenable.

— De quoi s'agit-il ?

— Monsieur le maréchal, vous avez eu les plus grandes bontés pour le chevalier de Saint-Roquentin et pour le vidame de Pâloiseau; vous avez été surpris par leur apparence de naïveté ; ces deux hommes sont des traîtres, et je viens vous les dénoncer...

— Prenez garde, monsieur, interrompit sévèrement le duc de Bellune, songez à ce que vous dites et n'accusez pas à la légère deux personnes que je tiendrai, moi, pour gens d'honneur, jusqu'à preuve absolue du contraire !

— Monsieur le maréchal, si je n'avais pas en main ces preuves, je ne viendrais pas vous affirmer une chose aussi grave.

— Soit, parlez.

— Comme vous le savez, monsieur le maréchal, j'ai été envoyé à Cadix par M. Fouché; je vous ai montré, il vous en souvient peut-être, mes papiers absolument en règle.

Mais ce que Votre Excellence ignore sans doute, c'est le motif sérieux pour lequel M. Fouché m'a envoyé à Cadix.

— Je ne le connais pas en effet.

— Eh bien, c'était uniquement pour surveiller le vidame et le chevalier. Depuis longtemps leurs agissements étaient suspects, et leur départ de Paris a confirmé les soupçons du ministre...

— Ce départ était motivé par la captivité de Roger de Noirmont.

— C'en était du moins le prétexte.

— Enfin, monsieur, citez-moi des faits et donnez-moi des preuves. Je vous préviens que je les veux concluantes.

— Les voici, monsieur le maréchal.

Lisez ce rapport, signé des deux gentilshommes, donnant, de la façon la plus complète et la plus exacte, la situation et l'emplacement des troupes françaises autour de Cadix, avec l'état des hommes disponibles, des malades, etc., les points faibles de la ligne d'investissement. Vous voyez qu'ils signalent l'endroit propice pour une sortie, et c'est précisément là que les Anglo-Espagnols ont livré un combat, auquel assistaient MM. de Saint-Roquentin et de Pâloiseau.

Dans cette lettre le gouverneur les félicite de leur brillante conduite, et leur témoigne combien il est heureux d'avoir avec lui deux ennemis aussi acharnés des Français.

Je pourrais, monsieur le maréchal, vous montrer encore d'autres documents aussi édifiants, mais je pense que ceux-ci pourront suffire.

Le duc de Bellune examinait avec une anxiété fébrile les papiers déposés devant lui par le soi-disant agent de Fouché. Ils étaient bien en règle, portaient les cachets et les timbres de l'état-major espagnol, avec des annotations de l'amiral anglais. En un mot, ils faisaient honneur à l'incroyable habileté de faussaire de Renaud, qui les avait confectionnés lui-même avec le plus grand soin.

Le maréchal fouilla dans des dossiers placés à portée de sa main; il en tira une lettre qu'il regarda longuement, avec attention.

— C'est bien cela, murmura-t-il, on ne peut s'y tromper, l'écriture est exactement la même !...

Monsieur Renaud, je vous remercie de votre zèle, quoique, certes, je donnerais beaucoup pour que vos renseignements fussent tous faux... Malheureusement, je vois trop leur exactitude !...

Et, d'un geste, il congédia le coquin.

Puis il frappa sur un timbre.

L'aide de camp de service apparut aussitôt.

— Capitaine, ordonna le duc de Bellune tristement, allez dire au grand prévôt de donner les ordres nécessaires pour qu'un conseil de guerre soit réuni dans une heure.

Le grand prévôt, prévenu sur-le-champ, dépêcha dans toutes les directions son planton, qui se trouvait être l'ami de Roger, le sapeur Billenbois.

En traversant le quartier des Marins de la Garde, le brave homme aperçut l'enfant, causant avec Cacatois :

— Fameux ! lui cria-t-il ; on réunit le conseil de guerre.

— Pour quoi faire? demanda le matelot avec beaucoup d'indifférence.

— Pour juger le Renaud, du moins j'aime à le superposer, car l'ordre est venu, à ce qu'on m'a dit, après que ce gredin était entré chez le maréchal.

— Bravo ! applaudit Cacatois.

— Le malheureux, soupira Roger, il sera certainement condamné !

— Je t'engage à t'attendrir, riposta le sapeur exaspéré; si on lui envoie douze balles par la tête, il aura tout juste la ration qu'il mérite !

— C'est bien possible, mais je ne puis m'empêcher de le plaindre.

— Ah bien ! tu as de la bonté de reste ! Sur ce, je vais porter les convocations pour le conseil.

— Quand va-t-il se réunir?

— Dans une heure.

El Billenbois reprit le pas accéléré.

A peine avait-il disparu que le capitaine Castanié arriva.

Il paraissait sombre et soucieux.

Il s'approcha lentement de Roger et lui dit :

— Mon enfant, j'ai une pénible mission à remplir. Je viens vous chercher pour comparaître comme témoin, avec les matelots Cacatois et Ladurec, devant le conseil de guerre.

— Bien, mon capitaine, répondit le fifre ; j'eusse préféré certainement être dispensé d'y venir, mais je comprends que ma présence est nécessaire et que l'on ne saurait s'en passer.

— Comment ! s'exclama l'officier étonné, vous savez qui va comparaître devant le conseil?

— Oui, mon capitaine.

— Et vous n'en êtes pas plus ému?

— Mon Dieu, mon capitaine, je pardonne tous les torts que l'on peut avoir eus envers moi, mais je ne puis montrer bien grande sympathie pour de pareils criminels !

— Ah ! songea Castanié en s'en allant, l'enfant n'est pas tendre pour son oncle ; cependant il n'a reçu de lui que des bienfaits... Serait-ce

— Messieurs, dit le colonel, la séance est ouverte.

une méchante nature?... Et pourtant... il m'aurait bien trompé alors... C'est étrange !...

Le conseil de guerre était réuni dans une petite maison abandonnée par ses habitants, qui avaient fui à l'approche des Français.

Roger, Cacatois et Ladurec, introduits dans la salle comme témoins, remarquèrent avec surprise l'absence de l'accusé.

— Probable, opina Cacatois, que les brasse-carré[1] auront laissé ce terrien de malheur gagner le large! C'était bien la peine de l'enlever de nos mains.

— Si on ne l'avait pas laissé filer son nœud, il serait encore là, prononça magistralement Ladurec.

— Bien parlé, matelot, approuva le gabier, qui s'obstinait à admirer, avec la plus robuste confiance, tous les axiomes étonnants sortant de la bouche de son inséparable.

Un sous-lieutenant de grenadiers, à la tête du piquet de service, commanda :

— Portez armes ! Présentez armes !

Le conseil faisait son entrée.

Il prit place derrière une longue table chargée de dossiers.

L'officier cria :

— Reposez-vous sur vos armes !

Les fusils résonnèrent bruyamment sur le sol.

Le conseil de guerre se composait ainsi :

Un colonel de chasseurs à cheval, président; un chef de bataillon d'infanterie, un capitaine des Marins de la Garde, un lieutenant de dragons et un sous-officier de gendarmerie.

— Messieurs, dit le colonel, la séance est ouverte. Les inculpés sont en fuite, le jugement sera donc prononcé par contumace.

Greffier, lisez l'acte d'accusation.

Un caporal des voltigeurs, remplissant les fonctions de greffier, se leva et donna lecture des faits reprochés aux nommés Saint-Roquentin et Pâloiseau, sujets français, accusés d'avoir livré à l'ennemi des renseignements faisant connaître la force et la position de l'armée, et en outre d'avoir porté les armes contre leur patrie, — crimes prévus par la loi et punis de la peine de mort.

---

1. Les marins appellent ainsi les gendarmes.

Quand Roger entendit prononcer les noms de son oncle et du vidame, il poussa un gémissement, battit l'air de ses bras et tomba évanoui.

Le colonel président fit un geste de compassion et ordonna aux marins de faire sortir l'enfant et d'en prendre soin.

Pendant l'absence des trois amis, Renaud entra et fit sa déposition.

Il répéta, plus en détail, tout ce qu'il avait dit au maréchal.

Il pria le conseil d'examiner les pièces apportées par lui, demanda qu'elles fussent comparées avec l'écriture de la lettre adressée au duc de Bellune, ajoutant que, malheureusement, le doute n'était pas possible.

La déposition terminée, il sollicita et obtint la permission de se retirer, le scélérat se souciant peu de paraître devant ses victimes si l'on faisait revenir Roger, Cacatois et Ladurec.

L'enfant avait repris ses sens, et il voulut absolument rentrer dans la salle pour défendre son oncle.

Le colonel l'interrogea, écouta avec la plus grande bienveillance son petit plaidoyer en faveur du malheureux chevalier.

Il entendit patiemment les matelots et donna la parole successivement à l'officier chargé de soutenir l'accusation et au lieutenant nommé d'office avocat des accusés.

Le conseil se retira ensuite pour délibérer.

Son absence fut courte; il rentra bientôt en séance, et le président lut à haute voix le jugement.

Les deux accusés étaient reconnus coupables sur les deux chefs d'accusation, et condamnés par contumace à la peine de mort. L'exécution, si l'on parvenait à s'emparer d'eux, devait avoir lieu dans les vingt-quatre heures.

Roger entendit sans prononcer une parole; il devint pâle comme un mort et sortit avec ses fidèles compagnons, la tête basse :

— Maintenant, pensait Cacatois, les deux pauvres particuliers sont à la dérive !...

CHAPITRE XIV

DANS LEQUEL IL EST FORTEMENT QUESTION DE LA BOXE ANGLAISE ET D'UN PÊCHEUR ESPAGNOL

Sur le port de Cadix, parmi les nombreuses posadas fréquentées par les marins et les pêcheurs, il en était une d'un aspect sinistre, plus enfumée, plus sale et plus étroite que les autres : la *Posada de los Angeles.*

Les matelots anglais en avaient fait leur rendez-vous de prédilection, et quand ils obtenaient la permission d'aller à terre, c'est là qu'ils se réunissaient, pour absorber des quantités de gin et de wisky suffisantes pour mettre à flot un vaisseau de soixante-quatorze canons.

Deux jours après le conseil de guerre que nous avons raconté, le bouge était plein ; il était neuf heures du soir, et les buveurs commençaient à ressentir l'excitation terrible que produit généralement l'ivresse par l'alcool.

Un marin gigantesque frappa tout à coup sur la table avec son poing et s'écria :

— Je propose un toast.

— Hourra ! Bravo, John ! firent cent voix enrouées.

— Je bois à la vieille Angleterre...

— Bravo ! A la vieille Angleterre ! Hourra pour John !

— Laissez-moi finir... Je bois à la vieille Angleterre et à la défaite des chiens de Français !

L'enthousiasme soulevé par la première partie du toast devint de la frénésie à la seconde.

Tous les assistants jetaient leurs bonnets en l'air et manifestaient, en termes non équivoques, leur vif désir de rompre les os des Français, de les brûler à petit feu, de les faire sauter tous, et autres gentillesses témoignant, pour leurs voisins d'outre-Manche, d'une cordialité extrêmement minime.

Un des gentlemen présents émit l'idée excessivement ingénieuse de faire apporter un punch brûlant, afin de le boire spécialement à l'extinction de la race française en général et des marins français en particulier.

Des cris unanimes d'approbation se firent entendre, et l'on allait donner l'ordre au maître de la maison d'apporter le « brûlot », quand un homme enveloppé d'un grand manteau, qui s'était jusque-là tenu à l'écart au fond de la posada, monta brusquement sur une table et dit d'une voix forte :

— Gentlemen...

Les marins regardèrent d'un œil méprisant le « terrien » qui se permettait ainsi de prendre la parole dans un établissement considéré généralement comme leur appartenant uniquement et sans partage.

Le colosse exprima même fort clairement un dessein très arrêté d'aller casser la tête de l'intrus en un nombre assez considérable de morceaux.

L'inconnu, sans s'émouvoir, reprit :

— Gentlemen, je vous en prie, permettez-moi de vous offrir le punch que vous venez de demander, et accordez-moi l'honneur d'en vider un verre avec vous, en portant le toast proposé par l'honorable gentleman qui vient de parler.

Un hourra formidable retentit, et M. Brown — car c'était lui — fut porté en triomphe par deux bras vigoureux, appartenant au géant qui souhaitait si fort de lui briser le crâne en fragments multiples.

Néanmoins — si changeants sont les sentiments de la multitude — l'ex-sollicitor se vit bientôt un peu délaissé pour l'immense bassine d'étain qu'on apporta, pleine de la liqueur enflammée.

Mais il reprit promptement l'avantage.

Saisissant un verre, il s'écria :

— Mes amis, buvons à la mort du dernier Français !

— Bravo ! A la mort du dernier Français ! Hourra !

En moins de rien, il ne resta plus une goutte de liquide, et quelques-uns des personnages présents roulèrent sous les tables.

Brown sentit qu'il ne fallait pas aller plus loin.

— Je vois, fit-il, que vous êtes tous de braves marins et de fidèles et loyaux sujets ; aussi, j'en suis persuadé, vous ne supporterez pas l'insulte qui vous est faite par un chien de Français.

— Quelle insulte ? Quel Français ? Où est-il ?

Ces questions se croisaient avec une violence incroyable.

— Je vais vous le dire, gentlemen.

Il s'agit d'un certain comte de Belval arrivé dernièrement à bord du *Fairfax;* cet homme, bien loin de reconnaître la généreuse hospitalité britannique, doit venir ici ce soir pour se moquer de vous. On lui a dit de prendre garde à lui; on l'a averti qu'il pourrait se trouver mal d'une pareille bravade; mais il a répondu qu'il ne craignait pas les marins anglais et saurait en venir à bout à lui seul, car il n'en faisait pas plus de cas que des Espagnols.

Ces propos perfides furent accueillis par un hurlement de fureur.

Le géant John, surtout, était devenu pourpre à un point tout à fait alarmant. Il levait ses poings au ciel et s'engageait, par les plus terribles serments, à dévorer tout vivant l'insolent s'il osait venir dans la *Posada de los Angeles.*

Le tumulte était tel que personne ne s'aperçut de la disparition de M. Brown, non plus que de l'entrée de Louis de Noirmont.

Le marquis, sans s'émouvoir du bruit ni des vociférations, prit place à une table, tira de sa poche un billet et le relut attentivement :

« Si vous voulez avoir des nouvelles de la famille que vous cherchez, venez ce soir sur le port, dans la *Posada de los Angeles,* et attendez ; un ami viendra vous y trouver.

« Venez seul, et ne communiquez cette lettre à personne. »

— Signé lord Dudley, songeait-il : c'est bien étrange et bien mystérieux ; mais qu'importe après tout ! Je suis prêt à risquer tous les dangers pour retrouver les miens !... Advienne que pourra !

Cependant le tapage redoublait, et atteignait une telle intensité que Louis de Noirmont finit par s'en émouvoir.

— Pourquoi tout ce bruit? demanda-t-il en excellent anglais à un des moins exaltés de la bande.

— Gentleman, répondit le matelot interrogé, nous buvons aux prochaines défaites des chiens de Français.

Toute la fierté du marquis lui remonta au cœur :

— Tu fais bien, drôle, de boire maintenant à vos victoires, car vous ne pourrez plus le faire après la bataille !

Le marin proféra un juron formidable ; puis, comme ses moyens oratoires n'allaient pas plus loin, il conclut en envoyant son poing de toute sa force dans la tête de son interlocuteur.

Par bonheur, Louis se baissa fort à propos; et comme il avait appris la boxe anglaise et qu'en outre il était doué d'une vigueur peu commune, il riposta par un ouragan de coups.

En moins de rien, l'agresseur eut la figure noire et prodigieusement enflée, plus quelques dents brisées.

— Hardi, respectable particulier! as pas peur, et à l'abordage!

Aux cris qu'il poussa, cris de rage et de douleur à la fois, John accourut et demanda ce qui se passait.

— C'est ce misérable Français,... fit le marin.

— Un Français! clama John.

— Oui, fit le marquis; et, voyant les dispositions malveillantes de tous les buveurs qui se levaient d'un air menaçant, il ajouta : Je suis le comte de Belval, venu à bord du *Fairfax*.

Un rugissement formidable sortit de la poitrine de tous les Anglais :

— A mort, le Français! A mort!...

Aussitôt, Noirmont fut entouré d'une foule furieuse; dans la plupart des mains brillaient des couteaux.

21

Il se vit perdu...

Déjà il ne songeait plus qu'à vendre chèrement sa vie, quand un pêcheur espagnol — attablé dans un coin et suivant cette scène d'un air indifférent depuis quelque temps — bondit tout à coup et s'écria :

— Hardi, respectable particulier! as pas peur, et à l'abordage!

Tout en parlant, il saisissait un banc de chêne d'une solidité à toute épreuve, et en quelques coups mettait en pièces les rares quinquets éclairant la salle.

L'obscurité se fit aussitôt, profonde, complète.

Puis un coup sourd retentit, et quatre matelots tombèrent le crâne fendu.

Alors, dans la nuit, le pêcheur bondit, toujours armé de son banc, qui, telle une catapulte, renversait tout sur son passage.

Il avait sans doute bien observé la position du marquis avant d'éteindre les lumières, car il se dirigea droit vers lui, le prit par la main en lui murmurant à l'oreille :

— Silence, et suivez-moi.

Il gagna la porte, l'ouvrit, sortit avec Noirmont, puis la repoussa rapidement, et, tirant une clef de sa poche, il la ferma à double tour.

— Monsieur..., fit le marquis.

— Chut! taisez-vous et naviguez dans mon sillage.

Le pêcheur se mit à courir avec une prodigieuse rapidité, suivi du prétendu comte de Belval.

Ils tournèrent longtemps dans une quantité de petites rues, poursuivis par les Anglais, dont ils entendaient les vociférations.

Évidemment les marins avaient enfoncé la porte et recherchaient leurs adversaires.

Après une demi-heure de course à cette allure désordonnée, le pêcheur et son compagnon arrivèrent au bord de la mer, dans une sorte de petite crique située entre le port et les remparts de la ville.

Là ils s'arrêtèrent.

— Je crois, fit le marquis, que nous sommes en sûreté maintenant : on a perdu nos traces.

— Possible, mais gagnons d'abord le large; on causera après; voilà le canot, embarquons...

Quand l'embarcation eut dépassé les forts :

— Monsieur, dit Louis de Noirmont, je ne sais, en vérité, comment vous remercier; vous m'avez sauvé la vie...

— Pour lors, interrompit le pêcheur, vous me remercierez plus tard; j'ai vu un Français croché par des Anglais, j'ai navigué de conserve avec lui. Voilà tout.

Maintenant, la barre sur le camp et ouvrons l'œil, pour ne pas aborder les chaloupes qui croisent dans les environs.

— Nous allons au camp?...

— Au camp français, parfaitement, respectable particulier... Au fait, c'est vrai, j'oubliais mon costume de pêcheur espagnol. Tel que vous me voyez, je me nomme Cacatois, des Marins de la Garde de Sa Majesté l'Empereur.

— Oh! songea le marquis, voilà qui va mal! Je n'ai pu encore me faire rayer de la liste des émigrés; ce n'est peut-être pas très prudent d'aller ainsi chez mes compatriotes... Bah! je m'entendrai toujours mieux avec eux qu'avec ces gredins de la *Posada de los Angeles*...

Mais dites-moi, mon ami, interrogea-t-il à haute voix, serait-il indiscret de vous demander par quel singulier hasard vous vous trouviez à Cadix? Ce n'est, je pense, ni pour vous promener, ni pour affaire de service?

— Brave particulier, je crois qu'on peut avoir confiance en vous; d'abord vous avez l'air assez honnête...

Louis de Noirmont, flatté, s'inclina silencieusement.

— Et puis, vous abordiez l'Anglais en grand, ça me va. Donc voici le motif de la raison du pourquoi de mon embardée dans cette cambuse de malheur.

Faut vous dire que nous avons, dans l'équipage, un fifre dont l'oncle navigue dans la ville; il a fait une fausse manœuvre et se trouve en panne; j'ai louvoyé pour aller relever son point et le prendre à mon bord, afin de le ramener à Roger.

— A Roger?...

— Eh oui, au fifre Roger de Noirmont.

— Roger de Noirmont! fit le marquis avec feu; cet enfant s'appelle Roger de Noirmont?...

— En personne naturelle, respectable particulier; mais...

— Et son oncle, n'est-ce pas le chevalier de Saint-Roquentin?

— Comme vous vous faites l'honneur de le dire; un grand sec, bien brave homme, et son ami aussi, quoiqu'il ait l'air d'une futaille d'eau douce à laquelle on aurait emmanché des pieds.

— Le vidame de Pâloiseau?

— Tout juste. Ah çà! mais vous les connaissez donc tous? Est-ce que vous connaissez aussi mon matelot, Ladurec?

— Non, mon ami, répondit Louis en souriant; mais je serai très heureux de faire sa connaissance, et surtout de revoir mon neveu, Roger...

— Comment, vous êtes...?

— Le marquis Louis de Noirmont.

— Excusez, fit Cacatois en soulevant son bonnet, je ne savais pas... Oh! ce pauvre Roger, va-t-il être heureux de vous revoir!

— De me voir, plutôt, car il ne m'a jamais vu; j'ignorais même sa naissance.

Et le marquis raconta au brave marin toutes ses aventures, puis apprit de lui la mort de son frère et de sa belle-sœur.

La profonde douleur qu'il en ressentit fut adoucie néanmoins par la pensée qu'il allait reporter toute son affection sur l'enfant, et qu'il pourrait veiller désormais sur lui, pour déjouer les abominables projets de Renaud et de Brown.

Pendant cet entretien, grâce au vent favorable et à la vigueur de Cacatois, le canot marchait rapidement; bientôt il atterrit auprès des avant-postes français, par lesquels le matelot se fit reconnaître.

Je laisse à penser les effusions qui accompagnèrent l'entrevue de Louis de Noirmont avec son neveu.

Par discrétion, les amis de Roger s'étaient éloignés pour laisser l'enfant et l'oncle causer librement, et ils échangeaient, dans une affectueuse expansion, le récit des événements survenus depuis le départ du marquis pour l'Angleterre.

Billenbois apparut soudain.

— Pardon, messieurs, mesdames et la compagnie, fit-il, vous m'excuserez, je présuppose, de vous déranger, mais c'est à l'effet seulement de vous inculquer une nouvelle *conséquente*.

— Parle; de quoi s'agit-il?

— Voilà la chose.

Les sentinelles ont arrêté un bourgeois cherchant à pénétrer dans nos lignes. Ce particulier prétend être envoyé par un ministre de l'empereur, le duc... le duc de Trente...

— Le duc d'Otrante, veux-tu dire, sans doute, le ministre de la police?
— Tout juste.
— Eh bien?
— On l'a conduit au quartier général, et le capitaine Castanié a déclaré que c'était un faux policier, un espion, et qu'il allait le faire fusiller. J'ai pensé que c'était peut-être un complice de ce Renaud...
— Qu'est-ce qui te le fait croire?
— Puisque ce Renaud prétendait aussi être envoyé par le duc de... de...
— D'Otrante.
— Parfaitement.
— Tu as peut-être raison... S'il en était ainsi, nous pourrions sans doute le faire garder en otage pour qu'on nous renvoie mon oncle ou Saint-Roquentin...

Allons voir le capitaine Castanié.

Venez-vous avec nous, mon oncle?

Le marquis hésitait.

— Qu'avez-vous? demanda Roger.

— Mon enfant, je ne sais s'il est bien prudent à moi de me montrer à l'état-major français en ce moment!... Je suis émigré; je n'ai pu encore me faire rayer de la liste...

— Mon oncle, les situations franches sont les meilleures; en outre, on fait bon accueil à tous les gentilshommes qui se présentent pour rentrer en France, et souvent même l'empereur les incorpore, quand ils le désirent, dans les rangs de son armée; vous n'avez donc aucun risque à courir.

— Tu as peut-être raison. Allons.

Ils se dirigeaient vers le quartier général, quand ils rencontrèrent Cacatois.

— Va bien, fit le marin; j'allais te chercher, mousse; paraîtrait que le maréchal voudrait se faire un honneur de nous entretenir.

— Ah! repartit l'enfant; c'est sans doute au sujet de cet homme qui se dit agent de Fouché?

— Possible; mais comme on a négligé de me le dire, je suis à sec de renseignements comme un navire sur sa cale.

Aussitôt arrivés, Louis de Noirmont, Roger et Cacatois furent conduits au duc de Bellune.

Le fifre présenta tout d'abord son oncle, et le marquis, avec une complète franchise, déclara sa position d'émigré, involontaire sans doute, mais non radié de la liste.

— Monsieur, fit le maréchal avec bonté, l'Empereur ne souffrira pas que vous soyez inquiété; je puis même vous assurer que, si vous voulez servir parmi nous, Sa Majesté vous accordera une place dans nos rangs.

— C'est mon plus vif désir; d'ailleurs j'ai déjà servi, avant la suppression de la maison du roi, en qualité de cornette aux mousquetaires.

— En ce cas, je demanderai pour vous un brevet de capitaine, et je ne doute pas de l'obtenir.

Ne me remerciez pas, marquis : je ne fais que suivre les instructions de Sa Majesté; mais nous avons, pour le moment, à nous occuper d'une affaire plus pressante. Peut-être pourrez-vous nous donner quelque renseignement important.

Il s'agit de savoir si l'homme que vous allez voir est un imposteur ou s'il est réellement un agent de Fouché, ainsi qu'il le prétend. Dans ce cas, nous aurions été trompés par ce Renaud, que j'ai envoyé comme espion à Cadix, avec mission de favoriser le retour du chevalier de Saint-Roquentin et du vidame de Pâloiseau. La question est des plus graves, car il se pourrait que ces deux gentilshommes eussent été victimes d'une machination infernale, et il faudrait alors reviser le jugement du conseil de guerre qui les a tous deux condamnés.

— Monsieur le maréchal, dit Louis de Noirmont, je suis persuadé que le chevalier et le vidame sont innocents. Je ne l'affirme pas seulement parce que je les connais de réputation et les sais incapables de la moindre félonie, mais aussi parce que, grâce à tout ce que m'a raconté mon neveu sur ce Renaud, j'ai pu me rendre compte, à bien peu de chose près, de tout ce qui s'est passé à Cadix et des menées perfides dont j'ai failli moi-même être victime.

Et, en peu de mots, le marquis narra tous les événements de son séjour dans la ville espagnole.

— Je ne serais pas étonné, ajouta-t-il, que lord Dudlay et sir Edward Walker ne fussent autres que ce Renaud et ce Brown.

D'ailleurs, nous avons un moyen bien simple de nous en assurer. Puisque Renaud a été envoyé dans la ville comme espion, il a dû faire parvenir à Votre Excellence quelque rapport, au moins pour jouer plus aisément son rôle?

— Sans doute, répondit le duc de Bellune, il m'a même prévenu d'une sortie que les assiégés ont réellement faite au lieu et au moment annoncés.

Monsieur Bélamy.

Capitaine Castanié, donnez-moi le dossier de ces rapports.

L'officier apporta les documents demandés.

— Voici, dit Louis de Noirmont, le billet signé lord Dudlay, grâce auquel je suis tombé dans un guet-apens de la taverne *de los Angeles*, et dont m'a tiré Cacatois.

— Ah! mon brave, s'exclama le maréchal, il paraît que tu te fais une habitude des actions d'éclat! nous nous en souviendrons.

Le marin fit passer sa chique de la joue gauche à la joue droite : c'était sa façon de rougir.

— Donnez-moi ce papier, marquis... Parbleu! il n'est pas besoin d'un examen bien prolongé : c'est tout à fait l'écriture de Renaud.

Maintenant, tout concorde parfaitement dans votre récit et dans ceux que nous ont faits jadis votre neveu et ses amis les matelots, pour dévoiler les infamies de ce misérable; cette dernière preuve est concluante.

Qu'on fasse entrer le prisonnier.

Le capitaine souleva la toile de la tente et fit un signe au dehors.

L'envoyé de Fouché entra, les mains liées derrière le dos, entre deux grenadiers. Son aspect était des plus piteux; sur l'assurance de Castanié que le malheureux était un imposteur et un espion, les soldats qui l'avaient arrêté avaient cru devoir lui infliger une correction, méritée à leur avis par sa qualité de traître.

Ses vêtements étaient en lambeaux; sa figure enflée, et un de ses yeux devenu du plus beau noir, attestaient clairement l'indignation des braves troupiers.

— Vous prétendez, interrogea le maréchal, m'être envoyé ici par M. le duc d'Otrante, ministre de la police?

— Je ne le prétends pas; je l'affirme et suis en mesure de le prouver à Votre Excellence.

— Parlez.

— Je ne puis m'expliquer publiquement, mais Votre Excellence me comprendra certainement à demi-mot.

Je viens poursuivre les négociations entamées par les amis espagnols de Sa Majesté le roi Joseph, négociations entamées à Arcos, il y a un mois.

Ces paroles étaient en effet inintelligibles pour tous les assistants, sauf pour le duc de Bellune; elles faisaient allusion à des pourparlers entrepris avec quelques chefs de guérilleros, moins farouches et plus traitables, disait-on, que leurs collègues. Le roi Joseph, frère de Napoléon Ier, mis sur le trône de Madrid par la volonté formelle de l'empereur, voyant les opérations militaires impuissantes à réprimer le soulèvement unanime de son peuple, avait essayé de diviser ses adversaires pour les vaincre, selon le vieux principe de gouvernement. Pour exécuter son dessein, il avait demandé à Fouché des gens habiles, propres à cette besogne de basse diplomatie, et le prétendu imposteur était un de ces policiers, réellement envoyé par le duc d'Otrante, comme le prouvait sa courte réplique.

— C'est bien, conclut le maréchal, au grand étonnement de tous les spectateurs de cette scène; qu'on relâche cet homme.

Vous serez dédommagé du tort qui vous a été fait, et je vais donner des ordres pour que vous puissiez accomplir votre mission avec toutes les facilités désirables. En outre, je compte vous remettre quelques instructions supplémentaires, au sujet de deux coquins que vous pourriez fort bien rencontrer sur votre route.

Cette qualification flatteuse s'adressait si évidemment à Renaud et à Brown, que Roger, son oncle et les marins échangèrent aussitôt un coup d'œil de triomphe.

Le maréchal les congédia et resta seul longtemps avec M. Bélamy, — ainsi se nommait le policier; — puis ils se séparèrent, fort satisfaits tous les deux : les coups étaient passés, mais il restait à l'agent de Fouché une abondante gratification, dédommagement extrêmement agréable.

Seul le capitaine Castanié demeurait un peu confus; mais bah! qui ne se trompe jamais?

— Après tout, se dit l'excellent officier, qui ne fait pas une sottise dans sa vie? La mienne est moins forte que celle de l'empereur, le jour où il nous a envoyés en Espagne.

Et, sur cette réflexion, un tantinet irrespectueuse, il se consola tout à fait.

Le marquis et Roger commençaient à reprendre confiance; M. Bélamy allait certainement achever de démasquer Renaud et Brown. Peut-être irait-il, cet habile homme, jusqu'à s'emparer d'eux... et — qui sait? — un jour, il se pourrait qu'il ramenât les chers absents, le bon vidame et l'excellent chevalier.

L'oncle et le neveu voyaient donc la vie en rose, heureux d'ailleurs de se trouver ensemble, quand survint une catastrophe inattendue.

L'ordre arriva, un matin, aux Marins de la Garde, d'aller rejoindre le corps d'armée du maréchal Suchet, pour s'y réunir à un autre détachement assez considérable de leur régiment.

Malgré tout son courage et son incroyable énergie, Roger ne put s'empêcher de fondre en larmes à cette nouvelle.

Il fallait abandonner les deux pauvres gentilshommes, et peut-être pour toujours cette fois!

Quels dangers ne courraient-ils pas, et comment avoir de leurs nouvelles?

Le marquis lui-même était obligé de s'éloigner, car il devait se joindre à la petite colonne pour aller chercher son brevet d'officier et être attaché à la personne du commandant en chef, le duc de Bellune ayant demandé qu'il fît partie de la même armée que Roger, afin de le quitter le moins possible.

Quelqu'un de bien désolé aussi, c'était le sapeur Billenbois, dans les yeux duquel roulaient de grosses larmes, phénomène inobservé jusqu'à ce jour.

CHAPITRE XV

LADUREC ÉPROUVE LES PLUS GRANDES DIFFICULTÉS POUR S'ASSEOIR,
A LA SUITE D'UNE RENCONTRE BIEN IMPRÉVUE

Le village de Montoro était en émoi, car on venait d'annoncer l'arrivée d'une colonne française, et comme, à cette époque, personne, parmi les paysans espagnols, n'avait la conscience bien nette, chacun se montrait anxieux et attendait avec une certaine inquiétude la venue des soldats.

L'alcade[1], notamment, ne semblait pas fort à son aise, et non sans quelque raison, car ce magistrat municipal avait — à la connaissance de tous ses administrés — fait partie d'une bande de guérilleros, fameuse pour ses sanglants exploits contre les armées du roi Joseph.

Aussi le digne homme restait-il fort perplexe, se demandant s'il ne serait pas plus prudent pour lui de gagner la montagne, sans attendre les troupes signalées.

Ses réflexions n'étaient point couleur de rose; mais tandis qu'il se livrait à ses tristes pensées, en se promenant sur la place du village à grands pas, — autant que pouvaient le lui permettre ses petites jambes et son ventre déjà rondelet, — deux moines l'abordèrent avec de profonds saluts :

— Mon frère, dit l'un d'eux, vous paraissez anxieux !

— Sans doute, continua l'autre, c'est la prochaine arrivée des Français qui vous affecte si profondément?

— Mes révérends...

— Ne vous en défendez pas, mon frère; nous sommes, tout comme vous, bons patriotes et dévoués à notre pays; vous pouvez donc parler à cœur ouvert et sans nulle crainte.

Vous ne comptez pas vous défendre?

---

1. Maire espagnol.

— Impossible, ils sont trop nombreux!

— Sans doute,... sans doute... Mais,... tout en ne tentant aucune résistance, ne seriez-vous pas disposé à aider — sans vous compromettre, bien entendu — de loyaux Espagnols, résolus à tenter un coup de main contre ces maudits envahisseurs?

Vous vous arrangeriez d'ailleurs de façon à ne pas quitter les Français, si bien qu'on ne pourrait vous accuser de complicité.

— Mes révérends, je ne demande pas mieux que de servir la bonne cause; mais comment puis-je lui être utile, et quel appui lui donnerai-je?

— C'est bien simple : trouvez-nous un homme sûr, connaissant les moindres sentiers de la montagne, un gaillard résolu, sachant faire le coup de feu au besoin et d'une fidélité à toute épreuve.

— J'ai votre affaire, mes révérends, fit l'alcade après un moment de réflexion; je vais vous envoyer Juan Rabido, contrebandier, braconnier, un peu brigand même à ses heures, mais, au demeurant, l'homme qu'il vous faut, prêt à tout, et haïssant les Français à l'égal du diable lui-même!

— Parfait; dites-lui de venir nous trouver, ce soir, à minuit, sous le porche de l'église.

— Convenu, mes révérends...

L'alcade ne put finir sa phrase et pensa même se fendre le crâne contre le mur de la maison voisine, tant il recula vivement.

Il n'avait point absolument tort, car il s'en fallut de quelques centimètres qu'il ne fût renversé par deux hussards français, traversant le village ventre à terre, la carabine au poing, prêts à faire feu.

— Race maudite! grommela l'infortuné magistrat; Dieu veuille nous délivrer de vous le plus tôt possible!

Mes révérends, reprit-il en s'adressant aux deux moines, je vous prie de m'excuser, je vais au-devant de ces misérables Français... pour exercer les devoirs de ma charge et protéger nos administrés, autant que faire se pourra, contre leurs déprédations.

— Allez, seigneur alcade, répliqua l'un des moines, allez, et n'oubliez pas notre guide.

— Soyez tranquilles, je vais le faire prévenir sur-le-champ.

Le premier magistrat de Montoro n'eut pas beaucoup de chemin à faire pour mettre son projet à exécution, car il aperçut aussitôt la colonne débouchant à l'extrémité de la rue.

Il se hâta de courir au-devant d'un officier supérieur marchant en tête, à cheval.

— Excellence, fit-il, en se courbant plus que ne l'eût exigé la simple politesse, je viens me mettre à la disposition de Votre Seigneurie.

— Monsieur l'alcade, peut-être? fit le commandant.

Deux moines l'abordèrent.

— Pour vous servir, Excellence.

— Je ne suis ni excellence ni seigneurie; je suis tout simplement le chef de bataillon Duval, du 63° d'infanterie, vingt-cinq ans de service, vingt-cinq campagnes, onze citations, trois blessures, officier de la Légion d'honneur, et, pour le moment, commandant le détachement ci-inclus, pour lequel vous allez nous procurer sur-le-champ des vivres, des fourrages et un guide.

— Je vais m'empresser, monsieur le chef de bataillon...

— Vous nous donnerez aussi des logements pour les hommes et pour les chevaux.

— Avec plaisir, monsieur le chef de bataillon ; je...

— Je ne vous demande pas de le faire avec plaisir, mais j'entends que tout soit terminé dans une heure.

— Quel ours, mon Dieu ! gémit le pauvre alcade ; que Notre-Dame du Mont-Serrat nous protège !

Et il s'éloigna précipitamment pour exécuter les instructions de l'irascible officier.

Les Français cependant débouclaient leurs sacs, formaient les faisceaux et prenaient toutes leurs dispositions pour opérer la cuisson des vivres qu'on allait leur apporter.

Les deux moines ne s'étaient pas éloignés : ils avaient assisté au défilé de la colonne avec un étrange intérêt, et, quand les Marins étaient arrivés, ils avaient échangé un regard d'intelligence.

Aussitôt la halte sonnée, le marquis, son neveu, Cacatois et Ladurec ne manquaient jamais de se rassembler, pour deviser des événements de la route et prendre leur nourriture ensemble, « faire popote », comme disaient les troupiers.

Cette fois comme les autres ils se trouvèrent rapidement réunis.

Cacatois paraissait inquiet ; il se promenait de long en large, la mine soucieuse, et gardait un silence obstiné, symptôme tout à fait alarmant chez le brave marin, dont l'éloquence d'habitude ne tarissait guère.

— Qu'as-tu ? demanda Roger en souriant, tu as l'air d'un capitaine de navire attendant la tempête !

— Tu as relevé le point, mousse ; je vois un grain à l'horizon.

— Où ça ? fit Ladurec, un peu effaré.

— Vois-tu ces deux moines embossés à une portée de pistolet ?

— Eh bien ?

— Eh bien, depuis que nous avons jeté l'ancre, ils ne nous quittent pas des yeux ; ils nous reluquent comme les vigies placées en haut du grand mât observent les voiles au vent.

— Mon bon Cacatois, répliqua l'enfant, tu es trop méfiant, en vérité ; je comprends qu'on soit sur ses gardes, mais maintenant tu vois des ennemis partout.

— Possible, mousse, possible, mais vaut mieux prendre un ris de trop que de se laisser chavirer par un coup de vent.

— Bien raisonné, approuva Louis de Noirmont : il est certain que, dans notre situation, nous ne saurions être trop prudents. Toutefois,

Deux hussards français traversaient le village ventre à terre.

ces bons pères me paraissent singulièrement inoffensifs, et, pour ma part, je ne remarque en eux rien de suspect.

— Bon, bon, fit l'obstiné marin, ces gens-là nous reluquent trop pour n'avoir pas quelque idée à notre endroit. Qu'en dis-tu, Ladurec?

— Ça pourrait des fois être des braves gens, prononça gravement le matelot interpellé; mais on ne sait pas.

Cette opinion lumineuse n'accrut pas médiocrement l'estime du gabier pour la merveilleuse perspicacité de son compagnon, et il s'en prévalut comme d'une approbation formelle.

— Ayons l'œil au gouvernail, conclut-il.

Personne n'ayant combattu cette proposition, le marin déclara, avec une grande énergie, qu'il se chargeait de « faire le quart » et de déjouer toutes les ruses nouvelles imaginées par l'ennemi.

La distribution des vivres se fit sans incidents; puis, quand le repas fut achevé, les fourriers distribuèrent les billets de logement.

Nos amis avaient obtenu qu'on les plaçât toujours ensemble, aussi leur assigna-t-on la même maison: la ferme de Juan Rabido, située à l'extrémité du village, et dans laquelle, faute de meilleure place, on leur octroya, pour chambre à coucher, une grange pleine de foin et de paille.

Par hasard, sans doute, les deux moines devaient loger dans les environs, car ils suivirent le même chemin que les matelots, et, en passant, échangèrent avec leur hôte un salut amical.

— Hum! grondait Cacatois, bonjour, messieurs, mesdames et la compagnie, comment vous portez-vous? Moi aussi! Paraît que j'avais raison de veiller au grain, et Ladurec n'avait pas tort non plus!

Quand chacun se fut installé solidement, le brave homme s'en fut à la porte, la barricada solidement et se coucha en travers.

— Par ainsi, fit-il, personne n'entrera sans me réveiller.

Ayant fait ce raisonnement judicieux, il s'endormit profondément, et se répandit bientôt en ronflements sonores...

Cette nuit-là le sage Ladurec eut un sommeil agité.

Faut-il en attribuer la cause à l'aguardiente[1], absorbée en notables proportions après le repas, ou à cette sorte de magnétisme qui, chez les esprits puissants et sensibles, produit une sorte de prescience des événements? Nul ne le saura probablement jamais.

Quoi qu'il en soit, le sommeil de Ladurec était agité.

Il se tournait et se retournait sur sa couche odorante, tant et si bien qu'il finit par s'éveiller tout à fait.

Il ouvrit les yeux. A sa grande stupéfaction, il vit la grange éclairée par la faiblelueur d'une lanterne sourde.

La lanterne était portée par un homme, et cet homme, revêtu d'une

---

1. Eau-de-vie.

robe de moine, s'avançait avec des précautions infinies, dirigeant tour à tour la lumière sur chaque dormeur.

— Vingt-cinq mille caronades! grogna le matelot, je rêve, évidemment!... Cacatois est toujours couché en travers de la porte; si ce particulier était bien là réellement, il aurait éveillé Cacatois; je dors encore, c'est certain... Cependant...

Et pour sortir de ce doute, il se mordit le doigt jusqu'au sang.

La douleur fut si forte qu'il faillit pousser un cri; mais maintenant il était fixé, il ne dormait pas et le moine était bien là, en réalité, devant ses yeux.

Ce personnage presque fantastique continuait lentement et prudemment ses investigations.

Tout à coup il s'arrêta, se pencha sur Louis de Noirmont, devant qui il se trouvait en ce moment, et, jetant autour de lui un regard circulaire pour s'assurer que personne ne bougeait, il tira de sa manche un long couteau.

« Aux armes! » cria Ladurec d'une voix de tonnerre, en s'élançant sur le moine.

Mais celui-ci, d'un coup formidable, enfonça sa lanterne sur la tête du marin, qui fit un faux pas et s'en fut rouler au loin, toujours coiffé de cet ustensile si fâcheusement détourné de sa destination.

Il s'ensuivit une scène de confusion indescriptible.

Cacatois, le marquis et Roger, réveillés en sursaut, s'appelaient et ne savaient où aller dans l'obscurité profonde.

Au bout de quelques instants, Ladurec parvint à se débarrasser de son incommode coiffure, et, se souvenant fort à propos qu'il avait un briquet dans sa poche, il en fit usage, au risque de mettre le feu à la grange. Il alluma la chandelle, heureusement restée à la lanterne, et les quatre amis s'aperçurent, demeurés tous à la même place, en défense et fort inquiets les uns des autres.

Le moine avait disparu.

Quand on fut au courant de ce qui venait de se passer, chacun donna son avis.

— C'est le diable lui-même, déclara gravement Cacatois, car il n'est ni entré ni sorti par la porte, vu qu'il m'aurait dérangé. Mais que ça soit le diable si ça veut, s'il me tombe sous la patte, je lui casserai les reins. Voilà mon opinion.

— Moi, dit Roger, je pense tout bonnement que ce moine n'est autre que Renaud ou Brown, et qu'il a dû simplement passer par une porte que nous allons trouver au fond de la grange.

— Quel est l'avis de Ladurec? interrogea le marquis en souriant.

— Mon avis est que le mousse a raison, à moins toutefois que Cacatois n'ait pas tort.

Malgré ces divergences de sentiments, on fut d'accord à l'unanimité pour explorer les murs, et l'on s'occupa activement à cette besogne.

Les recherches ne furent pas longues; bientôt Louis de Noirmont poussa un cri de triomphe.

Au fond, dissimulée sous quelques bottes de fourrage écroulées, apparaissait une cavité close par quelques planches munies d'une serrure rudimentaire et pouvant difficilement aspirer au nom ambitieux de porte.

Louis de Noirmont donna un vigoureux coup d'épaule,... rien ne bougea : évidemment il y avait une barricade au dedans.

— Après tout, remarqua sagement l'enfant, pourquoi nous obstiner? Notre envahisseur est loin maintenant; il a eu le temps de se mettre en sûreté.

— Nous avons un moyen de constater la chose, si vous voulez, proposa Cacatois.

— Lequel? demanda le marquis.

— C'est de mettre le feu à la cambuse; les terriens qui sont dedans seront bien forcés d'en sortir.

Cet ingénieux expédient fut trouvé un peu vif, et il fut décidé qu'on veillerait tour à tour à la sûreté commune, pendant le reste de la nuit, de façon à prévenir toute surprise.

Aucune nouvelle alerte ne se produisit; l'assaillant, se voyant découvert, avait évidemment renoncé à ses tentatives.

Au point du jour, les clairons sonnèrent la diane, la colonne fut promptement rassemblée et se mit en route.

Les moines de la veille n'avaient pas reparu.

Après quelques heures de marche pénible sur une route poudreuse, brûlée du soleil, on pénétra dans les défilés de la sierra de Ronda, une chaîne de montagnes assez élevées et d'un aspect abrupt, permettant bien des embuscades et des dangers de toute nature.

— Mille millions de tout ce que vous voudrez, gronda Cacatois, je ne connais rien à la guerre des terriens, mais je serais bien étonné si nous ne recevions pas là dedans quelques bordées de mitraille!...

— C'est bien possible, riposta Roger, seulement tu n'as pas, je suppose, la prétention de faire la guerre sans qu'on te tire des coups de fusil?

— J'aimerais mieux en recevoir le double sur mer.

— Grand merci! fit le marquis en riant, nous en avons suffisamment pour notre compte.

— Halte! cria en ce moment la voix vibrante du commandant Duval. Lieutenant Raymot, avant d'aller plus loin, prenez quelques voltigeurs et explorez-moi soigneusement les environs.

— Paraît que le grand chef est de mon avis, murmura Cacatois, non sans quelque vanité.

L'endroit où la colonne s'était arrêtée semblait en effet propice à une surprise.

C'était une sorte de plateau surplombant les environs, presque à pic, et aboutissant à une route encaissée dans de hauts rochers sur lesquels des chèvres eussent hésité à grimper.

A droite et à gauche, cette esplanade s'affaissait brusquement en deux falaises semblables à de colossales murailles de granit d'un gris bleu, sculptées par les convulsions de la nature en étranges formations basaltiques affectant parfois la forme de colonnades géantes et rappelant les forteresses des bords du Rhin, en de fantastiques figurations de châteaux forts, sauvages et formidables.

La route tracée dans la direction que suivaient les Français offrait un aspect moins sinistre.

D'immenses nappes de haies fleuries, d'une végétation tropicale presque invraisemblable, retombaient de tous côtés, formant à chaque pas des bosquets improvisés.

C'était un coup d'œil féerique; mais le lieutenant et ses voltigeurs, sans s'arrêter à la poésie des paysages, fouillaient consciencieusement chaque cavité, se hissaient sous les blocs de granit et accomplissaient avec la plus parfaite conscience leur rôle d'éclaireurs.

Il n'y allait rien moins que du salut de la colonne entière, et les vétérans de cette terrible guerre se rappelaient les détachements surpris et massacrés jusqu'au dernier homme pour avoir négligé ces minutieuses précautions.

Enfin on se remit en marche, et les plus prudents se sentirent tout à fait rassurés par ce luxe de circonspection.

Roger, les marins et Louis de Noirmont se trouvaient à l'arrière-garde ce jour-là.

Le marquis s'amusait à faire bavarder Cacatois; l'enfant et Ladurec venaient les derniers, à une vingtaine de mètres en arrière, les mains dans les poches et le fusil jeté sur le sac.

Tout à coup le miaulement du chat sauvage retentit.

A ce signal, un coup de feu éclata; Ladurec tomba la face contre terre; deux ombres surgirent d'une anfractuosité de rocher, bondirent sur Roger, le garrottèrent et le bâillonnèrent, puis l'emportèrent, avant que personne eût pu venir à son secours.

Cacatois et Louis de Noirmont s'élancèrent, mais tout avait disparu;... le frémissement d'un rideau de lianes semblait seul indiquer que l'ennemi était parti de là.

Vivement les deux hommes, écartant les plantes, se précipitèrent à la recherche des ravisseurs; à leur profonde stupéfaction, aucune trace ne décelait leur présence récente; pas un trou, pas un recoin pouvant cacher même un enfant!

— Vingt-cinq mille je ne sais pas quoi! rugit le marin; c'est cependant là qu'ils ont disparu, les gredins!

— Je les ai vus aussi, confirma le marquis, et les lianes étaient encore agitées par leur passage quand nous sommes arrivés!

— C'est le diable lui-même qui protège ces faillis chiens!

Pendant tout ce temps, le commandant avait fait prendre ses dispositions de combat, craignant une attaque plus sérieuse, et un fort détachement explorait de nouveau toutes les pierres et jusqu'au dernier buisson avoisinant le chemin.

Deux matelots avaient ramassé le pauvre Ladurec, et le chirurgien, accouru aussitôt, avait constaté que sa blessure était heureusement sans gravité; cependant la balle avait pénétré dans les chairs assez profondément, et les avait traversées de part en part d'une façon si fâcheuse que l'infortuné marin ne pourrait plus s'asseoir jusqu'à complète guérison.

La singularité de sa position attendrit très relativement ses camarades, et il eut à souffrir une avalanche incroyable de quolibets. — C'est ainsi que les maux les plus réels n'excitent plus la compassion, dès qu'ils ont un côté plaisant; les uniques sources du comique, d'ailleurs, ont toujours consisté dans les souffrances humaines prises par un certain côté!

La battue faite dans les environs était restée infructueuse.

— C'est, dit le commandant, la bande d'*El Gatto*[1] qui a fait le coup; c'est un chef de guérillas redoutable; on a signalé dernièrement sa présence dans la contrée. Il va falloir nous garder avec plus de vigilance que jamais.

— Plût à Dieu que ce fût en effet El Gatto! murmura le marquis; si terrible que fût cette hypothèse, je la préférerais encore...

— C'est ce misérable Renaud qui a fait le coup, interrompit Cacatois, et il a pris pour signal le miaulement du guérillero pour donner le change... Si jamais je le pince, le gueux!...

— Malheureusement, nous ne le tenons pas! Et, cette fois, mon pauvre Roger...

De grosses larmes tombaient sur les joues de Louis de Noirmont, qui ne put achever.

— Bah, qui sait? fit Cacatois.

Le brave marin se renfonçait les yeux dans leurs orbites avec ses poings, pour dissimuler de grosses gouttes d'eau prêtes à couler.

— Satanée terre ferme! grommelait-il; je me suis enrhumé.

Mais cette affirmation invraisemblable ne put lui servir bien longtemps à cacher son émotion, car il finit par éclater en sanglots...

Il est temps d'expliquer maintenant l'inconcevable disparition de Roger, enlevé sans que la moindre trace pût mettre sur sa piste.

Les deux personnages, aperçus trop tard par les compagnons de l'enfant, s'étaient enfuis en effet par la cavité explorée depuis; mais, aussitôt le rideau de lianes retombé sur eux, ils avaient soulevé une pierre gigantesque, placée sur une sorte de pivot de façon à tourner aisément, et ouvrant un passage étroit sur un souterrain obscur.

La pierre était couverte de plantes retombant de tous côtés, si bien que, sa place normale reprise, rien ne pouvait plus déceler le secret de cette retraite, même à l'œil le plus expérimenté.

Durant un quart d'heure environ, on chemina péniblement sur les

---

[1]. Le Chat.

mains et sur les genoux. Roger, désarmé et toujours bâillonné, avait été délivré de ses liens, placé entre ses deux gardiens, et préalablement averti qu'au moindre signe de rébellion il recevrait une balle dans la tête, ou tout autre témoignage aussi gracieux du mécontentement de ces messieurs.

Sa première pensée avait été de tenter de s'échapper de vive force, au risque probable et presque certain de succomber dans la lutte; mais il réfléchit et se ravisa. Malgré son jeune âge, il avait déjà traversé tant de périls sans y succomber, qu'il ne désespéra pas, cette fois encore, et il se décida finalement à prendre patience, en attendant des circonstances plus favorables.

Le souterrain s'élargissait brusquement en une route spacieuse, s'arrêtant à pic sur l'abîme, et presque invisible des hauteurs voisines, à cause des arbustes qui y croissaient en abondance.

Une dizaine de coquins à face patibulaire, vêtus comme les paysans espagnols, armés de tromblons et de navajas, étaient étendus paresseusement sur le sol.

L'arrivée du prisonnier fut accueillie par des murmures joyeux.

CHAPITRE XVI

NOTRE ANCIENNE CONNAISSANCE BELLE-HUMEUR SE PRÉSENTE SANS ÊTRE ATTENDU

En arrêtant la colonne pour bivouaquer, le commandant Duval avait dit à ses hommes :

— Surtout, que personne ne s'éloigne du campement, car les sentinelles ont l'ordre de tirer sur tous ceux qui tenteront de franchir les lignes.

Les fantassins avaient immédiatement pris leurs dispositions pour s'installer le moins mal possible pour la nuit, et, après avoir mangé un morceau à la hâte, ils s'étaient enroulés dans leurs capotes et prenaient un repos bien gagné.

Seuls à l'écart, Louis de Noirmont et Cacatois réfléchissaient tristement.

L'enlèvement inattendu et la disparition inexplicable de Roger avaient réellement accablé nos deux amis.

— Tonnerre!... s'écria soudain le matelot, le mousse enlevé!... Il ne manquait plus que cela ; et puis Ladurec qui reçoit du plomb dans la flottaison!... Ça va mal!... »

Louis de Noirmont fit un geste découragé sans répondre.

— J'ai la boussole affalée dans la vase, reprit Cacatois,... mais sûr que je les repincerai, ces gueux-là,... et tout de suite encore, ajouta-t-il en se levant brusquement.

— Que voulez-vous faire? interrogea le marquis.

— Ah! voilà,... je n'en sais rien... Si Ladurec avait été ici, au lieu de s'affaler à l'ambulance pour se faire radouber la carène, il m'aurait donné son avis,... et, soupira le brave marin, en s'attendrissant un peu, ce gaillard de Ladurec n'a pas son pareil pour...

— Oui, sans doute, mais il n'est pas là.

— Enfin n'importe, je courrai des bordées, et il faudra bien que je finisse par mettre le grappin sur les gredins...

Et Cacatois fit mine de s'éloigner...

— Voyons, mon ami, reprit Louis de Noirmont, je ne demande pas mieux que de partir avec vous pour essayer de délivrer Roger, mais je crois qu'il faut tout d'abord convenir de ce que nous allons faire...

— Oriente,... oriente,... dit le matelot à mi-voix. Les brigands ont disparu sans que nous sachions comment...

Il faut relever l'endroit où les gueux se sont embossés et les repincer à la coupée...

— C'est une idée... Avant tout il nous faut retourner sur nos pas pour regagner les rochers...

— Appareillons...

— Mais, pour ne pas donner l'éveil aux guérilleros, nous essayerons de tourner l'obstacle et de les surprendre, car la cachette où ils se sont dissimulés doit avoir une autre issue...

— Suffit,... et naviguons en douceur...

Silencieusement, les deux hommes firent leurs préparatifs de départ.

Puis, rampant avec mille précautions, ils se glissèrent en dehors de la ligne des sentinelles.

Ils avançaient lentement, car il leur fallait d'abord éviter les balles des factionnaires qui gardaient le bivouac.

Enfin, tantôt cachés derrière les maigres buissons, tantôt abrités par les ombres des rochers qui bordaient la route, ils rejoignirent le sentier par lequel la colonne avait passé quelques heures auparavant.

La marche devenait moins fatigante, car ce sentier, qui courait autour de la montagne en formant de nombreux zigzags, suivait une brèche faite dans le roc par un petit ruisseau longeant le chemin en contre-bas.

Ils parvinrent jusqu'à l'endroit de l'embuscade sans avoir rien découvert de suspect.

Là le sentier s'élargissait tout à coup et formait une sorte de plate-forme assez étendue. D'un côté, cette terrasse était bordée par une pente assez raide; de l'autre, d'immenses rochers se superposaient avec une capricieuse irrégularité. Dans les interstices des blocs de pierre, des arbres séculaires avaient poussé et se détachaient en ombres noires à l'aspect fantastique.

Les deux hommes s'arrêtèrent un moment.

— Je crois, dit Louis à voix basse, qu'il ne faut pas aller plus loin.

Nos recherches de ce côté n'ont pas abouti, il vaut mieux tâcher de faire le tour de ces rochers....

— Pare à virer, répondit Cacatois en s'élançant sur les pierres amoncelées.

Et la périlleuse escalade commença.

Après bien des efforts, ils arrivèrent enfin de l'autre côté. Là, ils s'aperçurent avec stupéfaction que les roches se trouvaient coupées net, au-dessus d'un précipice insondable.

Dissimulés dans l'ombre d'un arbre, ils tinrent conseil.

— Je me suis trompé, fit Noirmont; ils ne peuvent être passés par ici...

— Probable, repartit le marin.

— Il ne nous reste qu'à redescendre, mais peut-être vaut-il mieux essayer de monter par le ravin.

— Bon.

Après bien des péripéties, ils se retrouvèrent sur le sentier, mais au delà de la petite plate-forme où avaient disparu les guérilleros.

Redoublant de précautions, ils s'avancèrent de nouveau vers les rochers. Tout à coup Cacatois s'arrêta, prêtant l'oreille...

— Qu'est-ce donc? demanda Noirmont à voix basse.

— Minute,... prenons le vent...

Après avoir écouté avec attention, le marin continua sa marche.

Une seconde fois, après quelques pas, il s'arrêta encore.

— Les gredins ont jeté l'ancre près d'ici; je les entends causer... Relevons le point, et nous tomberons dessus à l'abordage...

— Où sont-ils?

— Espère,... je vais...

Le matelot n'eut pas le temps de finir sa phrase, car un nœud coulant s'abattit sur sa tête, un autre tomba sur son compagnon, et, en un instant, tous deux furent ligotés et entraînés du côté des rochers, sans avoir eu le temps de prononcer une parole. Une minute après, ils se trouvaient, à leur grande stupeur, devant Renaud et Brown, tranquillement installés dans un creux de rocher, sous un arbre énorme.

Depuis longtemps déjà les sentinelles des guérilleros avaient aperçu Noirmont et Cacatois et les avaient signalés aux deux coquins. Elles avaient reçu l'ordre de ne pas les perdre de vue et de s'emparer d'eux, en faisant le moins de bruit possible, à cause de la proximité de la colonne française.

Ces instructions avaient été exécutées à la lettre, et Renaud, en voyant ses projets en si bonne voie de réussite, ne put s'empêcher de manifester bruyamment sa joie.

Il entraîna Brown à l'écart.

— Eh bien, monsieur Brown, fit-il, nous tenons cette fois Roger de Noirmont, le marquis et ce Cacatois...

— Parfaitement, répondit l'Anglais d'un air impassible.

— Voulez-vous, monsieur Brown, me permettre de vous donner mon avis?

— Faites...

— Je crois que les lois de la guerre ne s'opposent pas le moins du monde à ce que nous nous débarrassions de ces trois hommes en les considérant comme espions, et je me propose de les faire fusiller incontinent.

— Je m'y oppose absolument!

— Vraiment! riposta Renaud ahuri; vous m'étonnez. Quel scrupule vous prend?

— Ce n'est pas un scrupule; fusiller ne vaut rien : cela fait beaucoup trop de bruit.

— Très juste; d'ailleurs, vous savez, monsieur Brown, je n'ai pas de préférence, et un bon coup de navaja...

— Pas davantage; on peut manquer son homme... Nous allons tout simplement les pendre.

— Je n'y avais pas songé, mais vous avez raison; c'est en effet le meilleur parti à prendre... Cela fait, nous pourrons retourner à Cadix...

— Où nous retrouverons le chevalier de Saint-Roquentin...

— Il me semble qu'il sera bien facile de se débarrasser de celui-là.

— Nous verrons.

— Dites-moi, monsieur Brown, trouveriez-vous quelque inconvénient à sacrifier le vidame?

— Aucun, mister Renaud.

— Alors c'est entendu ; d'ailleurs cela lui ferait trop de peine, à ce pauvre gentilhomme, de se séparer de son vieil ami.

— *All right !* tout est convenu.

Mister Renaud, voulez-vous avoir l'obligeance de veiller aux préparatifs ?

— Parfaitement, je vais faire le nécessaire ; nous trouverons bien trois cordes... Un instant, et je suis à vous.

Et Renaud, tout guilleret, quitta son complice.

Pendant ce colloque, les prisonniers s'étaient rapprochés et causaient à voix basse.

Les deux nouveaux venus avaient été réunis à Roger, et l'enfant se désespérait d'avoir été la cause de la capture de ses amis.

— Laisse courir, mousse, répondit Cacatois ; nous nous sommes laissés pincer comme des novices.

— Cette fois, interrompit Louis de Noirmont, je crois qu'il n'y a plus rien à espérer...

— Oui, ça va mal virer pour nos basanes ;... mais enfin le coup de canon de partance n'est pas encore tiré... N'importe, je crois que ces coquins vont cette fois nous faire couler à pic...

Si encore Ladurec avait été là, il nous aurait tendu un bout d'amarre, car c'est un fin matelot...

Le jour venait, et l'on pouvait maintenant distinguer clairement les guérilleros hâtant les préparatifs du supplice.

Les trois cordes trouvées, ils cherchèrent un endroit propice.

Le gros arbre fit l'affaire, et trois bandits se mirent en devoir de grimper sur les branches qui s'avançaient sur la plate-forme.

Les trois Français assistaient, résignés, à ce spectacle fort peu récréatif pour eux, lorsque tout à coup on entendit une galopade furieuse, et, presque aussitôt, cinq lanciers-gendarmes apparurent.

— A nous, mes amis ! cria Louis de Noirmont.

Terrifiés par cette invasion inattendue, les guérilleros se dispersèrent et grimpèrent rapidement sur les rochers, où ils disparurent, ne prenant même pas le temps, pour la plupart, de ramasser leurs armes.

Évidemment ils croyaient avoir affaire à un fort détachement de ces terribles cavaliers que Napoléon avait institués autant pour le combat que pour la police, pendant la campagne d'Espagne.

Restés ainsi maîtres du terrain, les nouveaux venus s'empressèrent de délier les prisonniers. Soudain, Roger et Cacatois poussèrent une exclamation joyeuse :

— Belle-Humeur!... s'écrièrent-ils en même temps.

— En personne naturelle, et très content d'avoir pu être utile, répondit notre vieille connaissance.

— Merci, mon vieux, fit Cacatois; tu nous as tendu un bout de grelin pour franchir la passe, et il n'était que temps; j'étais déjà prêt à avaler ma gaffe.

Mais tu étais dragon, jadis, sur les pontons...

— Sans doute, j'ai changé de corps. Au fait, je n'ai pas le temps de vous donner tant d'explications; sachez seulement que c'est le hasard qui nous a permis de vous délivrer; nous étions en train de fuir devant un escadron des dragons espagnols de Numancia, quand nous sommes arrivés ici, et ils ne tarderont pas à nous rejoindre...

— Ah çà! c'est la fable du lièvre et des grenouilles, ajouta Louis de Noirmont, tout en s'emparant d'un tromblon abandonné par les bandits...

De nouveau, le bruit d'un galop de chevaux retentit sur la route, et l'on vit les dragons, qui avaient aperçu nos amis, arriver à toute bride.

— Allons, camarades! s'écria Belle-Humeur, il s'agit de nous défendre.

S'emparant des armes laissées sur le sol, et s'abritant derrière leurs chevaux, les lanciers et leurs compagnons se disposèrent à vendre chèrement leur vie.

L'officier commandant le détachement espagnol parut au haut du sentier, mais une balle le renversa sur sa selle : il s'ensuivit un moment de désordre parmi les combattants.

Malheureusement, chaque homme n'avait guère qu'un coup de feu à tirer, et les ennemis étaient nombreux. Néanmoins les lances de Belle-Humeur et de ses camarades, ainsi que les sabres de Louis de Noirmont et de Cacatois, suffirent, pendant un temps assez long, à tenir les dragons en respect.

Cependant, malgré tout leur courage, les Français étaient obligés de reculer lentement, et sans aucun espoir d'échapper à ces ennemis trop nombreux.

La situation était périlleuse. Le combat continuait; mais, d'autre

Les trois Français assistaient à ce spectacle.

part, en entendant les coups de fusil, Renaud et Brown, prudemment cachés derrière les rochers, eurent la curiosité de regarder ce qui se passait.

S'apercevant alors qu'ils n'avaient devant eux que huit hommes seulement, et attaqués déjà par les dragons, ils rallièrent peu à peu les guérilleros, et, après avoir réuni les armes restant, ils les échelonnèrent sur les rochers, d'où les brigands commencèrent à tirer sur les Français.

Un lancier tomba, frappé d'une balle dans le dos. Belle-Humeur et ses camarades virent alors qu'ils allaient être pris entre deux feux.

— En retraite ! cria Roger.

Aussitôt les sept survivants recommencèrent à reculer lentement, et sans cependant cesser de combattre.

Les Espagnols, mis en confiance, les pressaient vivement, et Belle-Humeur, avec sa lance, tint pendant un moment tout seul contre les assaillants.

Enfin, ils se trouvèrent adossés au rocher.

Les guérilleros, croyant les tenir, commençaient à descendre...

— Tenez bon un moment, dit Roger, et nous sommes sauvés... Je connais le moyen de nous mettre à l'abri dans le souterrain...

Et, faisant rouler la pierre, il démasqua l'entrée de la caverne, dans laquelle ses compagnons et lui se précipitèrent rapidement, en repoussant aussitôt cette porte d'un nouveau genre.

Mais, à peine entrés, ils restèrent un instant immobiles, car une profonde obscurité avait brusquement succédé au jour naissant, et ils ne savaient comment se diriger.

Roger, qui connaissait l'endroit, dans lequel il avait passé une partie de la journée, ne s'émut pas ; il tira de sa poche une mèche et un briquet et alluma une lumière.

Pendant ce temps, les Espagnols commençaient le siège de la caverne.

— Il faut d'abord nous enfermer... ; roulons des pierres le long de l'entrée, ça nous donnera le temps de nous retourner, dit Belle-Humeur.

Et, joignant l'action à la parole, le lancier, qui était d'une force musculaire prodigieuse, saisit un énorme bloc, qu'il roula aisément devant l'entrée.

Ses compagnons l'imitèrent.

Tout en travaillant, Louis de Noirmont explorait des yeux l'endroit

Belle-Humeur lui lâcha le coup en pleine figure.

où ils se trouvaient; c'était une sorte de grotte au fond de laquelle s'ouvrait un passage souterrain étroit et bas.

— Où ce trou noir nous conduira-t-il? demanda le marquis à Roger.

— Vous allez le voir ; croyez-moi, il vous mènera dans un endroit où il sera difficile de nous attaquer de vive force.

Les blocs de pierre obstruaient maintenant l'entrée de la grotte, et l'on entendait les Espagnols parler avec animation.

— Il n'y a pas à hésiter, reprit l'enfant, il faut nous engager dans ce souterrain.

— Mais, répondit Cacatois, il fait noir comme dans la soute au charbon, là dedans !

— Ne flânons pas, interrompit Belle-Humeur... Les beaux hommes sont priés de se baisser, car le plafond pourrait leur chatouiller la tête...

Et les sept Français se mirent à ramper dans l'étroite cavité.

De temps en temps, on entendait un cri ou un juron étouffé ; c'était un des fugitifs, calculant mal ses mouvements et donnant du front contre les parois.

Enfin, après une demi-heure d'efforts, nos amis se trouvèrent réunis dans une seconde grotte spacieuse et donnant sur l'abîme, celle où Roger avait été conduit lors de son enlèvement.

La mèche devenait inutile, car cette caverne était éclairée largement, et on y voyait aussi bien que sur la route même.

Malheureusement, comme nous l'avons dit, l'ouverture donnait sur le ravin, au fond duquel coulait un torrent encaissé dans des rochers à pic.

— Pas moyen de sortir par ici, remarqua fort sagement Belle-Humeur ; c'est dommage !

— M'est avis, répliqua Cacatois, qu'il faut attendre que les brigands aient filé leur nœud...

— Oui, répondit Louis de Noirmont ; mais, en attendant et pour nous garer de toute surprise, nous devrions, il me semble, placer une sentinelle près de l'entrée donnant sur la route, pour le cas où les ennemis pénétreraient dans la grotte...

— Bien parlé, mon officier, approuva le marin, et je vais aller me placer en vigie ; il s'agit d'ouvrir les écubiers.

Cacatois disparut.

Au bout d'un moment, il revint précipitamment :

— Une voile au vent, dit-il ; les coquins approchent.

— Bien, fit Belle-Humeur, j'ai mon idée.

Et, sans s'expliquer autrement, il roula deux blocs de rocher de manière à obstruer en partie l'entrée.

Cela fait, il se plaça tout près de l'ouverture du souterrain et, faisant signe aux autres de se taire, il attendit.

On entendait maintenant distinctement le bruit des armes heurtant les pierres.

Tout à coup, une tête parut à l'ouverture ; Belle-Humeur saisit le nouvel arrivant et, lui serrant fortement le cou dans le but probable de l'empêcher de protester, il le traîna vers la brèche et le lança dans l'abîme.

— A un autre, murmura-t-il en reprenant sa place.

Trois fois de suite, la même manœuvre recommença sans que les guérilleros aient eu même le temps de pousser un cri.

Mais celui qui vint après était un homme taillé en Hercule, et, soit qu'il se doutât de ce qui l'attendait, soit que Belle-Humeur ne l'eût pas saisi assez fortement, il se dégagea, et le lancier-gendarme dut soutenir une véritable lutte.

Les deux combattants se tenaient fortement embrassés, et les Français allaient intervenir ; mais Belle-Humeur les arrêta :

— Pas besoin de votre aide, fit-il ; monsieur m'appartient.

D'un geste rapide comme l'éclair, il prit dans la ceinture du dragon le pistolet qui s'y trouvait et, dégageant brusquement son bras de l'étreinte nerveuse de l'Espagnol, il lui lâcha le coup en pleine figure.

La lutte était terminée.

Le coup de pistolet roulant sous la voûte effraya les assaillants, car on entendit dans le souterrain le bruit d'une fuite précipitée qui dut procurer aux Espagnols de médiocres agréments.

— Je pense que maintenant ces gueux-là vont nous laisser un peu tranquilles, conclut Belle-Humeur. En tout cas, nous savons comment les recevoir avec tous les égards qu'ils méritent.

CHAPITRE XVII

LES GUERILLEROS ET LES DRAGONS DE NUMANCIA ÉPROUVENT UNE DÉSAGRÉABLE SURPRISE

Longtemps les prisonniers s'attendirent à être attaqués; il n'en fut rien cependant.

Les Espagnols semblaient avoir renoncé à leur projet primitif, et rien ne vint indiquer qu'ils eussent l'intention de recommencer une nouvelle escarmouche. Pour plus de sûreté cependant, on explora le souterrain; la première grotte était vide, et la pierre servant à boucher l'entrée avait été remise à sa place.

Grâce à l'obscurité qui régnait dans la plus grande partie de la caverne, les Français purent observer leurs ennemis sans être vus, à travers les fentes des rochers.

Les dragons de Numancia avaient mis leurs chevaux au piquet et s'étaient tranquillement installés sur la route, fraternisant avec les guérilleros.

A quelques pas du groupe des soldats, un maréchal des logis de dragons, commandant le détachement depuis la mise hors de combat de l'officier, semblait avoir avec Brown et Renaud une conversation des plus animées.

Très probablement les deux coquins expliquaient pourquoi les Français ne pouvaient s'échapper, la grotte n'ayant d'autre issue que celle donnant sur cette route si bien gardée.

Tout cela n'améliorait pas, bien au contraire, la position de nos braves.

La conversation des trois hommes continuait, et le sous-officier paraissait convaincu. Les interlocuteurs s'assirent, le militaire roula un papelito, et le sollicitor sembla exposer un plan.

Peu à peu, les prisonniers s'étaient groupés à l'entrée du souterrain.

— Avant tout, dit le marquis à voix basse, il faut nous barricader sérieusement.

— Bonne idée, approuva Belle-Humeur.

— Et bien facile à réaliser, ajouta Roger. Il n'y a qu'à pousser un bloc de rocher à l'entrée, derrière la pierre qui nous sert de porte.

— Je m'en charge, reprit l'ancien dragon.

Et, saisissant résolument un énorme quartier de roc, il le roula, sans paraître faire grand effort, jusqu'à l'endroit fixé.

Il devenait ainsi impossible de pénétrer dans l'intérieur.

— Comme ça nous serons chez nous, conclut Belle-Humeur avec satisfaction; il s'agit maintenant de s'installer.

— L'installation ne sera pas longue, fit logiquement observer Roger, nous n'avons rien.

— En tous cas, conclut le marquis, il est indispensable de surveiller l'ennemi; chacun de nous prendra la garde à son tour, et, grâce à cette mesure de prudence, nous éviterons toute suprise désagréable.

Cet avis ayant été approuvé unanimement, un des lanciers fut placé près de l'entrée.

Le temps s'écoulait.

Tout d'abord, les prisonniers prirent un moment de repos, dont ils avaient grand besoin, puis ils commencèrent à s'impatienter de leur inaction.

— Ça ne peut pas durer comme ça, s'écria Belle-Humeur. Les gredins se sont installés là pour nous attendre à la sortie. Ça ne serait pas grave si nous avions des vivres; mais nous en manquons, et je sens déjà des tiraillements d'estomac.

— Vous avez raison, répondit le marquis, et je crains bien que nous ne soyons bloqués pour longtemps...

— A fond de cale, émit Cacatois.

— Il s'agit donc de trouver un moyen de nous échapper.

— Pour ma part, je l'avoue, je n'en vois aucun pour l'instant; nous ne pouvons pas essayer de lutter contre les guérilleros réunis.

— Pourtant..., interrompit Roger.

— Ce serait une véritable folie, reprit Noirmont; nous sommes sept seulement contre une soixantaine d'hommes, et nous manquons d'armes et de munitions. D'autre part, il faut renoncer à nous évader par l'autre côté; c'est matériellement impossible.

— Évidemment.

— Tenons bon, dit Cacatois ; le commandant Duval, en nous voyant hors du cadre, va certainement...

— Hélas ! reprit le marquis, je ne crois pas qu'il nous vienne aucun secours de ce côté-là.

— Mais...

— La présence de ces dragons de Numancia indique sûrement l'approche d'un corps de troupe ennemi. Le commandant a probablement constaté qu'il avait près de lui des forces très supérieures aux siennes, et tout me porte à croire qu'il aura levé le camp et continué sa route.

— Mais Ladurec...

— Vous oubliez que Ladurec est blessé et qu'il est fort en peine de marcher.

— C'est vrai ; j'ai la cervelle chavirée ; j'ai beau me creuser la boussole, ça me sert autant que de chercher un bout de grelin dans la soute aux vivres...

— Malheureusement je ne trouve pas plus que vous, mon brave Cacatois...

— Alors nous sommes comme qui dirait pire qu'un crabe qu'est drossé par le filet.

— Ce qui me chiffonne le plus, remarqua Belle-Humeur, c'est que, dans cette caverne de malheur, nous n'avons rien à nous mettre sous la dent.

— Prends un ris dans la basane de ton ventre, conseilla gravement le matelot.

— Ça me fait une belle jambe, farceur de mathurin !...

— Si encore on avait les chevaux...

— Ah ! reprit le marin, on serait paré ; on chargerait et on filerait sur les poulets d'Inde.

— Mais non, on pourrait les manger.

— Oh ! s'écria le marin scandalisé.

— Dame, mon vieux, à la guerre comme à la guerre ; on se nourrit comme on peut.

— D'ailleurs, observa Roger, nous n'avons pas de chevaux, il est donc inutile de discuter.

— Le mousse a raison.

— Avec tout ça, j'ai l'estomac dans les talons de mes bottes...

— Voyons, Belle-Humeur, dit le marquis, vous l'avez dit vous-même : à la guerre comme à la guerre. Attendons.

— Je veux bien, mais attendons quoi?

— Qu'il nous vienne une idée à l'un ou à l'autre, et peut-être arriverons-nous à nous tirer d'affaire...

Le lancier se tut et, se couchant dans un coin, essaya de dormir pour passer le temps.

Les autres l'imitèrent, résignés.

Cacatois, lui, se dirigea vers l'entrée pour monter la faction.

Renaud, Brown et le sous-officier déjeunaient tranquillement, sans perdre de vue l'entrée de la grotte ; les sentinelles se promenaient, et dragons et guérilleros, étendus au soleil, semblaient dormir voluptueusement.

Après un assez long moment de silence, un des lanciers s'écria soudain :

— Je crois que j'ai une idée...; si l'on fouillait bien tous les recoins, on trouverait peut-être des provisions ; car nous n'avons pas cherché bien à fond.

— Oh! oh! repartit joyeusement Belle-Humeur en se relevant aussitôt, tu as raison, mon brave ; comment n'y avons-nous pas songé plus tôt?

— C'est ça, approuva Cacatois en se retournant ; ouvrons l'œil en grand et reluquons un peu l'arrimage de la cambuse.

— Essayons toujours, dit Roger; mais je doute fort que vous trouviez ici des comestibles : on ne mange pas, dans ce chien de pays.

Les recherches commencèrent aussitôt.

Les hommes se dispersèrent dans tous les coins, à l'exception du marquis, qui avait pris la place de Cacatois à l'entrée et surveillait l'ennemi, tout en rêvant anxieusement au moyen de sortir de la fâcheuse situation dans laquelle ses compagnons et lui se trouvaient.

La gremière grotte ne contenait que du bois destiné à faire du feu.

Les prisonniers ne perdirent pas courage, car, fit remarquer Belle-Humeur, la cachette, s'il en existait une, devait être, comme la plupart des cachettes, aussi dissimulée que possible.

Cependant les recherches n'aboutissaient pas.

Le découragement commença à s'emparer de tous.

Sans vivres, sans munitions, qu'allaient-ils devenir?

Successivement chacun s'était couché de nouveau, cherchant vainement le sommeil, sauf Cacatois, qui continuait à fouiller dans tous les recoins les plus sombres.

Muni d'une branche de pin enflammée, il examinait chaque paroi, sondait toutes les anfractuosités du rocher.

Tout à coup, il poussa un grognement de satisfaction.

— J'ai mis le cap sur la soute aux vivres, s'écria-t-il.

Aussitôt ses compagnons l'entourèrent.

— Tiens la mèche, dit-il à l'un d'eux.

Et, faisant un effort, il dégagea le haut d'un baril.

Aidé par Belle-Humeur, il parvint à le sortir de la cachette; puis on amena deux autres tonneaux et un sac de toile.

— Fameux! fit le marin, je crois que j'ai gouverné droit, et qu'on va se payer un festin dans le genre soigné.

— Il est probable, approuva Roger, que ce sont des jambons de contrebande, comme j'en ai vu souvent dissimuler dans de semblables tonneaux; quant à ce sac, il contient probablement quelques outres de vin du pays.

Un murmure unanime de satisfaction accueillit ces pronostics rassurants.

Sans perdre de temps, Cacatois fit sauter une des douves.

Il poussa une exclamation de désappointement.

Le baril était rempli de poudre!

Fiévreusement, il fit de même avec tous les autres, le résultat fut identique : partout de la poudre.

En même temps, Roger avait ouvert le sac : il contenait des lingots de plomb et des balles.

Une morne stupeur accueillit ces découvertes successives.

— Enfin, soupira le marquis, nous aurons au moins des munitions.

Cacatois résolut alors de faire une tentative désespérée.

L'abîme sur lequel s'ouvrait la caverne, du côté opposé à la route, était trop profond pour qu'on pût espérer d'en atteindre le fond avec les quelques cordes trouvées dans le souterrain.

Le marin voulut essayer d'un autre moyen.

Il se fit attacher par le milieu du corps et tenta de gravir les rochers, pour en atteindre le sommet, en s'aidant de son couteau, qu'il enfonçait dans toutes les anfractuosités des pierres. Parvenu sur le faîte, il comptait aider ses compagnons à y arriver à leur tour, en les hissant avec sa corde.

Malheureusement, ce projet était aussi impraticable que les autres.

Le roc, uni sur presque toute sa surface, offrait trop peu d'aspérités pour permettre l'escalade, et une balle qui siffla aux oreilles de l'intrépide matelot, pendant sa tentative d'ascension, lui démontra clairement l'impossibilité de réaliser son hardi projet.

Il rentra donc dans la grotte, en grommelant d'un ton dépité :

— Ça va mal virer pour nos basanes! Pas moyen de sortir du chenal.

De nouveau les prisonniers tinrent conseil.

Jusqu'au dernier, chacun donna son avis. Les projets les plus ingénieux, comme les plus saugrenus, furent tour à tour proposés, critiqués; les malheureux mouraient de faim, n'ayant rien pris depuis la veille. Symptôme alarmant, la gaieté avait disparu, tous s'assombrissaient. Belle-Humeur, mordant sa moustache, serrait les poings et se promenait dans la caverne, comme un fauve dans sa cage.

Cacatois, probablement dans le but de dépenser son activité inoccupée et de calmer sa mauvaise humeur, donnait de grands coups de pied dans les rochers, tout en passant en revue son riche répertoire de jurons maritimes.

Le marquis, assis près de l'entrée, surveillait les ennemis, dont l'inaction prolongée l'inquiétait au plus haut point.

Pendant que les lanciers-gendarmes, allongés sur le sol, paraissaient dormir, Roger, lui, songeait, tout seul dans un coin.

Il se désespérait d'avoir été la cause involontaire du péril que couraient tous ces braves gens.

— Misère de misère! grogna Cacatois, nous voilà crochés par ces gueux,... et pas moyen de déraper!

— Tonnerre! s'écria Belle-Humeur, il faut que je sorte, et le premier que j'attrape, je le mange!...

Roger se leva.

— Attendez, dit-il, j'ai une idée...

— Navigue, mousse, reprit Cacatois.

— Lorsqu'on est en mer, continua le fifre, quand tout est désespéré et que les ennemis vous ont abordé, on fait sauter la sainte-barbe et...

— Connu! interrompit le matelot.

— Eh bien, nous avons là deux barils de poudre ; faisons sauter la grotte...

— Bravo! s'écria Belle-Humeur ; l'enfant a raison.

— Oui, répondit le marquis ; c'est peut-être un moyen ; mais il faut voir comment le mettre à exécution.

— Tant pis, reprit le lancier ; j'aime mieux sauter avec les Espagnols que de rester ici.

— C'est ça! dit Cacatois ; déhalons...

Roger reprit :

— Il me semble qu'on pourrait laisser les barils dans l'entrée et les faire sauter pendant que nous serons dans le fond du souterrain.

— Peut-être, répondit Noirmont ; ton idée est bonne en soi, mais j'ai besoin d'un moment pour la rendre réalisable.

— Si Ladurec était là, soupira Cacatois, il nous tendrait la drisse...

— En attendant, poursuivit le marquis, on peut toujours rouler ici les barils et fabriquer des mèches longues de trente pieds au moins...

— Tout le monde à la bande! cria le marin.

— Ça me rappelle ma grand'mère qui filait de la laine, dit Belle-Humeur en riant ; drôle de métier pour un lancier !...

Immédiatement tous se mirent à l'ouvrage avec ardeur.

Pendant ce temps, le marquis regardait les barils et réfléchissait.

Ce qu'il s'agissait de tenter, c'était un effort suprême ; mais il fallait se préoccuper du danger de faire écrouler la grotte et de demeurer ensevelis sous ses débris, en provoquant une aussi terrible explosion.

Noirmont sonda les murailles avec le plus grand soin.

Partout le roc rendit un son sourd, et le marquis, un peu rassuré, se mit à calculer comment il devrait s'y prendre pour que l'explosion ne fût meurtrière que pour les assiégeants.

Les mèches étaient prêtes, tissées avec de l'étoupe roulée dans la poudre.

Louis résolut de transformer les deux barils en deux mortiers, primitifs il est vrai, mais rendus terribles par la quantité de poudre comprimée qu'ils renfermaient.

Chacun des tonneaux fut entouré de cordes étroitement serrées, afin d'augmenter la force de résistance des douves. Cela fait, la moitié de la poudre fut remplacée par des pierres, des lingots de plomb et

Un affreux spectacle les attendait.

des balles ; enfin le fond des tonneaux, garni de plâtre, fut consolidé avec d'autres cordes.

Il fallait ensuite, et ce n'était pas le plus facile, braquer ces engins de telle sorte qu'ils pussent produire utilement tout leur effet contre les ennemis, insoucieusement couchés sur la route.

Pendant qu'on allumait des torches pour enflammer les mèches, soigneusement plantées dans les bondes, les prisonniers se réunirent de nouveau pour convenir des dernières dispositions à prendre.

— Avant tout, dit le marquis, il faut démasquer l'entrée de la grotte. Pour cela Cacatois et Belle-Humeur suffiront avec moi ; les autres gagneront la seconde grotte aussitôt les barils placés...

— Mon oncle, fit Roger, laissez-moi mettre le feu aux mèches...

— Non, mon ami ; c'est moi seul que cela regarde.

— Mais, reprit l'enfant, il faut voir où sont les ennemis ; car, s'ils sont restés de côté, l'explosion ne pourra leur faire grand mal, et nous ne serons pas plus avancés qu'auparavant.

Sans répondre, Louis de Noirmont se dirigea vers l'entrée, et s'aperçut avec satisfaction que, peu à peu rassurés, les Espagnols avaient abandonné les côtés de la grotte pour revenir vers l'entrée.

— Il ne reste qu'à placer nos mortiers, dit-il.

Les deux bouches à feu improvisées furent roulées avec précaution, le plus près possible de l'ouverture, puis on s'occupa du pointage.

Les deux tonneaux furent d'abord calés solidement, puis enfouis à demi sous des blocs de pierres reliés par des cordes. Derrière chaque baril, d'autres quartiers de rochers firent une solide muraille, destinée à diriger en avant tout l'effet de la conflagration de la poudre.

Les préparatifs étant terminés, il ne restait plus qu'à mettre le feu aux mèches.

Ainsi qu'il avait été convenu, les lanciers et Roger s'engagèrent dans le souterrain et se réfugièrent dans les coins les plus éloignés de la seconde grotte.

Seuls, le marquis, Belle-Humeur et Cacatois demeurèrent pour l'exécution du projet.

Les mèches furent poudrées et visitées de nouveau avec le plus grand soin.

— A la grâce de Dieu, dit le marquis... Démasquez l'ouverture.

La pierre roula sans bruit sur elle-même, poussée vigoureusement par le lancier. Rapidement, les trois hommes allumèrent les deux mèches et regagnèrent la grotte du fond.

Pendant quelques secondes les prisonniers retinrent leur respiration, pleins d'anxiété...

Enfin, après une attente de quelques secondes, qui leur parut interminable, une détonation formidable roula avec un fracas assourdissant sous les voûtes de la caverne. Quelques quartiers de roc, ébranlés par la commotion, se détachèrent du sommet, mais, heureusement, sans blesser personne. Restés immobiles un moment, les captifs se précipitèrent dans le souterrain, qu'il fallut déblayer par endroits.

Arrivés dans la première grotte, ils accoururent à l'entrée donnant sur la route.

Là, un affreux spectacle les attendait. Les effets de l'explosion avaient dépassé leur attente : le sol était couvert de débris humains, et pas un corps n'était resté intact.

Belle-Humeur voulait immédiatement quitter le théâtre du drame ; mais Cacatois l'arrêta, voulant examiner les cadavres.

— Laisse, laisse, dit le matelot, j'aimerais à relever le gabarit du Renaud et de l'English.

Son inspection terminée sans qu'il eût découvert ce qu'il cherchait, le brave homme grommela dans ses dents :

— Les gredins ont pris le large... Enfin on se reverra...

Le petit détachement se mit en marche. De crainte de surprise, le marquis envoya en avant le matelot en éclaireur ; le gros de la troupe se composait de Noirmont, de Roger, de Belle-Humeur et d'un lancier ; deux autres lanciers-gendarmes formèrent l'arrière-garde.

— Maintenant que nous avons pris un peu de distraction, il ne nous reste plus qu'à retrouver la colonne, conclut philosophiquement Belle-Humeur.

CHAPITRE XVIII

DANS LEQUEL LES ESPAGNOLS MONTRENT UN MINIME RESPECT AUX OFFICIERS
DE LEUR ÉTAT-MAJOR

Il faut maintenant retourner à Cadix, où nous avons laissé le chevalier de Saint-Roquentin et son vieil ami le vidame dans une situation dénuée d'agréments.

Au début, ils avaient été fort heureux d'entrer dans l'état-major du gouverneur. Mais, Roger parti, ils songeaient avec quelque raison qu'ils n'avaient plus aucun motif de rester dans une ville passée pour eux à l'état de vaste prison.

Ils étaient donc très décidés à partir, mais ils ne concevaient point très clairement le moyen de mettre ce projet à exécution.

Par bonheur, Bélamy, l'agent envoyé par Foucher, ministre de la police, s'était mis en rapport avec les deux gentilshommes, dès son arrivée à Cadix.

Tout d'abord, il les édifia sur le compte de Renaud et de Brown, et le vidame ne put s'empêcher de frissonner au souvenir du danger que lui et son ami avaient couru, en accordant leur confiance à ces estimables personnages.

Le chevalier, après mûre réflexion, pria Bélamy de lui accorder son aide pour mener à bien le départ résolu, pensant avec raison que la cervelle d'un envoyé secret du ministre de la police devait recéler mille moyens d'évasion.

— Monsieur, lui dit-il, je ne vous cacherai pas que le séjour dans cette ville commence à nous peser, et je me flatte que vous voudrez bien nous prêter votre aide pour quitter ces gens par trop hospitaliers.

— Monsieur le chevalier, je serai trop heureux de me mettre entièrement à votre disposition, répondit l'agent.

— Merci mille fois, fit le vidame ; mais d'abord il faudrait nous indiquer...

— Le moyen de sortir de la ville, continua Saint-Roquentin.

— Hé ! il est tout simple, et je ne comprends pas bien votre embarras ; vous êtes, messieurs, attachés, en qualité d'officiers, à l'état-major du gouverneur ; cela vous permet de passer partout, et vous n'avez qu'à donner le mot d'ordre...

— Nous ne l'avons pas, avoua le chevalier, et, s'il faut vous parler net, je crains que le gouverneur ne se défie de nous...

— Ce n'est pas un obstacle, reprit l'agent. D'ici à une heure je saurai ce mot d'ordre, et si vous voulez bien faire vos préparatifs, vous pourrez dès ce soir quitter Cadix.

— Mais..., voulut dire le vidame.

— Cela est parfait, acheva le chevalier ; mais vous ?...

— Ne vous inquiétez pas de moi ; pendant que, sous le prétexte de visiter les avant-postes, vous gagnerez les lignes françaises, je veillerai derrière vous et protégerai votre départ.

— Mille grâces, monsieur ; et si jamais vous avez besoin d'un service, je vous prie de faire état de moi, dit le chevalier d'un ton joyeux.

— Dans une heure...

— C'est entendu.

Le moment venu, les deux gentilshommes, dont les préparatifs de départ avaient été fort courts, quittèrent leur logis.

L'agent de Fouché était venu les chercher ; il les suivait de loin, méconnaissable sous un déguisement d'homme du peuple.

Auparavant, il avait donné le mot d'ordre à Saint-Roquentin ; mais la façon dont l'excellent gentilhomme écorchait la langue espagnole n'était pas sans inquiéter Bélamy.

Les mots d'ordre étaient *Juan y Jaen,* bien simples en apparence, mais terriblement difficiles à dire pour les étrangers, car la lettre J est d'une prononciation presque impossible pour quiconque n'est pas depuis longtemps familiarisé avec l'idiome du Cid.

Parvenus aux portes de la ville, les deux vieux amis, dans leur grande tenue d'officiers d'état-major, tentèrent de passer sans mot dire ; mais la consigne, pendant le siège, était fort sévère, et le factionnaire croisa la baïonnette, en murmurant quelques mots inintelligibles.

Saint-Roquentin présuma que le soldat lui demandait le mot d'ordre.

— *Juan y Jaen,* dit-il en souriant gracieusement, comme s'il eût été à Versailles, dans la galerie des Glaces, un jour de gala.

La sentinelle parut surprise et recommença son petit discours.

— *Juan y Jaen,* répéta le chevalier, car, ne comprenant pas ce qu'on lui disait, il se trouvait fort empêché pour répondre. Sans doute la réplique n'était pas celle que demandait l'Espagnol, car il se prit à pousser des cris d'alarme et à appeler le chef de poste.

L'officier occupant ces fonctions était un alférez (sous-lieutenant) imberbe, de dix-huit ans environ, et très pénétré de la haute importance de sa personnalité.

Avec beaucoup de dignité, il s'enquit de ce qui se passait.

Le charabia du factionnaire reprit de plus belle, et avec une croissante animation.

Saint-Roquentin non plus que Pâloiseau ne comprirent un mot dans ce flux de paroles ; cependant ils ressentirent une vague inquiétude, pensant bien qu'il surgissait un obstacle grave.

Aussi le chevalier résolut de s'en éclaircir.

Il s'approcha de l'alférez, le salua fort poliment, et lui dit :

« Monsieur, mon compagnon et moi sommes attachés à l'état-major de M. le gouverneur de Cadix, et nous allons faire une reconnaissance dans les environs ; je vous prierai donc de vouloir bien donner ordre à cet homme de nous laisser passer.

Tout cela était dit dans un espagnol des plus rudimentaires ; aussi le jeune officier s'imagina-t-il avoir mis la main sur deux espions français, et, tout glorieux de cette importante capture, il commanda à quatre fusillers de s'emparer des deux gentilshommes, et de les garder à vue.

— Messieurs ! s'écria le chevalier, vous aurez à répondre de cette violence...

Une forte bourrade l'empêcha de continuer, et il dut se résigner à son sort.

Bélamy s'était approché, avec l'allure d'un flâneur indifférent, puis, feignant d'apercevoir tout à coup les deux prisonniers, il avait poussé une exclamation de surprise et s'était enquis, auprès de l'alférez, par suite de quelle étrange méprise il avait fait arrêter ces deux hauts personnages, qu'il avait vus dans l'intimité du gouverneur.

L'agent de Fouché s'exprimait de façon irréprochable, et il était impossible de deviner en lui le personnage qu'il était véritablement.

Il semblait un bon bourgeois paisible de Cadix ; aussi le jeune officier lui répondit-il avec mépris qu'il eût à se mêler de ses affaires commerciales et non de celles des gens de guerre. Puis, s'adressant à la populace, assemblée par cet incident, il crut devoir lui adresser une

Le factionnaire croisa la baïonnette.

harangue chaleureuse que n'eût point désavouée Cicéron, pour faire suite à ses glorieuses *Catilinaires*.

Il déclara, sans aucune modestie, que, grâce à sa vigilance, deux espions des plus dangereux venaient d'être surpris, au moment où ils tentaient d'enlever le poste. Il se décerna délicatement quelques éloges pour sa prévoyance, adressa des malédictions variées aux envahisseurs de sa belle patrie, et invita gracieusement les personnes présentes à assister à l'exécution de ces « gavaches », cérémonie à laquelle il allait faire procéder de suite sur les glacis des fortifications. La foule manifesta une joie bruyante à l'idée de voir fusiller les Français.

Le chevalier et le vidame se virent perdus.

Mais Bélamy n'était pas homme à abandonner ainsi la partie.

Dans toutes les foules il se trouve des gens épris d'opposition, qui ne sauraient demeurer d'accord avec les autres, et dont la plus grande joie est de manifester en sens contraire de la majorité.

L'agent de Fouché n'ignorait pas cette psychologie des multitudes, et il manœuvra adroitement pour s'acquérir l'approbation de quelques gaillards à la voix perçante, à qui il persuada aisément que l'alférez, par pure sottise, commettait un flagrant abus de pouvoir contre deux des plus vaillants défenseurs de la cause espagnole. Ayant préparé les voies de la sorte, il intervint de nouveau :

— Señor officier, fit-il, vous allez vous mettre dans une fâcheuse situation ; je vous répète que ces gentilshommes appartiennent au gouverneur, et vous aurez à répondre de leur existence sur votre propre tête.

Ces paroles, prononcées d'une voix ferme, impressionnèrent le jeune officier ; en outre, les partisans de Bélamy commençaient déjà à élever la voix et à déclarer qu'il n'y avait en vérité pas de bon sens à confier des fonctions un tant soit peu délicates à des enfants inexpérimentés, qui se rendaient ainsi coupables d'erreurs absurdes, pouvant priver la patrie de ses officiers les plus dévoués et les plus habiles.

Le chef de poste, un peu intimidé par le sang-froid de Bélamy et les dispositions hostiles d'une partie de la foule, réfléchit qu'après tout il était plus prudent de s'enquérir de l'identité de ses prisonniers, et il donna ordre de les conduire au palais.

Là, Saint-Roquentin et Pâloiseau se firent aisément reconnaître, et, aussitôt débarrassés de leurs gardiens, demandèrent à voir le gouverneur.

— Eh bien, messieurs, vous vouliez donc nous quitter? demanda le haut fonctionnaire lorsque les deux amis furent devant lui.

— Monsieur le gouverneur, dit Saint-Roquentin...

— J'avoue que cela m'étonne ; quand vous êtes venus pour prendre du service avec nous, j'ai cru d'abord à un piège, je dois vous l'avouer.

Plus tard, après votre brillante conduite au feu, j'ai changé d'idée ; aujourd'hui, je me demande ce que je dois penser.

Le chevalier eut une idée lumineuse.

— Eh bien, oui, monsieur le gouverneur ; nous voulions quitter la ville...

— Quoi !...

— Permettez-moi de m'expliquer en toute sincérité.

Nous sommes attachés à votre état-major, c'est vrai ; mais notre ignorance de la langue espagnole nous empêche de vous servir utilement dans les détails du service ; de plus, notre inaction nous pèse, et nous voulions dépasser les avant-postes pour aller faire le coup de feu...

— Très bien, très bien, dit le gouverneur ; mais vous risquiez de vous faire prendre par l'ennemi.

— Moi, commença le vidame...

— Le danger ne me fait pas peur, acheva Saint-Roquentin.

— Eh bien, messieurs, rassurez-vous : j'aurai soin désormais de vous désigner pour toutes les reconnaissances, et, de la sorte, vous ne vous plaindrez plus de rester inactifs ; mais j'espère que vous n'aurez plus l'idée de vous éloigner isolément.

Bon gré mal gré, les deux amis durent remercier le gros homme, qui les congédia le plus aimablement du monde.

En sortant du palais, ils rencontrèrent Bélamy. L'agent les réconforta un peu en leur promettant de chercher un autre moyen d'évasion ; mais il leur demanda quelques jours pour se ménager certaines intelligences dans un poste.

Le soir venu, les gentilshommes se promenaient mélancoliquement devant leur logis, en attendant l'heure de leur souper.

Soudain le vidame poussa le coude de son ami.

— Voyez donc là, dit-il ; n'est-ce pas...?

— Le curé au chocolat, le digne Alonzo !... c'est lui-même, sur ma foi.

Et le chevalier s'avança résolument vers le prêtre, qui semblait errer avec inquiétude.

Les deux amis se firent reconnaître.

La conversation n'était pas des plus faciles à soutenir : le digne curé ne parlait pas plus le français que naguère, et les gentilshommes durent appeler à leur secours tout ce qu'ils avaient pu savoir de latin, et suppléer les mots qui leur manquaient par une pantomime plus animée que limpide.

Après un premier moment de défiance, don Alonzo parut disposé à s'humaniser un peu, et le chevalier, brûlant ses vaisseaux, n'hésita pas à lui proposer de partager le souper préparé pour le vidame et lui.

Bien plus, le curé ayant laissé comprendre qu'il était fort mal logé, Saint-Roquentin l'engagea immédiatement à considérer sa maison comme le seul endroit où il pût demeurer, et, don Alonzo portant sur lui tout son bagage, tel le sage Bias, le déménagement se trouva tout fait.

Après le souper, tous trois étaient les meilleurs amis du monde.

A la suite d'un bon repas, généreusement arrosé de xérès, un grand besoin d'épanchement se fit sentir, et le curé avoua à ses hôtes qu'il avait été fort heureux de leur excellent accueil, d'autant plus que ses ressources commençaient à s'épuiser.

Le chevalier voulut aussitôt le forcer à puiser dans sa bourse, et, ne pouvant arriver à s'exprimer en latin de façon intelligible, il prit le parti de tirer quelques louis, qu'il fit passer dans l'escarcelle du padre.

Puis il réfléchit tout à coup que le brave prêtre pourrait servir utilement à la fuite tant désirée, et il commença une longue narration latine pour raconter son histoire et celle du vidame, avec la plus complète franchise.

Ce discours lui donna beaucoup de peine à composer, mais il parut émouvoir profondément don Alonzo.

Saint-Roquentin l'assura qu'il n'était pas venu en Espagne en belligérant, mais bien pour délivrer son neveu Roger, poursuivi par des scélérats qui en voulaient à sa vie.

Le curé s'attendrit, et à son tour raconta aux deux amis, dans un langage des plus extraordinaires, qu'il avait quitté sa cure pour se rendre en Catalogne.

Ces confidences faites, les trois hommes se jurèrent aide et secours.

Don Alonzo promit sa protection pour garantir les gentilshommes contre les entreprises de ses compatriotes, et de leur côté le chevalier et le vidame lui promirent de lui faire traverser sans encombre les lignes françaises.

Une grande partie de la nuit se passa dans cette intéressante conversation, si bien que, en se quittant pour s'aller coucher, les trois interlocuteurs étaient enchantés les uns des autres.

Le lendemain matin, le chevalier raconta ingénument les incidents de la soirée de la veille à Bélamy.

L'agent le félicita d'avoir trouvé un tel appui et lui conseilla de profiter des bonnes dispositions du curé pour partir de suite.

Saint-Roquentin ne demandait pas mieux : il alla prévenir le vidame, puis ensemble ils s'en furent trouver le padre.

Don Alonzo ne fit aucune difficulté de partir sur-le-champ : il semblait d'ailleurs fort pressé lui-même d'atteindre le but de son voyage.

Cette fois la sortie se passa sans encombre.

On n'eut pas même besoin de donner le mot d'ordre à la sentinelle, car elle se mit respectueusement à genoux pour recevoir la bénédiction de l'ecclésiastique.

Une fois hors de la ville, le vidame de Pâloiseau s'attendrit, se jeta dans les bras du bon curé, qu'il appela son sauveur; puis il avoua au chevalier qu'il commençait seulement à respirer librement, tant il avait redouté que l'aventure de la veille ne se renouvelât.

Mais le prêtre ne semblait pas disposé aux attendrissements, et il prit un pas rapide.

Et chaque fois que le vidame ralentissait sa marche, Don Alonzo grondait entre ses dents :

— *Pronto !... pronto !...*

Et force était au malheureux Pâloiseau de reprendre sa course.

Après une marche fatigante, les trois compagnons arrivèrent au camp français.

Là, le chevalier et le vidame se firent reconnaître pour les parents de Roger de Noirmont et furent reçus à bras ouverts, ainsi que le curé, qu'ils présentèrent comme leur sauveur.

Ils passèrent la nuit au camp, qu'ils quittèrent le lendemain matin.

On leur avait appris que leurs amis étaient partis avec le détachement placé sous les ordres du commandant Duval, pour aller retrouver à Tarragone le corps du maréchal Suchet.

Il leur fallait donc gagner la Catalogne et s'engager dans la sierra de Ronda.

C'était aussi le chemin de don Alonzo.

La route parut un peu dure aux deux gentilshommes, qui n'avaient pas l'habitude de marcher autant et par de si mauvais chemins; mais la pensée de retrouver Roger et le marquis leur donnait du courage.

A mesure qu'on avançait dans la sierra, le vidame se sentait moins rassuré; aussi fit-il un bond de frayeur lorsqu'il aperçut, à cinquante pas devant lui, une trentaine d'hommes aux vêtements dépenaillés, aux figures sinistres, arrêtés sur la route et paraissant observer curieusement les trois compagnons de voyage.

Soudain ces gens aperçurent le curé; comme mus par un ressort, ils se précipitèrent sur les voyageurs.

Pâloiseau crut sa dernière heure venue; aussi fut-il profondément mais agréablement surpris en constatant que les nouveaux arrivants en avaient au padre Alonzo, sur lequel ils se jetèrent avec mille démonstrations de respect, lui baisant les mains et poussant des cris de joie.

Le premier moment d'expansion passé, les amis du curé commencèrent à regarder les deux Français de travers.

Le padre ne s'en émut aucunement, et, dans son étrange baragouin, il expliqua au chevalier que ces hommes composaient une guérilla, dont il venait prendre le commandement.

A cette époque, en Espagne, il n'était pas rare de voir, à la tête de semblables bandes, des prêtres faire le coup de feu pour défendre leur pays contre les envahisseurs.

Plusieurs d'entre eux sont restés célèbres, et l'histoire a conservé les noms du curé Merino et de Mina, qui parfois livrèrent aux troupes françaises des combats fort meurtriers.

Toutes les classes s'étaient armées pour défendre la patrie.

Les guérilleros racontèrent au curé les derniers événements et présentèrent à leur chef deux espions dont les renseignements leur avaient été fréquemment d'une grande utilité.

Quel ne fut pas l'étonnement des gentilshommes quand ils reconnurent, dans ces précieux auxiliaires, Renaud et Brown, sur le compte desquels ils venaient d'être si complètement édifiés!

Le vidame ne pouvait s'empêcher de frissonner, pendant que les associés causaient avec le padre.

L'entretien fini, don Alonzo revint trouver les Français et leur expliqua que Renaud et Brown avaient soutenu contre Roger et ses amis un terrible combat, et que les deux coquins, pleins de rage d'avoir failli périr au moment de triompher, avaient juré d'exterminer ces adversaires acharnés. Saint-Roquentin voulut intercéder pour son neveu;

Le padre Alonzo.

mais Alonzo lui dit de se tenir en repos, ajoutant qu'il aurait déjà besoin de toute son autorité sur ses hommes pour les protéger, et que les guérilleros ne consentiraient jamais à ne pas venger la mort de leurs compagnons.

En vain le chevalier et le vidame lui expliquèrent-ils que Renaud et Brown étaient d'ignobles coquins capables de tout, même de le trahir, si tel était leur intérêt; qu'ils n'étaient d'aucun parti, mais successivement de tous, et qu'ils n'étaient mus que par les intérêts les plus vils : le padre leur répondit qu'il leur avait seulement promis, à eux, de les protéger de toutes les attaques, mais qu'il ne pouvait ni ne voulait faire autre chose que ce qui avait été convenu à Cadix.

Les gentilshommes n'en purent rien tirer de plus.

Renaud et Brown n'avaient pas perdu un mot de cet entretien ; de leur côté, ils essayèrent d'obtenir du prêtre qu'il leur livrât les deux Français pour servir d'otages ; mais des deux misérables non plus, le curé ne voulut rien entendre.

Les gredins s'avisèrent d'insister, le curé leur tourna le dos.

Renaud fit mine de se fâcher ; mais le padre le saisit au collet, lui déclarant qu'il était le maître, et que sa tête et celle de Brown lui répondraient de celles de ses deux amis.

Cette proposition très nette fut dite d'un ton qui parut faire sur les associés une impression profonde.

Don Alonzo retourna vers les gentilshommes et leur conseilla de partir sans tarder.

Il leur remit un sauf-conduit pour leur servir de passe-port vis-à-vis des troupes espagnoles qu'ils pourraient rencontrer, puis leur donna pour guides deux de ses guerilleros, chargés de les conduire jusqu'aux lignes françaises et de les protéger en cas d'attaque.

Le chevalier et le vidame répondirent de leur mieux aux amabilités un peu rudes du bon père, et, après avoir toisé leurs guides d'un air où se mêlaient à égal degré la crainte et la méfiance, ils se décidèrent à partir.

Quand ils furent à quelque distance des brigands, le vidame ne put s'empêcher de dire à Saint-Roquentin :

— Vous me croirez si vous voulez, mon ami, mais j'aimerais presque autant être à Cadix.

— Allons, reprit le chevalier, vous vous plaignez, et voilà que nous sommes sur la route de France...

Et il pressa le pas d'un air qui voulait être convaincu.

CHAPITRE XIX

LE MARQUIS DE NOIRMONT, GRACE A SA POLITESSE ET A SES MANIÈRES
AVENANTES, SE PROCURE UN GUIDE DÉVOUÉ

Nous avons laissé Roger et ses compagnons sur la route par laquelle ils tentaient de rejoindre le détachement français.

Ils continuaient rapidement leur chemin, craignant que les guérilleros survivants n'eussent été chercher du renfort pour se mettre à leur poursuite.

Cependant aucun incident n'était survenu, et les deux lanciers composant l'arrière-garde ne signalaient rien de suspect.

Cacatois, servant d'éclaireur et ouvrant la marche, redoublait d'attention.

La nuit venait, et il fallait éviter toute rencontre désagréable.

Sur l'observation de Louis de Noirmont, on résolut de s'arrêter dès qu'on aurait trouvé un endroit favorable pour passer la nuit, et découvert quelques provisions ; car les quelques oranges et les rares grenades cueillies sur les bords du chemin ne constituaient point un repas suffisamment réparateur et réconfortant.

Maintenant Belle-Humeur avait remplacé le matelot à l'avant-garde.

Soudain on le vit revenir rapidement, mais avec toutes sortes de précautions.

— Fameux ! dit-il en abordant la petite troupe ; il y a là-bas, dans une posada, une dizaine de dragons de Numancia, dont les chevaux sont au piquet sur la droite de la route...

— Ils ont placé une sentinelle, naturellement, interrompit le marquis...

— Oui, mais n'importe, je propose de prendre les chevaux ; ça nous aidera à marcher...

— Ah ! dit joyeusement le marin, ça m'enganterait proprement...

— Comment les prendre sans donner l'éveil ? demanda un lancier.

— Voilà, dit Belle-Humeur : j'ai vu ça en Égypte, où j'ai été avec l'empereur. Dans ce pays étranger, les Arabes avaient pour nous voler nos chevaux un moyen bien facile à employer.

— Nage, mon vieux, murmura Cacatois.

— Les moricauds se déguisaient en buissons... Sous ce costume, qui n'excitait pas la méfiance, ils s'approchaient de nous sans qu'on pût les voir ; arrivés près des factionnaires, ils se jetaient sur eux,... et le tour était fait.

— Très bien, répondit Noirmont, nous ferons comme les Arabes.

Les sept hommes se disposèrent immédiatement à opérer leur transformation et à couper les plantes nécessaires.

L'endroit, d'ailleurs, se prêtait remarquablement à ce projet.

Le poste des dragons de Numancia était situé dans une sorte de cirque couvert de buissons de cactus et d'aloès, et la maison où les Espagnols se trouvaient n'était qu'à quelques mètres de la route, dont elle était séparée par un fossé assez large, mais peu profond.

La nuit était très noire, la lune se cachait derrière de gros nuages qui semblaient présager un orage, et la sentinelle ne pouvait certainement pas voir à plus de dix pas devant elle.

Les sept hommes se dissimulèrent derrière des branchages et commencèrent à ramper avec précaution du côté du poste.

Cacatois était chargé d'assaillir le factionnaire.

Peu à peu les buissons se rapprochaient ; tout était tranquille dans la posada.

Heureusement pour les Français, qui auraient pu difficilement l'apercevoir dans cette profonde obscurité, le dragon charmait son ennui en fumant, malgré la défense de ses chefs, une cigarette, dont le bout lumineux semblait un feu follet.

Cacatois se dressa brusquement et saisit à la gorge le fumeur, qui n'eut pas le temps de pousser même un soupir.

En un instant, il fut étroitement ligoté et bâillonné. Sans perdre un moment, de peur d'être surpris par les hommes du poste, les fugitifs firent dans la posada une irruption rapide et se saisirent des dragons ; tous étaient plongés dans un profond sommeil, mais ils ne tardèrent pas à se réveiller « proprement amarrés », comme le dit Cacatois, et bâillonnés eux aussi.

Puis les chevaux furent sellés, et le détachement de piétons transformé en troupe de cavaliers, à la grande joie de Cacatois, lequel, comme la plupart des marins, avait une étrange passion pour l'art hippique.

Les sept Français commencèrent une course furibonde.

Les dragons furent laissés sur le champ de bataille, toujours attachés; leurs armes furent brisées ou mises hors de service, par surcroît de précaution, et les sept Français commencèrent une course furibonde pour rattraper la colonne.

Malheureusement, le jour était venu, et ils n'avaient encore aucun indice pouvant leur indiquer le chemin suivi par la colonne du commandant Duval.

Ils s'arrêtèrent pour laisser souffler les chevaux et se concerter.

La situation était des plus critiques; on risquait de s'égarer indéfiniment, ou de tomber dans un parti ennemi.

L'embarras général était grand, quand le marquis aperçut, au détour du chemin, un paysan espagnol.

Il galopa jusqu'à lui et l'interrogea sur la route à suivre.

Le paysan répondit avec un empressement qui mit Noirmont en défiance, d'autant plus que l'Espagnol était possesseur d'une figure on ne peut moins faite pour inspirer la confiance.

Cependant on suivit ses indications, mais en convenant de prendre toutes les précautions les plus minutieuses.

Comme la veille, les fugitifs se fractionnèrent donc, et Noirmont fut envoyé en avant en éclaireur.

Bien leur en prit d'agir avec cette prudence.

Au détour d'un sentier, le marquis se trouva en présence d'un parti de hussards anglais, et il fut entouré sur-le-champ, après avoir eu seulement le temps de crier de toutes ses forces :

— Alerte! sauvez-vous, je suis pris!

Malgré une résistance acharnée, Louis de Noirmont ne put se dégager, et il fut obligé de céder au nombre, tandis que ses compagnons tournaient bride et gagnaient assez de terrain pour rendre toute poursuite impossible.

Quand il crut que la petite troupe avait eu le temps de s'échapper, le marquis cessa de résister, et, dépouillé de ses armes, il fut conduit devant l'officier commandant les hussards.

L'Anglais, sur un ton assez rogue, demanda tout d'abord au marquis qui il était.

Quand il sut qu'il avait affaire à un gentilhomme, il devint plus poli.

Il s'étonna que le marquis de Noirmont servît « l'usurpateur », puis il l'interrogea sur la force du corps français dont il faisait partie et sur la position qu'il occupait.

Louis sourit, dédaigneux, sans répondre.

Et comme l'Anglais insistait :

— Monsieur, dit-il, pour m'adresser semblables questions, il faut que vous me preniez pour un traître ou un lâche ! Votre conduite est indigne d'un gentleman.

— Je ne suis pas un gentleman ! s'exclama l'officier britannique. Savez-vous, monsieur, que je pourrais vous faire fusiller ?

Le marquis haussa les épaules, lui jeta un regard de mépris et se tut.

L'Anglais, d'abord furieux, se calma subitement, réfléchit quelques secondes, puis, appelant un hussard, lui donna des instructions à voix basse.

Louis fut étroitement lié avec des cordes solides, qui lui enlevaient toute la liberté de ses mouvements et lui laissaient seulement la possibilité de marcher.

Ainsi accommodé, on le conduisit dans une petite maison de misérable apparence et on l'y enferma dans une salle basse.

Dès qu'il se vit seul, sa première pensée fut de se débarrasser de ses liens, et il s'y occupait activement en les frottant contre l'angle de la muraille, pour les user, quand la porte s'ouvrit, et un paysan espagnol entra.

Ce personnage était une sorte de brute à figure patibulaire, d'une physionomie cruelle et repoussante, et vêtu de haillons sordides relevant à merveille sa bonne mine.

Il regarda le marquis d'un air féroce et lui dit en espagnol :

— Chien de Français, tu m'appartiens ; le señor anglais t'a donné à moi, et je vengerai sur toi tous mes frères tués par tes soldats !

Noirmont resta impassible et garda un dédaigneux silence. Le misérable, irrité de son calme, l'insulta grossièrement, puis, arrivant au paroxysme de la rage, le frappa de son bâton.

— Lâche ! s'exclama le marquis, si je n'étais garrotté au point de ne pouvoir remuer, tu ne serais pas si hardi, et je te ferais payer cher tes insultes !

Le paysan se mit à rire, car Louis s'était exprimé dans la langue du pays, et la pensée que son prisonnier comprenait ses outrages le comblait de joie.

— Ah ! s'écria-t-il, je vois que nous allons pouvoir causer.

— Parle tout seul, repartit Noirmont d'un ton méprisant, je ne te répondrai plus.

— J'ai fait demander grâce à de plus courageux que toi, reprit l'Espagnol, et les supplices sauront te délier la langue.

Puis, avec un luxe inouï de détails, il décrivit tous les raffinements de tortures inventés par l'imagination féroce de ses compatriotes et infligés aux malheureux Français tombés entre leurs mains — abominations malheureusement trop fréquentes dans cette guerre sans merci où les paysans, soulevés contre l'envahisseur, semblaient autant de bêtes fauves, n'ayant plus au cœur aucun sentiment humain.

Le marquis ne sourcillait pas et gardait un incroyable sang-froid.

Toutes ses pensées se concentraient sur un but unique, se délivrer de ses liens.

Malheureusement, la chose n'était pas facile, ses mains étaient étroitement attachées derrière son dos avec des cordes neuves et solides, ses mouvements étaient difficiles, et il fallait avant tout se garder d'attirer l'attention du farouche gardien.

Pour comble de malechance, l'Espagnol, furieux de l'indifférence affectée par son ennemi, se promenait avec agitation de long en large, comme un ours dans sa cage.

Évidemment, il était absorbé par la recherche des vexations qu'il pourrait bien infliger à sa victime.

Mais à tout moment il s'approchait de l'angle du mur sur lequel le marquis se livrait à son travail occulte, et il importait qu'il ne s'aperçût de rien, car Louis de Noirmont jouait sa vie, et un coup d'œil de cette brute pouvait tout perdre.

Le Français résolut donc de détourner l'attention de son geôlier, et, malgré son dégoût, il se décida à lui parler :

— Si ma demande n'était pas indiscrète, señor, dit-il, je serais charmé de savoir comment l'on vous nomme?

— Je m'appelle Luis Carmona, et l'on m'a surnommé le Bourreau des Français.

— Peste, vous détestez donc bien nos compatriotes, señor Luis Carmona?

— Tu t'en apercevras trop tôt !

— Bah! je suis persuadé que nous deviendrons sous peu les meilleurs amis du monde.

Voyez-vous, mon cher hôte, bien des gens, dans la vie, gagnent à être connus, et, à n'en pas douter, nous sommes, vous et moi, de ceux-là.

Le paysan, d'abord étonné du changement de façons de son prisonnier, pensa qu'il voulait l'amadouer et répondit brutalement par de nouvelles menaces.

— Allons, mon brave, reprit le marquis, ne faites pas le méchant, votre aimable figure dément vos paroles.

Je suis sûr que, si je vous en priais un peu, vous m'accorderiez ce que je veux vous demander.

Puis il ajouta :

— Figurez-vous, mon cher señor Luis, que je meurs de faim, n'ayant rien pris depuis hier soir ; et si vous pouviez me donner la moindre croûte de pain, avec un verre d'eau, j'imaginerais faire le meilleur repas de mon existence.

Noirmont espérait vaguement qu'on ne lui refuserait pas de prendre des forces pour les supplices annoncés, et il comptait bien mettre à profit l'absence du bandit, s'il allait chercher quelque nourriture, pour achever de rompre les cordes enserrant ses mains.

Malheureusement ce calcul fut déçu.

Le sieur Carmona, trouvant dans cet aveu un nouveau moyen de tourmenter le Français maudit, se prit à rire silencieusement, tira d'une petite armoire un gros morceau de pain noir et quelques oignons, plaça sur une table ce repas délicat, puis, y joignant un alcarazas rempli d'eau pure, il s'assit tranquillement, tira de sa ceinture une longue navaja, se coupa une forte tranche de pain et parut savourer ces mets exquis avec une satisfaction considérable.

Le coquin ignorait à coup sûr la mythologie, mais sa haine l'avait rendu ingénieux, et il avait découvert le supplice de Tantale.

Le marquis dissimula du mieux qu'il put sa contrariété, mais il fut médiocrement charmé de ce spectacle.

Si grossier que fût ce frugal festin, il eût payé cher pour en prendre sa part, car il ressentait effectivement les atteintes de la faim et, pis encore, de la soif.

Néanmoins il se tut, et, profitant de l'inattention du paysan, il continua ses efforts contre le mur.

Enfin, Carmona parut rassasié.

Il posa sur la table sa navaja, prit l'alcarazas, but à même une large rasade, et, après s'être étiré et avoir bâillé bruyamment, il tira de sa poche du papier et du tabac, puis il roula une cigarette, complément obligé de tout bon repas en Espagne.

Au moment où il l'allumait, Noirmont bondit avec la rapidité de la foudre, saisit la navaja demeurée sur la table, et la plaçant sur la poitrine du drôle, qu'il saisit à la gorge en même temps :

— Si tu dis un mot ou si tu pousses un cri, murmura-t-il, tu es mort.

Fut-ce l'étonnement, fut-ce la crainte, peut-être simplement l'effet de la strangulation opérée par les doigts vigoureux de l'officier, le digne señor demeura dans une complète immobilité ; sa face devint d'un cramoisi alarmant, et tout porte à croire que si Louis n'eût pas desserré un peu ses phalanges d'acier, don Luis Carmona eût succombé le plus tristement du monde, à la fleur de l'âge.

Or, l'intention du marquis n'était nullement de priver l'Espagne de cet hidalgo, car il avait sur lui des projets bien arrêtés.

Il commença par couper les liens qui entravaient encore ses pieds, sans toutefois lâcher son hôte.

— Mon cher señor Luis, fit-il avec une grande courtoisie, ne vous disais-je pas tout à l'heure que nous étions faits pour nous entendre ?

Maintenant, vous me paraissez tout à fait raisonnable, et votre bonne figure franche et ouverte approuve entièrement mes paroles.

J'en suis fort heureux.

D'autre part, vous avez absolument raison, car voyez comme tout s'arrange : si vous aviez le malheur de faire le méchant, je vous enfoncerais, entre la cinquième et la sixième côte, votre propre navaja. Mais, heureusement, nous sommes désormais amis à la vie et à la mort, n'est-ce pas ?

L'Espagnol était vert de rage.

— Je lis dans vos yeux, mon bon camarade, poursuivit Louis, que vous avez la plus grande envie de me tirer des mains de ces braves hussards anglais. Sans doute, votre timidité vous empêche de me révéler ces généreux sentiments, n'est-il pas vrai ?

Eh bien, j'accepte sans plus de façons ; entre intimes comme nous sommes maintenant, il ne convient pas de faire de vaines et fastidieuses cérémonies.

Mais le temps passe, partons. Cette petite porte doit conduire dans le jardin, sans doute? Je vous permets de me répondre, mais par signes seulement, pour ne pas déranger ces bons Anglais.

Le marquis passa son bras sous celui de Carmona, lui fit doucement remarquer qu'il tenait toujours à la main sa navaja ouverte et, se couvrant du manteau en loques et du chapeau délabré de son compagnon, il entraîna le paysan, grinçant des dents de fureur.

Le marquis lui fit doucement remarquer qu'il tenait à la main sa navaja.

Tous deux traversèrent ainsi un petit enclos attenant à la maison, et, à quelque distance, ils aperçurent un hussard en vedette, le mousqueton au poing.

Carmona fit instinctivement un mouvement de hâte.

— Du calme, mon cher ami, fit paisiblement le Français ; ne perdons pas la tête ; nous ne courons pas le moindre danger : n'êtes-vous pas connu avantageusement de tous ces gentlemen? Jamais ils ne soupçonneront votre générosité envers moi et le dévouement véritablement touchant avec lequel vous voulez bien me servir de guide ;... aussi

bien, pour rien au monde n'en voudrais-je un autre que vous !...
Allons, doucement, n'ayons pas l'air de gens pressés, cela pourrait faire concevoir des soupçons.

Sans hâte, les deux hommes s'avancèrent, bras dessus, bras dessous, avec l'apparence de deux promeneurs paisibles.

Le hussard les regarda d'abord attentivement, puis, reconnaissant Carmona, il le salua d'un flegmatique bonjour et reprit son poste sans plus s'inquiéter.

— Vous voyez comme votre présence m'est utile, remarqua Noirmont ; en vérité, je ne sais comment je pourrai m'acquitter envers vous !

Maintenant, nous avons dépassé l'endroit dangereux ; hâtons le pas, car je suis pressé de retrouver mes compatriotes.

Comme le marquis serrait un peu moins le bras de son compagnon bien involontaire, le paysan tenta plusieurs fois de s'échapper ; mais l'officier demeurait toujours sur ses gardes ; ses doigts vigoureux se fermaient vigoureusement au point de faire crier Carmona, et, comprenant l'inutilité de ses efforts, le misérable redevenait soumis, non sans souffrir de l'atroce torture de se voir contribuer aussi puissamment à délivrer celui qu'il voulait faire périr dans d'horribles supplices.

Cependant les heures s'écoulaient, et, bien que Noirmont marchât toujours d'un pas rapide et sans s'arrêter un instant, il ne trouvait aucun indice décelant le passage d'une troupe.

L'inquiétude le gagnait.

Son guide n'osait agir maintenant, paralysé par la crainte de la navaja ; mais ne le trahissait-il pas en le conduisant du côté opposé à la colonne du commandant Duval, qu'avaient sans doute rejointe à cette heure Roger et ses amis, les marins et les lanciers ?

Tandis qu'il songeait ainsi, il arriva sur la lisière d'un bouquet de bois dans lequel il crut entendre quelques bruits suspects.

Il se disposait à s'éloigner, lorsque Carmona, au comble de l'exaspération, et résolu à tout pour se débarrasser de son ennemi, appela de toutes ses forces :

— A l'aide ! Sus aux Français !...

Il avait à peine proféré ces cris que Louis le jetait à terre d'un coup de poing, à moitié assommé.

Puis, s'adossant à un arbre, il se disposa froidement à vendre chèrement sa vie.

Un groupe de cavaliers se dirigeait sur lui au galop.

Avant qu'il fût revenu de sa surprise, il se trouvait dans les bras de Roger, pleurant de joie :

— Ah ! mon oncle, balbutiait l'enfant, je vous croyais bien perdu.

Cacatois, très ému lui-même, faisait les plus grands efforts pour dissimuler son attendrissement; mais, n'y pouvant parvenir, il se donna un coup de poing dans les yeux en grognant :

— Bon ! voilà que mes écubiers embarquent lame sur lame...

— Mes amis, dit le marquis en riant, vous le voyez, j'ai pu m'échapper grâce à un brave paysan qui a tenu absolument à me servir de guide.

— Vous n'avez pas cru, j'espère bien, dit Belle-Humeur, que nous allions vous abandonner?

— Mon oncle, reprit Roger, nous nous préparions à enlever le poste anglais...

— C'était inutile, vous le voyez, répondit Louis, mais je ne vous en sais pas moins de gré.

Il fallut alors qu'il racontât en détail à ses amis la façon dont il s'était tiré des mains des Anglais, et ce récit amusa au plus haut point les braves compagnons.

Le señor Luis Carmona, grâce à quelques soins énergiques, avait recouvré sa connaissance.

Noirmont, toujours généreux, lui rendit la liberté; il alla même jusqu'à lui mettre dans la main deux louis d'or; mais l'Espagnol les jeta fièrement à terre et s'éloigna en proférant des menaces.

La petite troupe reprit sa marche en avant.

Cacatois ne se sentait pas d'aise, ravi de se livrer à sa passion pour le cheval, et il consentait à reconnaître que, pour un cavalier, le plancher des vaches avait du bon.

Après ces premières expansions, le marquis fit observer qu'il fallait plus que jamais redoubler de prudence à cause de la proximité des postes ennemis et des dispositions peu bienveillantes de Carmona, qui allait très certainement donner l'alarme partout.

Chacun tour à tour dut faire le service d'éclaireur, et, grâce à ces sages mesures, les rencontres fâcheuses furent évitées, et aucun incident notable ne vint gêner la marche.

Vers le soir, nos héros arrivèrent dans une vaste plaine où ils aperçurent au loin une troupe de soldats se préparant à bivouaquer.

A leur grande joie, ils reconnurent les uniformes français, et un lancier, envoyé en éclaireur, revint rapidement annoncer que cette colonne était celle du brave Duval.

Le but était atteint, non sans peine.

La petite troupe ne tarda pas à rejoindre le détachement et reçut les félicitations du commandant, heureux de revoir ceux qu'il avait crus morts, — ou prisonniers, sort encore plus lamentable parfois.

CHAPITRE XX

COMMENT UNE INGÉNIEUSE INVENTION DE RENAUD INCITA UN MÉDECIN-MAJOR A LUI APPLIQUER UN REMÈDE ÉNERGIQUE

Après le départ du chevalier de Saint-Roquentin et du vidame de Pâloiseau, Renaud et Brown n'avaient plus aucune raison de rester parmi les guérilleros, et, sans prendre congé, ils s'esquivèrent pour rejoindre nos héros.

Suivant leur louable habitude, ils se communiquèrent tout d'abord leurs impressions respectives, et, nous devons l'avouer, sous une forme un peu vive.

— Si vous m'aviez cru,... commença Renaud.

Mais Brown l'interrompit aussitôt.

— Mister Renaud, dit-il, ce sont vos sottises qui nous ont fait perdre la partie.

Tous deux étaient furieux et se lançaient des regards de défi.

— Oui, reprit Renaud, tout est perdu, et par votre faute... Les voilà maintenant réunis à Tarragone, et il ne nous reste plus...

— Qu'à réparer le mal que vous avez causé...

— Mais, monsieur Brown, je ne vous permets pas...

— Mister Renaud!... s'écria l'Anglais d'un ton menaçant.

Renaud se calma soudain.

— Cela n'empêche pas, grommela-t-il, que notre situation est des plus mauvaises, nos projets sont dévoilés et...

— Vous me permettrez de ne point partager entièrement votre opinion; d'abord, qui vous dit qu'ils sont arrivés à Tarragone? Les Espagnols et les Anglais tiennent le pays, et il a pu se produire des incidents...

— Alors, interrompit Renaud, qui ne demandait qu'à reprendre espoir et brûlait de prendre sa revanche, il faut partir de suite pour Tarragone...

— C'est absolument mon avis, mais il ne nous reste pas une faute à commettre si nous voulons réussir dans notre entreprise; plus de sensiblerie, et rappelez-vous bien qu'un homme mort n'est plus à craindre.

— Mais don Alonzo...

— Jugez-vous utile d'aller le saluer avant notre départ?

— En aucune façon...

— Alors partons, et laissons-le à ses affaires.

C'est ainsi que les deux gredins prirent succinctement congé du padre et se lancèrent à la poursuite de Roger et de ses amis.

Cependant la petite colonne du commandant Duval était arrivée sans encombre à Tarragone.

Cette ville, située dans la Catalogne, au bord de la mer, venait d'être prise par le maréchal Suchet après cinq assauts consécutifs, durant lesquels cinq mille hommes de la garnison avaient été tués et dix mille faits prisonniers.

Cette résistance opiniâtre avait obligé le maréchal à prendre toutes sortes de précautions pendant l'occupation de la ville par les troupes françaises, et à maintenir scrupuleusement l'ordre et la discipline; cependant la cité espagnole, depuis sa défaite, était demeurée dans la consternation.

Ladurec était guéri de son incommode blessure, et le brave homme avait rejoint le corps des Marins de la Garde nouvellement reformé avec plusieurs détachements venus de différents points de la péninsule.

Une surprise attendait Roger à son arrivée : l'empereur, ayant appris du maréchal Victor, duc de Bellune, la brillante conduite du fifre, lors de son évasion des pontons, avait envoyé pour l'enfant la croix de la Légion d'honneur, qui lui fut solennellement remise par le maréchal Suchet.

Cette distinction avait fait à Cacatois et à Ladurec un plaisir au moins aussi grand qu'à Roger lui-même. En outre, les dignes matelots traitaient le « mousse » avec un respect attendri, et il ne fallut pas moins que toutes les instances de Roger pour les décider à en user avec lui comme auparavant.

La vie de garnison donna quelques loisirs à nos héros.

Louis de Noirmont avait reçu officiellement des mains du maréchal Suchet son brevet de lieutenant d'infanterie, grade dont il remplissait les fonctions dès son départ de Cadix, et c'est avec une joie incroyable qu'il avait rejoint son corps.

Après tant de vives émotions, l'oncle et le neveu, comme les marins eux-mêmes, ne furent pas fâchés de goûter un peu de repos, et, se croyant désormais à l'abri des embûches de leurs ennemis, ils finirent presque par ne plus penser à ces misérables, et à s'endormir dans une sécurité trompeuse.

Dans le même régiment que Noirmont se trouvait un médecin-major nommé Ledoux, homme d'un caractère des plus pacifiques, presque peureux même, et d'une gourmandise qui lui aurait fait braver les plus grands périls pour satisfaire ses instincts de gourmet.

Le major Ledoux se trouvait fort malheureux en Espagne, pays renommé de tout temps pour sa déplorable cuisine et où les meilleures choses sont gâtées par les pires gargotiers du globe terrestre; il supportait impatiemment cet empoisonnement perpétuel et cherchait de tous côtés une auberge dans laquelle il pût donner carrière à ses appétits.

Après avoir longtemps exploré les environs, il avait enfin découvert la posada rêvée; c'était une maison de médiocre apparence, assez malpropre; mais l'hôtelier avait fait un long séjour en France, il y avait acquis de précieuses connaissances culinaires, et, flatté des éloges du bon docteur, il lui confectionnait des plats exquis.

Malheureusement, cette oasis gastronomique était située à une certaine distance de la ville, près d'une petite rivière longeant la route, et il était assez imprudent de s'y risquer, surtout la nuit tombée.

Ledoux commença par y aller déjeuner chaque matin; mais au bout de quelques jours il ne put supporter l'idée de manger si mal à Tarragone, quand il eût pu dîner si bien à la posada du bord de l'eau, et il prit l'habitude de s'y rendre aussi chaque soir.

Ses camarades l'accompagnaient souvent; mais un jour, le maréchal, apprenant que les habitués de la posada rentraient en ville fort tard chaque nuit, défendit aux officiers de rester hors de la garnison après la retraite battue : ordre fort sage, car il était au moins inutile de s'exposer ainsi sans aucune nécessité.

Ledoux se résigna d'abord; mais il se persuada qu'il tomberait malade s'il se remettait au régime des repas de ses camarades, et, malgré les prescriptions du général en chef, il reprit ses habitudes et retourna déjeuner et dîner à la posada.

Ses camarades épuisèrent toutes les railleries sur ce sujet; mais il répondait à leurs lazzis avec le plus grand sang-froid du monde, en les plaignant de manger aussi mal; aussi résolurent-ils de changer de méthode et de le dégoûter de ces périlleuses excursions.

Pendant plusieurs jours ils feignirent d'avoir reçu des nouvelles de reconnaissances imaginaires signalant la présence de nombreuses bandes de guérilleros dans les environs, et ils se complurent à narrer dans les plus grands détails les attaques quotidiennes de ces bandits et leur incroyable férocité envers les malheureux tombés entre leurs mains.

Ledoux tremblait, mais son vice favori était plus fort que la peur, et il continuait ses expéditions quotidiennnes.

Un lieutenant, du nom de Darcier, sorte de géant, d'une force extraordinaire, à la figure martiale coupée de deux longues moustaches noires dont il se montrait très fier, eut alors l'idée d'une folie destinée à dégoûter tout à fait le docteur de quitter la ville.

Un soir que le major revenait de la posada, dormant à moitié sur son cheval, une douzaine d'officiers déguisés en brigands de fantaisie se jetèrent à la bride du cheval, l'arrêtèrent en criant :

— Fais ta prière, chien de Français, tu vas mourir!

Ledoux se réveilla en sursaut, effaré.

Soudain un brigand de haute taille s'approcha de lui.

— Vive le Salteador! s'écrièrent les pseudo-guérilleros.

Ledoux frissonna : le Salteador était un chef de guérilla dont l'atroce cruauté était proverbiale.

Se voyant perdu, le major tira de ses fontes un pistolet et, visant le chef, lui lâcha le coup en pleine figure.

Heureusement pour le lieutenant Darcier, qui jouait le rôle du bandit, le cheval du médecin, effrayé par la détonation, fit un brusque écart; la balle lui effleura simplement le visage en lui coupant une de ses superbes moustaches.

Puis Ledoux, affolé, dégringola à bas de son cheval et, incapable d'aucune réflexion, se dirigea vers la rivière, oubliant qu'il ne savait pas nager et qu'il tombait ainsi de Charybde en Scylla.

Après le coup de pistolet, les officiers, sentant que la farce menaçait de mal finir, crièrent au major :

— Rassurez-vous, ce n'est qu'un jeu, nous sommes vos amis!

Le major lui lâcha le coup en pleine figure.

Mais le malheureux, fou de terreur, n'entendait rien et courait de plus belle du côté de l'eau.

Tous coururent après lui.

Il n'en précipitait sa course que davantage.

Arrivé sur la rive, on aperçut le fuyard apparaissant de temps en temps à la surface et indiscutablement en train de se noyer.

Louis de Noirmont, qui se trouvait parmi les mystificateurs, ne prit pas même le temps de retirer ses vêtements et se précipita au secours de son camarade pour le sauver.

Ce ne fut pas chose facile, car, croyant toujours avoir affaire aux guérilleros, l'entêté médecin se débattait comme un beau diable; enfin le marquis réussit à le saisir par les cheveux et à le ramener sur le rivage, malgré les furieux coups de pied que lui portait l'Esculape.

Une fois sur le rivage, la victime de cette méchante plaisanterie s'évanouit de saisissement et de froid, et les officiers durent le porter sur leurs épaules, pour le ramener.

La rentrée dans la ville ne manqua pas de faire un certain bruit, et le maréchal Suchet apprit l'aventure.

Le commandant en chef se montra vivement courroucé de cette désobéissance et décida que les principaux coupables qui avaient transgressé ses ordres en prenant part à l'expédition, et le major Ledoux lui-même, garderaient les arrêts pendant un mois.

Nous devons ajouter que deux d'entre eux ne furent pas extrêmement peinés de cette réclusion forcée : c'étaient d'abord le lieutenant Darcier, dont la moustache avait été brûlée par le coup de pistolet, et qui espérait qu'un mois lui suffirait pour réparer un peu l'accident, et le médecin Ledoux lui-même, heureux au fond d'échapper aux brocards inévitables à la suite de son aventure et de ne reparaître dans le monde que lorsque le bruit fait autour de l'affaire aurait été un peu apaisé par le temps.

Cloîtré dans sa chambre, Ledoux, pour se distraire, joignant l'utile à l'agréable, résolut de charmer sa solitude en combinant des plats extraordinaires et en les confectionnant lui-même.

Il eut néanmoins à s'entendre avec un restaurateur, qui lui envoyait chaque jour les divers ingrédients dont il avait besoin, par un de ses garçons.

Or ce garçon n'était autre que notre vieille connaissance Renaud, lequel avait trouvé ce moyen de se dissimuler et de passer inaperçu.

Le coquin avait appris comme tout le monde l'aventure du médecin-major, et il en fit le point de départ d'une machination destinée à le débarrasser de Louis de Noirmont.

Il pensa que s'il pouvait susciter au marquis une ou deux affaires, le hasard ferait peut-être quelque chose pour lui, et il dressa ses batteries en conséquence.

Malgré leur opiniâtreté, Brown et lui commençaient à désespérer, car les pièges les mieux combinés ne les délivraient point de leurs adversaires, et les trames les mieux ourdies n'aboutissaient à aucun des résultats attendus.

Renaud, pour se rapprocher des officiers, s'était donc engagé comme garçon de restaurant à l'auberge où Noirmont et ses camarades prenaient leur pension.

Pendant toute la durée des arrêts forcés qu'ils eurent à subir, le misérable se chargea de porter chez le major Ledoux et chez le lieutenant Darcier les provisions ou les repas demandés par eux.

Tout en faisant son service, Renaud causait avec ses clients, qui n'étaient pas fâchés de trouver ainsi une distraction à leur réclusion.

L'associé de Brown put donc à son aise entrer peu à peu dans la confiance des deux officiers, et il en profita pour leur raconter que le marquis de Noirmont faisait d'eux des gorges chaudes et les rendait la risée de toute la garnison.

Naturellement les deux hommes se sentirent fort irrités de ce qu'ils considéraient à juste titre comme un mauvais procédé à leur égard, et ils se promirent, aussitôt leurs arrêts finis, de tirer vengeance de ces railleries, l'amour-propre de Ledoux imposant silence à sa timidité naturelle.

L'ennui les aigrissait peu à peu, l'isolement dans lequel ils vivaient augmentait leur colère et ne leur permettait pas de se renseigner plus exactement, de sorte que leur première sortie fut consacrée par tous deux à trouver des témoins et à les charger d'aller demander au marquis une réparation par les armes.

Très étonné, Noirmont n'eut garde de refuser, pensant qu'une reculade de sa part lui ferait tort dans l'esprit de ses nouveaux camarades; et par tempérament, d'ailleurs, il était naturellement peu porté à faire des excuses.

Une rencontre fut décidée. Le médecin-major, le premier, devait se battre avec le marquis, et le lendemain, le lieutenant Darcier, à son tour, se rencontrerait sur le terrain avec le même adversaire.

Ledoux, comme offensé, avait le choix des armes : il choisit le pistolet.

Le jour venu, les adversaires, accompagnés de leurs témoins et d'un autre médecin, se glissèrent hors de la ville pour gagner un petit bois voisin, où les combattants ne seraient certainement dérangés par personne.

De son côté, Renaud, mis au courant de ces détails par le major, résolut d'assister aussi au duel, pour en connaître plus tôt le résultat, et il suivit de loin les officiers.

On chercha et on trouva assez rapidement un endroit favorable, puis les témoins procédèrent aux derniers préparatifs du combat.

Les pistolets furent chargés avec soin, la distance entre les adversaires mesurée, les places tirées au sort, et enfin les combattants alignés.

Puis le signal fut donné pour faire feu.

Presque sans viser, le major lâcha son coup de pistolet, et n'atteignit pas le marquis. Louis tira en l'air.

Les témoins cependant crurent qu'un des deux adversaires avait été atteint, car immédiatement après que la détonation se fut produite, on entendit un hurlement de douleur et un bruit de feuilles froissées, mais tous deux étaient saufs. Ledoux, ignorant des usages qui ne permettent pas aux adversaires de se parler sur le terrain, s'avança alors vers le marquis, pendant que l'on rechargeait les armes, et lui dit :

— J'ai bien vu que vous avez tiré en l'air, et je vous prie de ne pas recommencer, car je désire un duel sérieux.

— Soit, monsieur, répondit Noirmont; cependant je m'en voudrais beaucoup de vous tuer sans savoir pourquoi.

— Comment, sans savoir pourquoi? Mais rappelez-vous les propos que vous avez tenus sur mon compte, riposta Ledoux.

— Quels propos? interrogea le marquis surpris.

— Vous m'avez ridiculisé...

— Qui vous a dit cela?

— Enfin, je le sais, reprit le major un peu embarrassé.

— Alors si vous avez votre conviction faite, je n'ai rien à ajouter.

Les armes rechargées, les deux adversaires furent placés de nouveau, et le commandement de feu donné.

Comme la première fois, personne ne fut atteint; le marquis avait encore tiré en l'air.

A son tour, il s'avança vers son adversaire et lui demanda :

— Je serais cependant curieux de savoir quels propos j'ai pu tenir sur vous et à qui...?

— Tenez, fit Ledoux, je vais tout vous dire; pendant les arrêts que je viens de subir, le garçon de restaurant qui m'apportait mes repas m'a raconté que vous me rendiez la risée de toute la ville...

— Et vous avez cru cet individu sans vous renseigner?

— Je crois que j'ai eu tort, peut-être...

— Eh bien, mon cher camarade, il fallait me demander ce qu'il en était; j'ai l'habitude de dire la vérité, et je n'ai parlé de vous à personne...

— Mais alors, dit Ledoux en s'avançant vers ses témoins, il est inutile de nous battre...

— Je le crois.

— Votre main, mon cher camarade.

— Très volontiers et de grand cœur!

Les deux hommes se donnèrent une chaude poignée de mains.

Les témoins, enchantés, déclarèrent qu'il ne restait plus qu'à sceller la réconciliation par un déjeuner...

Le marquis fut de cet avis.

Le docteur amené pour soigner les blessés en cas de besoin reparut tout à coup.

— Savez-vous, dit-il à Ledoux, qui vous avez touché de votre premier coup de feu?

— Non. J'ai donc touché quelqu'un?

— Oui, vous avez enlevé le bout du nez d'un curieux...

Tout en retournant à Tarragone, les officiers se firent mettre au courant des causes de la réconciliation des deux adversaires, et l'un des témoins s'écria :

— Mais Noirmont doit se battre demain avec Darcier; si le motif de la rencontre n'est pas plus juste, il est de notre devoir d'empêcher ce second duel, n'est-il pas vrai, messieurs?

— J'aurais l'air d'avoir peur, répondit le marquis.

— Laissez, mon ami, interrompit vivement Ledoux, je vais aller avec vous chez le lieutenant, et nous saurons à quoi nous en tenir.

Noirmont voulut résister, mais, par coquetterie plutôt que par conviction, et il fut entraîné de force chez Darcier, où, à la satisfaction de tous, l'explication fut décisive.

Tout en déjeunant à la pension des officiers, le major demanda où était le garçon qui le servait d'ordinaire.

— Ah! monsieur, répondit l'hôtelier, le pauvre diable vient d'être victime d'un accident terrible : il a eu le bout du nez coupé.

— Ah! ah! fit Darcier, eh bien! venez avec moi, Ledoux; vous êtes médecin, vous le soignerez, et je vous servirai d'aide.

Après quelques recherches, les deux hommes trouvèrent Renaud.

— Allons, mon bon ami, lui dit doucement le major, nous allons vous appliquer un excellent remède pour le mal dont vous souffrez...

Renaud, sans défiance, s'approcha.

Aussitôt le lieutenant, qui s'était muni d'une forte canne, tomba sur lui à bras raccourcis, avec une telle vigueur que le gredin ne put même se dérober par la fuite à cet ouragan de coups.

— Mon brave, fit le major, voici un excellent révulsif; cela vous évitera la congestion, la fatale congestion, en faisant circuler le sang.

Quand Darcier fut las de frapper, il s'arrêta, mais les hurlements de Renaud ne cessèrent pas.

Avant de le quitter, Ledoux lui donna, en manière de conseil suprême, ce dernier avis :

— Je crains que l'air de cette ville ne vous soit mauvais, surtout si le maréchal apprend votre conduite, et dans ce cas il pourrait fort bien vous ordonner une saison au bord de la mer avec un boulet aux pieds, à moins qu'il ne vous fasse soigner en prison... Croyez-moi, déguerpissez au plus vite, et faites en sorte que l'on ne vous revoie plus auprès de nous.

Renaud ne répondit rien et s'enfuit en boitant.

CHAPITRE XXI

BROWN RETIRE DE SES HABILES COMBINAISONS UN RÉSULTAT DES PLUS MODESTES

Renaud s'en alla fort peu satisfait de l'issue déplorable de ses intrigues.

Il avait ourdi péniblement les plus habiles trames, et, par une incroyable malechance, il n'avait récolté de ses efforts que des fruits amers. La perte de son nez surtout l'affectait fort douloureusement ; il avait la faiblesse de tenir à cet organe essentiel, et en outre il estimait, non sans quelque raison, qu'à l'avenir sa tâche allait devenir plus ardue, car il serait trop facilement reconnaissable, le nombre des gens privés d'appareil olfactif étant, somme toute, assez restreint.

Il rejoignit donc assez piteusement son complice.

Brown était doué, comme la plupart de ses compatriotes, d'un accent assez prononcé pour faire promptement reconnaître sa nationalité ; aussi n'avait-il point osé pénétrer dans Tarragone, où il eût couru grand risque de se faire prendre pour espion et fusiller comme tel.

Or, si le sollicitor était cupide, il était certainement prudent à un degré au moins égal, et partant, aussi longtemps qu'il pouvait croire que sa présence n'était pas indispensable, il se tenait à l'écart, dans le but de risquer le moins possible de voir compromises sa vie et sa liberté.

Il s'était installé à quelque distance de la ville, dans un village où l'ancien intendant des Noirmont devait le retrouver, sa sinistre besogne accomplie.

Au grand déplaisir de Renaud, Brown accueillit par un rire inextinguible le récit de l'échec et des malheurs de son digne associé, et il déclara qu'il avait rarement entendu raconter une aventure plus plaisante.

— Cependant, protesta le coquin, singulièrement vexé, je ne vois là rien de si risible, et j'ai risqué pour vous...

— *Capital joke!...* bégaya Brown en prolongeant son indécente hilarité.

— Vous dites?...

— Je dis : plaisanterie merveilleuse !

Et le sollicitor, ne pouvant plus respirer, passait par tous les tons du rouge, puis du violet, au point de faire craindre qu'il n'éclatât tout à coup, comme une bombe.

— Monsieur Brown, je trouve cette attitude inconvenante,... dit Renaud d'un ton sec.

— Oh ! répondit l'Anglais, ne prenez pas ces grands airs avec moi, mister Renaud, cela ne m'effraye pas, vous le savez.

— Mais enfin...

— Vous avez voulu agir à votre guise, je vous ai laissé faire, et, comme toujours, vous avez fait des sottises...

— Monsieur Brown...

— Quoi ? prétendez-vous avoir réussi ?

— Non, mais...

— Alors n'insistez pas davantage, et convenez que vous avez été maladroit...

— J'aurais bien voulu vous voir à ma place.

— Soyez sûr que j'aurais pris des précautions et que je ne me serais pas laissé jouer ainsi.

— Enfin, reprit Renaud avec un soupir, il n'en est pas moins vrai que nous avons encore échoué...

— Rien n'est perdu...

— Qu'allons-nous faire ?

— Laissez-moi y réfléchir.

— Il faudra que vous alliez à Tarragone.

— Certainement, et j'ai trouvé, je crois, un moyen assez habile pour n'être pas reconnu à mon accent...

— Lequel ?

— Je vais me faire passer pour un vieillard sourd et muet; de la sorte...

— Et moi ? interrogea Renaud.

— Auriez-vous quelque répugnance à couvrir votre figure si remarquable — trop même — avec une barbe postiche?

— Non certainement...

— Eh bien! nous allons nous transformer en mendiants, et ensuite je vous communiquerai mes projets.

Cette fois, nous serons plus heureux, j'espère...

Les deux coquins procédèrent sans retard à leur transformation.

Brown vida le contenu de sa tabatière dans un verre d'eau, et lorsque la poudre fut suffisamment infusée, il s'en induisit la figure, qui prit aussitôt une superbe teinte olivâtre; il fit de même pour ses mains, son cou et ses bras; puis, à l'aide du même procédé renouvelé plusieurs fois, il parvint à donner à ses favoris rouges une teinte assez foncée.

De son côté, Renaud sut trouver une barbe et une perruque grises qui donnaient à sa face de scélérat un aspect presque vénérable. Cette opération préliminaire terminée, les deux associés se revêtirent de haillons, après s'être toutefois munis de bourses bien garnies, et, la nuit étant assez avancée, remirent au lendemain leur entrée solennelle à Tarragone.

Renaud partit en éclaireur; il se préoccupa tout d'abord de trouver un logis, car il devait surtout éviter de retourner dans la maison où il avait séjourné, sous peine d'être promptement découvert.

Le soir venu, il retourna chercher Brown, qui joua convenablement son rôle de sourd et muet. Il le joua même si bien que, pendant la route, son complice ne put lui arracher une seule parole.

L'Anglais réfléchissait profondément, et sans doute il combinait quelque nouveau stratagème...

Une fois installé dans le taudis loué par son compagnon, le sollicitor consentit enfin à expliquer les causes de son mutisme; il avait jugé imprudent de faire usage de la parole avant d'être loin des regards des curieux et à l'abri de toute indiscrétion.

Il ajouta que, pour le moment, il fallait se contenter de surveiller à tour de rôle et avec les plus grandes précautions les allées et venues de Roger et surtout de Louis de Noirmont, le plus à craindre sans contredit.

Chaque jour les deux associés se réunissaient à plusieurs reprises pour se communiquer leurs observations et préparer au besoin leur plan de campagne aussi rapidement que les circonstances pourraient l'exiger.

Mais l'oncle et le neveu quittaient peu leurs amis en dehors de leur service et ne demeuraient jamais seuls.

Brown et Renaud, voyant que l'occasion ne se présentait pas, résolurent de la faire naître.

Louis de Noirmont, à part les moments consacrés aux exercices militaires, passait tout son temps soit avec Roger, demeuré l'inséparable de Cacatois et de Ladurec, soit avec les officiers de son régiment, dont il avait su se faire autant d'amis par son caractère loyal et chevaleresque.

Autant que possible, et pour parer à toute surprise, aucun de nos héros ne s'aventurait isolément dans les endroits déserts, et de la sorte une embuscade ou un enlèvement de vive force avait peu de chance de réussir.

L'absence prolongée du chevalier de Saint-Roquentin et du vidame de Pâloiseau était le seul point noir dans l'horizon; une lettre des deux gentilshommes avait appris à Roger leur départ de Cadix, mais, depuis, aucune nouvelle ne lui avait fait connaître ce qu'ils avaient pu devenir, et plus le temps s'écoulait, plus grandes étaient les angoisses de l'enfant et de Louis, qui avaient pour ces excellents vieillards une sincère affection.

La vie était des plus monotones pour les soldats français formant la garnison de Tarragone; aussi recherchaient-ils avidement toutes les occasions de distraction.

C'est là-dessus que comptaient les deux complices pour arriver à surprendre Roger et Louis de Noirmont et s'en débarrasser définitivement; mais les circonstances ne leur venaient pas en aide.

— Je crois, prononça un jour Brown, qu'il faut changer notre manière de faire et ne pas disséminer nos efforts. Les généraux français, dans leur campagne actuelle, battent l'ennemi en l'attaquant en détail; agissons de même, et le succès est assuré. Commençons par nous attacher au marquis, nous verrons après; car c'est lui le plus dangereux de nos adversaires!...

— Cependant Roger..., interrompit Renaud.

— Mister Renaud, reprit l'Anglais avec le plus grand flegme, il s'agit présentement de mon plan; le vôtre n'ayant abouti qu'à vous faire rouer de coups, j'imagine que nous aurions tort d'y insister.

— Monsieur Brown, vous le prenez sur un ton!...

— Il n'est pas question pour le moment de nous faire des compliments; ne vous fâchez pas, c'est inutile, et nous perdons un temps précieux.

Nous allons donc concentrer nos efforts vers ce but : faire disparaître le marquis de Noirmont; cela fait, ses amis se mettront à sa recherche, nous pourrons peut-être les attirer hors de la ville et nous en rendre maîtres sans trop de difficultés...

Brown joua convenablement son rôle.

Renaud garda le silence...

— Est-ce que ce plan ne vous conviendrait pas? demanda Brown avec une nuance d'ironie.

— J'avoue que j'aurais préféré...

— Mister Renaud, vos préférences importent peu, étant donné que je suis parfaitement résolu à n'en tenir aucun compte.

Renaud, humilié et furieux, se tut cependant, mais il se promit de prendre sur son complice une terrible revanche lorsque leurs machinations auraient réussi.

Il s'agissait donc d'arriver à surprendre le marquis seul et à le faire tomber dans un piège, entreprise fort difficile, puisqu'il se tenait sur ses gardes depuis les dernières tentatives si piteusement avortées.

Enfin, Brown crut avoir trouvé son moyen.

Un des officiers du régiment de Noirmont venait de recevoir la croix d'honneur, et ses camarades avaient résolu de fêter sa décoration par un grand dîner, auquel on devait inviter un grand nombre d'officiers de tous les corps.

Brown apprit la chose en flânant par la ville et jugea l'occasion favorable pour mettre son dessein à exécution.

Il s'assura, moyennant quelque argent, le concours d'un Espagnol ; il estima inutile de le mettre dans les confidences de ses sinistres desseins, mais il lui laissa cependant deviner qu'il s'agissait d'un guet-apens contre un Français, et le Tarragonais, en bon patriote, lui promit de le seconder de son mieux.

Pour que le plan du bandit réussît, il fallait que le marquis fût prévenu assez tôt pour pouvoir sortir de Tarragone avant la fermeture réglementaire des portes, car, depuis l'aventure du major Ledoux, les consignes étaient des plus sévères ; en outre, il fallait trouver un prétexte ingénieux pour décider Noirmont à quitter ses camarades et à suivre un inconnu.

Mais le sollicitor n'était jamais à bout de ressources.

Il tourna la difficulté en décidant d'attirer simplement l'officier dans une masure inhabitée située à l'extrémité de la ville, puis il donna à l'Espagnol lui servant de messager un billet assez habilement conçu pour faire croire à Noirmont qu'il provenait du chevalier de Saint-Roquentin.

Le jour choisi arriva ; déjà de nombreux officiers, parmi lesquels se trouvaient Noirmont, le médecin-major Ledoux et le lieutenant Darcier, étaient réunis dans une salle basse de la posada où devait avoir lieu le banquet. On n'attendait plus que le nouveau chevalier, et, pour charmer les ennuis de l'attente, on s'était attablé devant quelques bouteilles de vin d'Espagne.

C'est à ce moment qu'apparut l'envoyé de Brown.

Il fit remettre au marquis, alors causant avec Darcier, le billet préparé par Brown.

Il était ainsi conçu :

« Deux personnes de votre intimité, venant de Cadix, se trouvent en ce moment à Tarragone dans une maison de la rue du Lion.

« D'importantes et heureuses nouvelles pourront vous être données si vous consentez à aller les trouver de suite, car il y a urgence.

« On vous expliquera les raisons qui les obligent à se dissimuler pour ne pas éveiller les soupçons de ceux qui poursuivent votre neveu et vous-même.

« Le porteur de ce message vous conduira jusqu'à leur cachette.

« Vous êtes attendu avec la plus vive impatience... »

Le marquis lut le mystérieux billet, signé « Le Chevalier », le relut, puis se demanda ce qu'il devait en penser.

— Qu'avez-vous donc? interrogea Darcier; vous paraissez tout soucieux?

— Tenez, lisez ce mot que je viens de recevoir, et dites-moi votre avis.

— Mon avis?... Ma foi, mon avis est d'offrir un grand verre de manzanilla à votre guide pour lui donner des forces...

— Mais je vais de suite...

— Voyons, mon cher, vous me donnerez bien dix minutes...

— Allons, viens, toi ; et Darcier s'en fut trouver l'Espagnol, en le tirant par sa veste. L'homme le suivit sans mot dire.

Le lieutenant avait son idée.

Dans l'espoir de trouver à faire une bonne plaisanterie à son camarade, il avait résolu de suivre le guide et d'aller lui-même au rendez-vous.

Si l'affaire était sérieuse, il reviendrait prévenir Noirmont; si, au contraire, il s'agissait d'une vétille sans importance, il pousserait la chose jusqu'au bout.

Les deux hommes partirent ; peu à peu Darcier devint sérieux ; on s'éloignait du centre de la ville ; le guide s'engageait dans un dédale de petites rues sombres et désertes. Le lieutenant commençait à penser qu'il y avait peut-être sous ce rendez-vous un bel et bon guet-apens, d'autant plus qu'il était au courant des aventures du marquis et de leur cause première.

En conséquence, il s'assura que son sabre glissait bien dans le fourreau, et se tint sur ses gardes.

Pendant ce temps, Louis de Noirmont s'impatientait ; au bout de dix minutes, il se mit à la recherche du messager porteur de cette étrange lettre, et, ne le trouvant pas, non plus que Darcier, il fut pris d'inquiétude.

Heureusement le billet lui restait ; il le relut encore et prit le parti d'aller seul, s'il le fallait, à la rue du Lion et de trouver le logis de ses correspondants, dût-il pour cela visiter l'une après l'autre toutes les maisons de la rue indiquée.

Il se mit donc en route, après s'être excusé auprès des convives.

Le lieutenant Darcier, conduit par son guide, sentait grandir ses soupçons et songeait de plus en plus qu'il s'était engagé imprudemment dans une aventure périlleuse.

Néanmoins, comme il était d'une rare intrépidité et d'une force prodigieuse, il ne s'effrayait pas si aisément.

Il essaya à plusieurs reprises d'interroger l'Espagnol, mais il n'obtint pour toute réponse que ces deux mots invariables : *Anda pronto*[1]...

Enfin les deux hommes arrivèrent dans une ignoble ruelle.

— *Calle de Leone,* fit l'Espagnol.

— Ah ! répondit Darcier, c'est la rue du Lion... Cet endroit ne me paraît pas fort élégant ; le roi des animaux ne doit pas être extraordinairement flatté d'en être le parrain !

Le guide frappa au volet de bois d'une masure à l'aspect misérable et fit signe à l'officier de se taire. La porte s'ouvrit, et, avant que Darcier eût eu le temps de se mettre en défense, deux ombres bondirent sur le lieutenant, lui jetèrent sur la tête une cape, dont elles l'enveloppèrent ; puis elles l'entraînèrent dans la maison.

Le premier moment de surprise passé, Darcier, tout en trébuchant sur le plancher mal uni de la pièce dans laquelle on l'avait poussé, songeait à se tirer de ce mauvais pas.

Brusquement il s'arrêta et fit un furieux effort pour se débarrasser du manteau qui l'étouffait et paralysait tous ses mouvements.

En se débattant violemment il y parvint, mais les trois coquins le ressaisirent par les bras.

---

1. Venez vite.

Darcier s'adossa au mur pour ne pas se laisser entourer.

Malgré sa vigueur, l'officier avait fort à faire.

Enfin il donna un coup d'épaule si formidable à Renaud, que le misérable s'en fut rouler à dix pas.

Profitant de cet avantage, Darcier parvint à se dégager complètement et, tirant son sabre, s'adossa au mur pour ne pas se laisser entourer et faire face à tous les assaillants.

Renaud se releva passablement meurtri, mais ne laissa pas cependant de revenir à la charge.

Il y eut un moment d'hésitation chez les bandits si vivement accueillis; ils cherchaient les moyens de venir à bout de ce terrible champion, sans courir eux-mêmes trop de risques.

Quelle ne fut pas alors la stupeur de Renaud en reconnaissant Darcier.

Le lieutenant, de son côté, poussa une exclamation de surprise. La barbe du coquin était tombée dans sa chute et laissait apercevoir la face mutilée du garçon d'auberge si durement rossé.

— Ah! coquin! clama le lieutenant furieux; la correction que je t'ai donnée ne t'a pas suffi; cette fois je vais t'enlever à tout jamais le moyen de recommencer tes trahisons.

Devenus plus prudents, les trois misérables n'osaient plus attaquer de près le Français.

Brown avait déchargé sur lui deux pistolets sans l'atteindre, troublé par la peur. Renaud tremblait de tous ses membres, et l'Espagnol guettait un moment favorable pour lancer sa navaja; mais Darcier avait repris le manteau qui avait failli lui être si fatal, il l'avait roulé autour de son bras gauche, à la façon des habitants du pays, et s'en servait comme d'un bouclier.

Malheureusement, la porte avait été fermé soigneusement, et la clef enlevée; il ne pouvait donc sortir, et il prévoyait le moment où il allait fatalement succomber, car l'Anglais rechargeait ses pistolets, et Renaud, un peu remis de ses premières alarmes, saisissant un fusil posé dans un coin, mettait en joue l'officier.

Darcier poussait des clameurs sauvages, dans l'espoir d'attirer quelque voisin; il bondissait sur ses ennemis, les poursuivant à travers les tables et les chaises; mais ses forces s'épuisaient...

Tout à coup la porte vola en éclats dans une poussée formidable, et Noirmont apparut, son épée d'une main et un pistolet de l'autre.

Apercevant Renaud et Brown, il comprit tout.

D'un coup de pistolet, il fracassa la tête du Tarragonais, qui roula sur le sol, et, se jetant sur Brown, il lui arracha ses armes et le terrassa, pendant que Darcier faisait subir le même sort à Renaud.

— Nous voilà maîtres du champ de bataille, s'écria gaiement Louis.

— Mon cher, vous m'avez tiré du plus grand danger dans lequel je me sois jamais trouvé, et cependant depuis le commencement de la campagne je ne suis pas resté oisif...

— Chut, mon ami ! c'est moi qui dois vous remercier d'être venu ici à ma place ; sans vous, je ne serais plus de ce monde.

— Ah çà, dites-moi, comment avez-vous pu me retrouver ?

Le marquis raconta la façon dont il avait pris le chemin de la rue du Lion :

— Je ne connaissais pas la maison, dit-il, mais j'ai entendu les coups de feu d'abord, puis vos cris ; j'ai reconnu votre voix ; alors j'ai donné un fort coup d'épaule dans la porte, et... vous savez le reste.

— Fort bien ! vous êtes venu tout à fait à propos. Maintenant je pense que vous ne verrez aucun inconvénient à ce que nous nous débarrassions une bonne fois de ces deux gredins ?

— Ce sont des prisonniers, et ils sont sans défense, reprit le marquis...

— Alors remettons-les à la prévôté, qui les fera fusiller.

— Je vous en prie...

— Vous êtes bien bon ; ces deux bandits ont failli m'assassiner et...

Brown fit un mouvement pour fuir ; mais un vigoureux coup de poing appliqué en pleine figure calma cette velléité d'évasion et le fit choir près de son complice.

— Vous voyez, continua Darcier, ces bêtes-là sont venimeuses, et il faut s'en défaire sans pitié.

— Non, je vous en supplie, chassons-les seulement de la ville...

Noirmont insista tellement, qu'il obtint que les misérables seraient conduits à la porte la plus voisine et jetés dehors.

— Vous avez tort, conclut Darcier ; ces gaillards-là vous feront repentir de votre mansuétude ; ce que nous connaissons d'eux me porte à croire qu'ils finiront par vous jouer un vilain tour !

— Que voulez-vous ! répondit Noirmont, je ne puis me décider à frapper des ennemis à terre...

CHAPITRE XXII

LE SOLLICITOR BROWN ABANDONNE LA TOGE POUR L'ÉPÉE, SANS RETIRER DE CETTE TRANSFORMATION LES AVANTAGES QU'IL EN ATTENDAIT

Les deux complices sortirent de Tarragone assez brusquement et en très piteux état.

Renaud, qui, dans la lutte, avait été fort maltraité, poussait des gémissements plaintifs; il se soutenait à peine, prétendait avoir la plupart des côtes brisées et se plaignait de douleurs internes.

Brown, pour sa part, avait, lui aussi, passablement souffert au moment de la subite arrivée de Louis de Noirmont; de plus, il ressentait un étrange malaise à son nez, fâcheusement endommagé par le coup de poing final du lieutenant Darcier.

En outre, par un hasard réellement des plus piquants, la nicotine dont il s'était badigeonné le visage pour se rendre méconnaissable avait pénétré dans les écorchures et les rendait cuisantes au dernier point, ce qui ajoutait un agrément nouveau à la situation du digne sollicitor.

Cet état de fièvre contribuait à exciter singulièrement les deux misérables et, selon leur habitude, ils commencèrent par s'invectiver et se reprocher mutuellement d'avoir causé l'échec de leur dernière combinaison.

Mais Brown, reprenant le premier son sang-froid, comprit que se disputer ne menait à rien et que les récriminations, même les plus justifiées, étaient au moins inutiles.

Il fallait absolument combiner un plan nouveau ou abandonner la partie; or, pour rendre hommage à la vérité, nous devons ajouter que cette dernière perspective ne fut même pas envisagée.

L'Anglais réfléchit longuement; Renaud, de son côté, retourna dans sa tête cent projets plus impraticables les uns que les autres.

Finalement, ils ne trouvèrent rien.

Après une longue discussion, ils prirent une grande résolution : celle de s'en remettre au hasard et de s'armer de patience.

Ils résolurent donc de guetter l'occasion favorable et d'en profiter de leur mieux, plutôt que d'échafauder encore des combinaisons dont la réalisation se trouvait forcément subordonnée à des incidents impossibles à prévoir.

Néanmoins, ils décidèrent de surveiller de loin les mouvements de la garnison de Tarragone et de se tenir au courant des faits et gestes de leurs ennemis, au moyen des intelligences qu'ils avaient dans la ville.

— Mister Renaud, conclut Brown, croyez-moi, les hostilités vont continuer; le maréchal Suchet n'est pas homme à s'arrêter en si beau chemin. Or, dans une escarmouche, dans une bataille, la disparition de quelques hommes ne se remarque pas; personne ne cherche à savoir comment les morts ont été tués, et, d'autre part, il n'existe pas une circonstance plus favorable qu'une mêlée ou un combat corps à corps pour se débarrasser d'un ennemi...

Et puis, songez qu'on peut, sans opérer soi-même, donner un renseignement adroit pour faire tomber les gens dans quelque embuscade... La mort des braves qui succombent là est toute naturelle; et les soldats anglais et espagnols peuvent très bien nous épargner une partie de la besogne.

Renaud se rendit à ce raisonnement, remarquablement judicieux.

Aussi bien, les derniers événements l'avaient quelque peu dégoûté des interventions personnelles, et il eût été fort aise de se débarrasser de ses ennemis sans avoir à courir le moindre péril. Le plan indiqué par l'Anglais fut suivi à la lettre; le sollicitor, grâce à ses relations dans la place, fut tenu exactement au courant, comme il l'avait annoncé, de tous les mouvements de la garnison et de la situation des Noirmont.

Tout en soignant ses blessures, et en prenant un repos qu'il estimait bien gagné, il entra également en relation avec les troupes anglaises et espagnoles, et il promit de leur faire transmettre tous les renseignements qui lui parviendraient sur les intentions du maréchal Suchet.

Ces dispositions prises, il attendit patiemment une occasion favorable, avec la certitude d'avoir dans le camp anglo-espagnol des alliés fort utiles.

Ces préparatifs prirent quelque temps, et les deux associés commençaient à se lasser de leur inaction, lorsque Brown apprit par un de ses émissaires que le maréchal Suchet se préparait à quitter Tarragone et à se mettre en campagne.

Malheureusement l'espion n'avait pu indiquer tout d'abord à l'Anglais quelle direction suivrait l'armée, et il commençait à s'inquiéter fort, quant il connut par les éclaireurs espagnols que les troupes françaises se dirigeaient sur Valence.

L'ex-sollicitor ne perdit pas un moment; il s'empressa auprès du général Blake, commandant l'armée anglo-espagnole, afin de le prévenir de la marche de nos troupes et du dessein du maréchal Suchet.

La nouvelle donnée par les espions était en effet exacte : les Français voulaient s'emparer de Valence et s'en approchaient à marches forcées. Le général Blake, résolu à secourir cette ville importante, fit tous ses efforts pour contrecarrer l'entreprise; mais, malgré tout, il ne put empêcher l'armée française de le gagner de vitesse et de continuer sa marche en avant.

Pendant la route, Noirmont se trouvait éloigné de Roger, qu'il avait confié à la garde de ses amis Cacatois et Ladurec.

Le marquis avait en effet été incorporé au 117ᵉ de ligne, faisant brigade avec le 116ᵉ, sous les ordres du général Montmarie. A la vérité, Louis était heureux de trouver enfin une occasion de faire ses preuves et de montrer à ses camarades du 117ᵉ qu'il était digne de prendre place au milieu d'eux; mais sa joie était gâtée par l'inquiétude dans laquelle il demeurait au sujet du chevalier de Saint-Roquentin et de l'excellent vidame, dont il n'avait reçu aucune nouvelle.

Après quelques escarmouches sans importance, les troupes approchaient de Sagonte, et, de divers côtés, les éclaireurs annonçaient la présence de l'ennemi.

Les troupes anglaises, n'ayant pu entraver la marche des Français, se préparaient à leur livrer bataille pour empêcher l'investissement de Sagonte.

Le maréchal Suchet, qui n'ignorait pas que la prise de cette ville était indispensable pour arriver à assiéger Valence, redoubla de célérité, fit hâter la marche et, le 5 octobre, ouvrit la tranchée.

Les Français s'approchaient de Valence à marches forcées.

Le général anglais, voyant ses projets déjoués, laissa quelques jours de repos à ses troupes.

Le siège commença; dans la seconde quinzaine du mois d'octobre, les ennemis commencèrent à dessiner quelques attaques sans grande importance. Enfin, le 25 octobre, Blake, ayant concentré autour de lui toutes les troupes anglaises et espagnoles qui étaient restées un peu éparses jusque-là, résolut de faire un effort décisif et de tenter de débloquer Sagonte.

Il ordonna l'attaque contre les assiégeants dès le matin, et dès le premier choc donna avec un tel entrain que les tirailleurs français, déconcertés, furent ramenés dans leurs lignes.

Ce succès vint redoubler le courage de l'armée ennemie; aussi profita-t-elle de la surprise de nos troupes pour s'emparer aussitôt du village de Puzol et de presque tous nos bivouacs.

La journée semblait compromise. Les Français commençaient à plier sur tous les points, et les défenseurs de la ville assiégée pouvaient apercevoir, à moins d'une demi-lieue, leurs alliés s'approchant peu à peu des remparts.

Aussitôt la garnison de Sagonte reprend courage, et les habitants poussent des cris d'enthousiasme.

Les officiers français sentirent que le moment était grave et qu'il fallait avant tout empêcher l'ennemi de continuer sa marche audacieuse.

D'un coup d'œil, le maréchal Suchet jugea la situation et constata qu'il était urgent de rallier ses troupes, parmi lesquelles le désordre commençait à se mettre.

Dans ce but, il donna l'ordre au général Montmarie de se porter en avant, près du village de Puzol, occupé maintenant par l'ennemi, et de l'empêcher à tout prix d'en sortir.

Le 117e et le 116e partirent au pas de charge, et pendant que les autres corps français se reformaient derrière eux, ils engagèrent le combat contre les alliés.

L'action était des plus acharnées : les deux régiments étaient seuls pour soutenir l'effort des Anglo-Espagnols, bien supérieurs en nombre, et, malgré des pertes considérables, ils ne reculaient pas d'un pouce et faisaient face intrépidement à la masse toujours croissante de leurs adversaires.

Malgré le courage de nos braves soldats, la position devenait critique, presque intenable, et le danger augmentait d'instant en instant.

Mais cette résistance opiniâtre avait donné au maréchal le temps de prendre des dispositions nouvelles et de ressaisir ses troupes.

Bientôt la cavalerie arrive à la rescousse, chargeant vigoureusement les escadrons ennemis; elle les culbute et parvient à dégager la brigade Montmarie.

Le 116ᵉ et le 117ᵉ reprennent à leur tour l'offensive et refoulent les assaillants dans le village, où ils prennent leurs dispositions de défense.

Des forces nouvelles viennent alors renforcer les deux braves régiments, et l'armée française commence le siège du village.

L'ennemi se défend vaillamment, mais, n'ayant pas eu le temps de se fortifier, la résistance est presque impossible.

Le général Blake fait occuper un mamelon dominant Puzol par cinq pièces d'artillerie et il place deux canons à l'entrée du bourg.

Par deux fois les troupes françaises essayent d'enlever la position, par deux fois elles sont repoussées et forcées de reculer.

Noirmont fait des prodiges de valeur.

Voyant que la batterie placée sur la hauteur décime les colonnes françaises, il s'élance avec ses hommes, disperse les artilleurs ennemis, les sabre, et s'empare de leurs canons; puis, à la tête de sa compagnie, il se précipite vers le village.

Un feu terrible accueille les assaillants et sème la mort parmi eux.

— En avant! s'écrie le marquis, brandissant son épée, à la baïonnette!...

Et comme les hommes hésitent, il continue :

— Eh quoi! auriez-vous peur? Vous craignez sans doute que les Espagnols ne vous brûlent les moustaches... Allons donc, ils ne sont pas si terribles que vous le pensez, je m'en vais vous le prouver tout de suite[1].

Il part au pas de charge, suivi de ses soldats.

A vingt pas du village, une décharge terrible les salue, et ils s'arrêtent encore, décontenancés.

— En avant donc! crie de nouveau Louis.

Les troupiers s'arrêtent, quelques hommes tombent.

— N'êtes-vous pas honteux? Que faut-il pour vous décider? Tenez,

---

1. Historique.

voilà ma bourse et ma montre, elles sont aux deux premiers d'entre vous qui entreront dans le village ! Qui les veut ira les chercher là-bas[1]!...

En même temps, il les jette au milieu des ennemis de toute la force de son bras.

Frémissants, les soldats vont s'élancer; une nouvelle décharge les décime et jette le désordre dans leurs rangs.

Noirmont pâlit de rage; il tente un dernier effort et, se tournant vers ses hommes :

— Camarades, reprend-il, vous balancez encore ; eh bien, puisque vous manquez de courage, j'irai seul chercher ma montre et ma bourse que vous n'osez pas gagner...

En disant ces mots, il se précipite sur les artilleurs qui servent les deux pièces de canon défendant l'entrée du village, renverse plusieurs canonniers, passe son sabre au travers du corps de l'officier qui les commande, pendant que ses hommes, électrisés par son courage, le rejoignent, entraînant à leur suite les autres troupes, qui pénètrent enfin dans le bourg.

Forcés de reculer, les ennemis se découragent et se replient en désordre.

Le général Blake les ramène, mais, malgré une résistance des plus opiniâtres, les alliés sont obligés d'évacuer Puzol après un combat acharné, où ils se défendent pied à pied.

Les Marins de la Garde avaient aussi pris une part active au combat.

Placés à l'aile gauche, ils avaient fait un long détour et, par suite de ce mouvement tournant, étaient parvenus de l'autre côté du village, d'où ils appuyaient l'action de l'infanterie en la protégeant contre une attaque de flanc.

Toutes les troupes dont avait pu disposer le maréchal entrèrent en ligne tour à tour, afin d'achever la déroute des alliés et de les mettre hors d'état de donner la main aux défenseurs de Sagonte.

La bataille était terminée, mais non pas la poursuite des fuyards.

Presque tous les régiments français s'étaient ralliés sur le terrain et s'étaient reformés sur les positions auparavant occupées par l'ennemi.

1. Historique.

Quelques corps avaient été détachés pour précipiter la retraite du général Blake et profiter de la victoire en enlevant le plus de matériel et de prisonniers possible.

Les marins, dispersés de tous côtés pendant l'action, s'étaient réunis autour d'un de leurs officiers au nombre d'une cinquantaine environ, et ils attendaient des ordres, à l'entrée d'un sentier encaissé et bordé de deux rangées de gros arbres.

Soudain un cavalier arriva ventre à terre ; poudreux, couvert de boue, il portait l'uniforme des officiers d'état-major.

Arrivé près du lieutenant de vaisseau qui avait rallié ses matelots, il s'arrêta et, après un léger salut, lui dit d'une voix brève :

— Monsieur, j'ai besoin de quatre ou cinq hommes pour faire une reconnaissance dans cette direction, où doit se trouver encore un fort détachement espagnol.

— Très bien, répondit le marin.

Et se retournant :

— Cinq hommes de bonne volonté pour aller en reconnaissance...

Une quinzaine de matelots sortirent des rangs.

— Choisissez, reprit l'officier en se tournant vers le cavalier.

Rapidement celui-ci désigna cinq d'entre eux, parmi lesquels se trouvaient Roger, Ladurec et Cacatois.

— Suivez-moi, fit-il...

Et, saluant le lieutenant de vaisseau, il s'élança dans le sentier.

Les matelots le suivaient sans mot dire ; cependant l'officier précipitait sa marche et pressait son cheval, et les cinq hommes avaient peine à le suivre.

— Drôle de manière d'aller en reconnaissance, murmura Roger.

— Laisse courir, répondit Cacatois...

— N'empêche que nous allons nous faire casser la figure, reprit le fifre.

Néanmoins, pas un n'hésita et les braves gens continuèrent leur course.

De temps à autre, leur chef s'arrêtait, se dressait sur ses étriers et fouillait l'horizon du regard.

Tout à coup il poussa une exclamation de satisfaction, puis, piquant des deux, il s'élança en avant et disparut à un détour du chemin.

Les marins, surpris, précipitèrent leur marche, mais, parvenus au centre de la route, ils essuyèrent, presque à bout portant, plusieurs coups de fusil et se trouvèrent entourés par des grenadiers anglais qui les chargèrent furieusement.

Les cinq hommes, sans trop s'émouvoir de cette attaque imprévue, se mirent aussitôt en défense et se préparèrent à vendre chèrement leur vie.

Malheureusement, le chemin était étroit, et les ennemis avaient sur eux la supériorité du nombre. Néanmoins la résistance fut rude.

Les assaillants barraient le passage, et un furieux combat s'engagea à la baïonnette.

— Hardi, matelots, cria Cacatois, à l'abordage !

— Souquez ! approuva Ladurec.

Et les marins, bondissant comme des démons, se multiplièrent, frappant de tous côtés et semblant, par leur agilité, dix fois plus nombreux qu'ils ne l'étaient en réalité.

Soudain, Roger aperçut le prétendu officier d'état-major à pied à côté du commandant des grenadiers.

— Nous sommes tombés dans un piège, cria-t-il, l'officier était un traître.

A la vérité, le misérable qui avait attiré dans cette embuscade le fifre et ses amis n'était autre que Brown, mettant à exécution son projet et tirant parti des circonstances, comme il l'avait résolu, avec une infernale habileté.

Fous de rage, les matelots se ruaient de plus belle, dans l'espoir, chimérique, hélas ! d'arriver jusqu'au traître et d'en tirer une vengeance bien méritée.

Les grenadiers tombaient autour d'eux ; mais enfin le nombre allait avoir raison des vaillants marins, lorsque tout à coup on entendit crier en français :

— Gare là-dessous !

Et aussitôt un énorme chêne s'abattit sur la route, écrasant bon nombre d'Anglais dans sa chute.

En même temps, un homme armé d'une hache se précipitait sur les survivants et fendait la tête à deux d'entre eux.

— Billenbois ! s'écria Roger.

Sans se retourner, le sapeur, car c'était bien notre ancienne connaissance, répondit :

En même temps un homme armé d'une hache se précipitait sur les survivants.

— Parfaitement ; en personne naturelle.

La panique s'était mise parmi les grenadiers ; et les marins, réconfortés par ce secours providentiel, s'élancèrent à leur poursuite.

Roger, suivi du fidèle Cacatois, s'était attaché au faux officier et faisait tout son possible pour le joindre.

Brown détalait de toute la force de ses longues jambes, et le fifre était tout surpris de le voir suivre le chemin.

— Le misérable, pensait-il, se sauverait plus facilement en se jetant à droite ou à gauche !

Bientôt la manœuvre lui fut expliquée, à sa grande fureur.

La distance diminuait entre le fuyard et ses adversaires ; déjà Cacatois et Roger se croyaient maîtres du bandit, lorsque le sollicitor, passant entre deux des arbres bordant le sentier, délia son cheval, qu'il avait laissé là, l'enfourcha d'un bond, et, lui enfonçant ses éperons dans le ventre, partit au grand galop.

La colère du fifre fut inexprimable, et si ses amis ne l'en eussent empêché presque de force, l'enfant se fût élancé sur les traces du misérable ; mais enfin il comprit l'inutilité de la poursuite et consentit à regagner le camp.

Il va sans dire que les marins remercièrent chaleureusement Billenbois du secours qu'il leur avait si opportunément apporté.

Le sapeur tout confus leur répondit :

— Je vous ai vus de loin vous expliquant avec les English ; j'ai pensé que vous n'arriveriez jamais à les manger tous, et comme j'étais seul, j'ai eu la chose de me glisser derrière les arbres et d'en abattre un avec l'aide de Joséphine.

Et le digne homme passait la main sur le tranchant de sa hache d'un air attendri...

— Tu peux te vanter, mon vieux marsouin, de nous avoir tendu la drisse au bon moment ; pas vrai, Ladurec ?...

— Pour sûr, répondit le silencieux matelot.

— Et maintenant virons de bord et pomoyons-nous vers les amis, conclut Cacatois ; nous avons assez vu les écrevisses comme ça. La barre au vent, toute.

CHAPITRE XXIII

COMMENT BROWN ET RENAUD USÈRENT D'UN MOYEN PLUS RADICAL
POUR EN ARRIVER A LEURS FINS

Le lendemain, 26 octobre, le fort de Sagonte était enlevé brillamment par nos troupes, et le maréchal Suchet partait avec son armée pour assiéger Valence, dont sa victoire lui avait ouvert la route.

C'est devant cette ville que se retrouvèrent Louis de Noirmont et son neveu; alors seulement ils se racontèrent les péripéties de la bataille et la part qu'ils y avaient prise.

Le récit du guet-apens où le fifre avait failli succomber avec ses amis les marins fit regretter au marquis sa clémence imprudente envers Brown et Renaud, car l'intervention des misérables dans l'affaire du chemin de Puzol ne lui paraissait pas douteuse. De nouveau, Noirmont fit promettre à Cacatois et à Ladurec de veiller sur Roger et de ne pas laisser le brave enfant s'aventurer seul loin du camp. Le marquis craignait une surprise possible de la part des deux coquins si cruellement acharnés à leur perte.

Quelques jours se passèrent ainsi, pendant qu'on commençait autour de la ville assiégée les travaux d'approche.

Un matin, le marquis, commandant un des postes affectés à la garde du camp, apprit d'un de ses factionnaires que trois individus de mauvaise mine avaient été signalés aux environs des retranchements, dans lesquels ils semblaient vouloir pénétrer.

Pris d'un soupçon subit, Noirmont résolut d'aller voir par lui-même ce qu'il en était.

Il confia le commandement à un sous-officier, lui donna ses instructions pour le temps de son absence, et, prenant avec lui trois hommes sûrs, décida d'aller lui-même en reconnaissance.

Le marquis pensait en effet que ces rôdeurs pourraient bien être

Renaud et Brown cherchant à ourdir encore quelque perfidie, et il résolut, cette fois, s'il pouvait s'emparer des deux coquins, de les livrer purement et simplement à la prévôté, qui, de toute évidence, eu égard à leurs antécédents plutôt fâcheux, n'hésiterait pas à les faire passer par les armes ou peut-être à les faire pendre, ce qui rappellerait à Brown sa patrie absente[1], doux souvenir !

Marchant avec précaution, Noirmont, suivi de ses hommes, s'avança lentement jusqu'en dehors du camp et aperçut bientôt, à deux cents mètres devant lui, trois hommes assis par terre, qui le regardaient venir avec inquiétude et semblaient se consulter.

On ne leur voyait pas d'armes entre les mains, et un moment Louis hésita, craignant de tomber dans quelque piège.

L'immobilité des personnages suspects le rassura un peu.

Les inconnus paraissaient suivre ses mouvements avec le plus vif intérêt, mais ne cherchaient pas à fuir.

Lorsqu'il se trouva à quelques pas des rôdeurs, Noirmont s'élança sur eux en criant :

— Inutile de résister, vous êtes pris...

A son grand étonnement, les trois hommes n'essayèrent aucune résistance ; mais son étonnement se changea en stupeur lorsqu'il entendit l'un des prisonniers lui dire :

— Mon cher marquis, vous ne pouviez rien faire qui nous fût plus agréable... Nous ne savions, le vidame et moi, comment faire pour arriver jusqu'à vous.

— Le chevalier de Saint-Roquentin ! s'écria Louis de Noirmont en se jetant dans les bras du digne homme.

— Et son ami Pâloiseau, dit le vidame.

— Ah ! je suis bien heureux de vous trouver tous les deux, répondit Noirmont en tendant au vieux compagnon de son oncle une main qu'il serra chaleureusement.

Les effusions passées, le chevalier demanda :

— Et Roger?...

— Sain et sauf, Dieu merci.

— Ah ! vous me rassurez, car, je l'avoue, j'avais peur d'apprendre une catastrophe...

---

1. En Angleterre, les condamnés à mort sont pendus.

— Non, non, Roger a surmonté heureusement tous les périls, et il est au camp en excellente santé...

— Allons le rejoindre, conclut le vidame.

Joyeusement, les pseudo-rôdeurs et leurs gardiens regagnèrent le bivouac.

Dire la joie de l'enfant en retrouvant son oncle, Pâloiseau et Jasmin, serait tout à fait impossible.

Cent fois, les vieux amis embrassèrent Roger; mais ce qui fut le plus curieux dans ce retour, ce fut sans contester l'attendrissement qui s'empara de Cacatois, malgré tous ses efforts prodigieux pour paraître impassible.

Lorsque Roquentin lui serra la main, ainsi qu'à Ladurec, en les remerciant de leur dévouement au « mousse », Cacatois, si prolixe d'ordinaire, balbutia quelques mots sans suite :

— Laisse aller,... bon vent,... bonne brise...

Ses yeux se remplissaient de larmes, et il faisait toutes sortes de grimaces pour dissimuler cette faiblesse; puis, n'y tenant plus, il s'écria tout à coup en sanglotant :

— Allons, voilà encore un paquet de mer, lames sur lames.

Et il se jeta dans les bras de Ladurec, qui lui prodigua à la muette, selon son habitude, les meilleurs encouragements.

L'émotion de Cacatois ne se calmant pas, le brave marin se précipita sur la poitrine de Jasmin, et il le pressa si chaleureusement sur son cœur que le pauvre homme fut un assez long moment sans parvenir à respirer librement.

Tout d'un coup le vidame prit la parole :

— Maintenant que nous voilà tous heureusement réunis, rien ne s'oppose plus à ce que nous regagnions la France...

Et le bon Pâloiseau, qui de sa vie n'avait dit une phrase aussi longue, s'arrêta essoufflé, mais entièrement satisfait de son éloquence inaccoutumée.

— Parfaitement raisonné, appuya le chevalier.

Jasmin dut se retenir pour ne pas sauter de joie, car, il serait puéril de le nier, l'Espagne ne plaisait pas plus au valet qu'aux maîtres.

Mais Noirmont assombrit cette allégresse.

— Quitter l'Espagne, c'est bientôt dit; vous êtes libres, tandis que nous autres nous devons rester avec nos régiments...

— Mais en demandant une permission? interrogea Saint-Roquentin.

— Mon oncle, reprit Roger, ce n'est pas au milieu de la campagne que nous pouvons demander à quitter le champ de bataille, ce serait une désertion...

— Oui,... c'est vrai,... murmura le chevalier.

— Attendez, j'ai une idée, proclama le vidame.

— Ah! c'est votre jour, ne put s'empêcher de remarquer Saint-Roquentin.

— Voilà; ces messieurs ne peuvent demander une permission, je le comprends, mais nous pouvons la demander pour eux...

— Parfait, reprit le chevalier...

— Cependant, mon oncle..., voulut protester Roger.

— Paix, mon neveu; ce que vient de dire notre digne ami est sagement pensé... J'irai trouver le maréchal, je lui expliquerai la situation, et il ne me refusera pas la permission que je lui demanderai,... j'en suis certain.

Pendant quelque temps le neveu essaya de combattre la résolution de son oncle; mais l'excellent homme insista tellement qu'il fut impossible de le faire revenir sur son projet.

La soirée se passa à raconter les aventures de chacun.

Après avoir conté en détail tous leurs dangers passés, Louis de Noirmont et Roger voulurent savoir la cause du retard qu'avaient mis le vidame et le chevalier à les rejoindre, et ils apprirent avec stupéfaction que les deux vieux amis, après avoir été les trouver à Tarragone, où ils étaient arrivés le lendemain du départ de l'armée, avaient dû les suivre, pour ainsi dire, étape par étape, souvent égarés, toujours mal renseignés, car, il faut l'avouer, le chevalier ni son ami n'avaient fait aucun progrès sensible dans l'étude de la langue espagnole, et Jasmin, qui devait servir d'interprète, n'en savait pas beaucoup plus qu'eux.

Sans le mobile qui les faisait agir et leur donnait la force de surmonter tant d'obstacles, certainement les deux malheureux gentilshommes ne seraient jamais venus à bout de rejoindre Roger et ses amis.

Dès le lendemain, le chevalier déclara qu'il voulait voir sans retard le maréchal.

Noirmont s'en fut donc solliciter une audience pour son parent, audience qui fut aussitôt accordée.

Saint-Roquentin exposa les raisons qui lui faisaient demander le retour en France de Roger et de Louis de Noirmont; il raconta le complot tramé contre eux par Renaud et Brown et la nécessité de fuir un pays où, à chaque instant, ils étaient exposés à un péril si grand que c'était miracle qu'ils n'eussent pas déjà succombé.

Puis, voyant l'intérêt que paraissait lui témoigner le maréchal, il conclut en le priant d'accorder cette faveur le jour même.

A sa grande surprise, le maréchal refusa.

— Monsieur le chevalier, dit-il, je ne puis accueillir votre demande, car je vous rendrais un fort mauvais service.

— Cependant, monsieur le maréchal...

— Attendez... Si je vous laisse partir sur-le-champ, je vais vous dire ce qui se passera certainement. Je permettrai, comme vous le demandez, à Cacatois et à l'autre matelot de vous accompagner; mais votre petite troupe sera certainement à la merci de vos ennemis...

— Mais...

— Attendez; tandis que si je vous refuse cette permission de partir de suite, rien ne m'empêchera de vous joindre prochainement au premier convoi se rendant en France, et vous trouverez là une protection des plus efficaces...

— Que de remerciements, monsieur le maréchal! s'écria Saint-Roquentin enchanté... Et quand part le prochain convoi?

— Je vois que vous êtes pressé...

— Je l'avoue volontiers...

— Eh bien, dans quelques jours... et pour que vous soyez tout à fait satisfait, je ferai accompagner le convoi par un détachement d'infanterie et par un détachement de Marins de la Garde...

— Monsieur le maréchal, vous me comblez, et je serais heureux si j'avais un jour l'occasion de vous prouver la reconnaissance que je vous dois... En tout cas, je vous prie de faire état de moi et...

— Merci, monsieur, mais c'est un plaisir de vous obliger; d'ailleurs, vos parents ont combattu vaillamment, et je suis heureux de pouvoir récompenser de si braves soldats...

Le chevalier quitta le maréchal, enthousiasmé, et, tout en racontant son audience à Noirmont et à Roger, ne put s'empêcher de faire un pompeux éloge du brave Suchet.

Comme ils avaient quelques jours devant eux, les amis en profitèrent pour faire à loisir leurs préparatifs.

Le moment si impatiemment attendu par le chevalier vint enfin, le convoi fut formé, et la garde en fut confiée, comme l'avait décidé le maréchal, à un détachement du 177e de ligne, sous les ordres de Noirmont et de Darcier, et à un détachement des Marins de la Garde, parmi lesquels se trouvaient naturellement Roger, Cacatois et Ladurec. Le jour tant désiré du départ arriva, et la petite colonne se mit en route.

Le chevalier, le vidame et Jasmin avaient acheté un chariot; ils l'avaient bourré de toutes les provisions qu'ils avaient pu découvrir, et le véhicule avait pris place dans la colonne, au milieu des autres voitures, dont plusieurs renfermaient des munitions de guerre.

La route était rude, car le convoi traversait une série de sierras où à tout moment une attaque de guérillas était à redouter.

Néanmoins tout semblait devoir aller bien, car, en dépit de craintes justifiées parfois par l'apparition lointaine de figures sinistres, aucune attaque ne se produisait, et les habitants des pays traversés par la colonne se contentaient de la regarder paisiblement passer.

A chaque halte, Roger, Noirmont et les matelots se réunissaient autour du chariot où s'étaient installés assez peu confortablement le chevalier et le vidame, et, l'espoir commençant à renaître, on se laissait aller à faire des projets pour le moment prochain où l'on aurait enfin regagné la France. La confiance était revenue, et le danger semblait décidément conjuré.

Pourtant, chaque soir, Cacatois et Ladurec ne prenaient aucun repos avant d'avoir fait une ronde autour de l'endroit où bivouaquait la colonne et sans avoir constaté qu'on ne découvrait rien de suspect dans les environs.

Le convoi avait quitté les montagnes pour cheminer dans la plaine, et chaque jour, à la tombée de la nuit, l'on faisait halte pour se coucher dans une ferme ou dans un bourg.

Pourtant, un soir, au moment où le détachement allait gagner un petit groupe de maisons semblant propice au repos quotidien, quelques coups de feu furent tirés sur le convoi et y apportèrent un peu de confusion.

Aussitôt des hommes furent envoyés en reconnaissance ; mais, après avoir fouillé les environs, ils ne découvrirent rien, si ce n'est, au loin, une demi-douzaine de guérilleros qui s'enfuyaient déjà et qui disparurent bientôt derrière un bouquet d'arbres.

Cette alerte ranima un peu la vigilance des voyageurs, et pendant plusieurs jours on redoubla de précautions.

La route se faisait cependant; déjà l'on avait traversé l'Èbre et franchi la sierra de Alcubierre; les villages devenaient rares, mais on approchait de la frontière, et l'on pouvait presque se croire hors de tout nouveau danger.

Roger, lui, s'ennuyait mortellement; il regrettait d'avoir quitté l'armée du maréchal Suchet avant la fin de la campagne, et il ressentait presque des remords d'avoir cédé aux instances de son oncle.

Malgré les encouragements du lieutenant Darcier, qui s'était pris d'affection pour lui et quittait le moins possible les amis inséparables, les aventures et les combats manquaient à la nature intrépide de l'enfant.

Pour le consoler, le marquis lui promit qu'une fois rentré en France, et les affaires de famille réglées, il serait libre de reprendre du service.

Cacatois, lui, avait aussi une extraordinaire amitié pour Jasmin, et il avait entrepris d'en faire ce qu'il appelait un « matelot fini »; de sorte que le digne serviteur du bon Saint-Roquentin causait maintenant à son maître les surprises les plus grandes, en émaillant sa conversation de termes maritimes, à l'exemple de son professeur.

Un soir, le convoi s'arrêta dans une sorte de ferme isolée, tombant presque en ruine et inhabitée.

La route avait été dure, et on se trouvait trop loin d'aucun village pour essayer de forcer l'étape et d'aller plus loin.

Un bâtiment principal, sorte de hangar sans fenêtres, avec un appentis, formait le seul abri pour la nuit.

Après l'avoir exploré en tout sens, les marins découvrirent un grenier rempli de paille et une cave parfaitement vide.

Des sentinelles furent posées, les feux allumés le long des murs croulants de la cour, et chacun s'établit le moins mal possible, suivant sa fantaisie, dans le hangar, autour des voitures, dans le grenier ou dans la cave, avec une couche de paille tenant lieu de lits.

Après un repas rendu forcément frugal par le manque de provisions, chacun se hâta de prendre un repos bien gagné.

Suivant leur habitude, Cacatois et Ladurec, suivis de Jasmin, se mirent en devoir de faire une dernière ronde et d'explorer scrupuleusement les alentours du cantonnement.

Rien de suspect ne fut découvert, et, la reconnaissance finie, les trois hommes rejoignirent leurs compagnons et ne tardèrent pas à s'endormir à leur tour.

Les factionnaires seuls veillaient, à l'extérieur des bâtiments, lorsque deux ombres noires descendirent du grenier dans le hangar et se livrèrent, près des voitures, à un travail mystérieux.

Aucun des dormeurs ne se réveilla, et les ombres purent gagner le fond du bâtiment, ouvrir silencieusement une porte et gagner la campagne...

Une fois dehors, la lune éclaira les figures de coquins de Renaud et de Brown. Les deux complices, après avoir dépassé en rampant la ligne des sentinelles engourdies par la fatigue, se mirent à courir de toutes leurs forces, s'éloignant avec la plus grande hâte de la ferme.

Ils firent ainsi près de deux cents mètres à toutes jambes, puis ils s'arrêtèrent, se dissimulèrent derrière des arbres et attendirent.

Tout à coup, une lueur éclatante embrasa le ciel, et une formidable détonation fit retentir les échos...

Puis un bruit sourd.

Deux des voitures, contenant de la poudre, venaient de sauter; les murs de la ferme, déjà à demi ruinés, s'étaient écroulés, ensevelissant sous leurs décombres tous les hommes formant le convoi.

Cette fois, les misérables avaient réussi...

Longtemps ils attendirent, n'osant pas aller chercher, dans les ruines de la ferme, les victimes de leur infâme machination,... puis ils s'enhardirent et avancèrent peu à peu.

Tout était calme ; rien ne remuait, aucun cri ne se faisait entendre.

Nul n'avait dû échapper à l'explosion.

A plusieurs reprises, les deux bandits cherchèrent à écarter les pierres et à découvrir parmi les morts les victimes qu'ils cherchaient, mais il leur fut impossible de rien reconnaître dans cet épouvantable chaos de ruines et de sang.

— Mister Renaud, dit Brown, c'est fini, nous n'avons plus qu'à partir...

— Oui, nous allons regagner rapidement la France.

Tout à coup, une lueur éclatante embrasa le ciel.

— Pas encore; vous savez bien que nous ne pouvons rien faire sans les actes de décès...

— Mais...

— Eh bien, nous voyagions aussi; nous avons entendu l'explosion, nous sommes accourus, et nous avons cru de notre devoir de communiquer aussitôt la nouvelle de ce malheur aux autorités...

— Parfaitement, je comprends...

— Et, en votre qualité de Français, vous avez tenu à ne pas perdre un instant...

— De sorte que nous allons partir pour...

— Pour le prochain village; l'alcade d'un petit bourg sera moins difficile à convaincre que les autorités françaises, et il nous donnera, si nous savons nous y prendre, tous les actes dont nous pourrons avoir besoin...

— Alors, partons...

Les deux hommes s'éloignèrent et regagnèrent la route.

— Mais, dit Renaud au bout d'un moment, si l'alcade refuse de délivrer ces actes...

— Eh bien! mister Renaud, répondit le sollicitor, comme nous sommes sûrs, nous, que ces gens-là sont morts, nous procéderons autrement... Vous devez bien savoir fabriquer un...

— Mais...

— Eh bien! vous en fabriquerez un... Vous voyez que toute affaire s'arrange quand on sait apporter de la bonne volonté...

CHAPITRE XXIV

RENAUD ET BROWN, APRÈS S'ÊTRE TÉMOIGNÉ MUTUELLEMENT UNE CONFIANCE ASSEZ MODÉRÉE, DÉMONTRENT LA FAUSSETÉ DU PROVERBE PRÉTENDANT QUE LES LOUPS NE SE MANGENT PAS ENTRE EUX.

A quelque distance de la ferme détruite, les deux misérables eurent tout à coup un moment d'effarement.

Ils venaient d'apercevoir devant eux trois hommes portant l'uniforme des Marins de la Garde. Renaud s'arrêta blême de peur, claquant des dents et chancelant sur ses jambes.

Brown, lui, fit meilleure contenance et dit à son complice :

— Mister Renaud, vous allez nous perdre ; remettez-vous ; nous allons aborder ces hommes, pour savoir qui ils sont et ce que nous avons à craindre d'eux.

Pressant le pas, les deux associés rejoignirent les soldats, dont l'un, s'approchant en saluant, demanda à Renaud s'il pouvait lui indiquer la route à suivre pour arriver au village le plus proche.

Après avoir constaté que les figures des trois hommes lui étaient inconnues, Renaud répondit avec la plus grande affabilité :

— Le village le plus rapproché d'ici se nomme Mediano ; il n'est pas fort éloigné, et, comme nous y allons nous-mêmes, si vous voulez nous ferons route avec vous ; nous serons d'autant plus heureux de vous guider que nous sommes Français et charmés d'obliger des compatriotes.

— Le matelot qui avait porté la parole remercia le bandit de sa complaisance et lui raconta par suite de quelles circonstances ils se trouvaient, lui et ses compagnons, seuls isolés sur la route.

Ils faisaient partie du convoi détruit et cherchaient maintenant à gagner le poste le moins éloigné.

— Sans doute, dit Brown avec un mouvement d'horreur admirablement joué, cette catastrophe est épouvantable ; mais les plus à plaindre sont les pauvres blessés, qui auront peut-être à attendre bien longtemps du secours...

— Malheureusement, répondit le marin, il n'y a pas eu de blessés !

— Eh quoi !...

— Non, il n'y en a pas eu,... tous ont dû être écrasés par l'explosion ou par les chutes des murailles.

— Mais vous-mêmes... ?

— Nous, monsieur, nous étions placés en sentinelles hors de la ferme, assez loin sur la route, et c'est uniquement à cette circonstance que nous devons d'être encore vivants...

— Avez-vous au moins cherché à dégager... ?

— Certainement, mais que voulez-vous ! nous avons dû renoncer à l'espoir de retrouver vivant un seul de nos compagnons.

C'est ainsi que, feignant de porter aux victimes le plus grand intérêt, les deux abominables scélérats se firent raconter tous les détails du terrible événement et constatèrent, avec une joie qu'ils eurent peine à dissimuler, que pas une de leurs victimes n'avait pu leur échapper.

Ils cheminèrent avec les trois survivants et les menèrent au village de Mediano, distant seulement de quelques kilomètres.

Sous forme de conseils amicaux, Renaud et Brown suggérèrent aux braves matelots de faire aux autorités locales une déclaration circonstanciée pouvant servir à constater le décès de leurs camarades.

Ils poussèrent même la complaisance jusqu'à les accompagner à la maison de l'alcade.

Le magistrat municipal eut quelques velléités de résistance : il déclara qu'un poste français se trouvant à quelques lieues, il vaudrait mieux aller faire cette déclaration à la prévôté ;... que, tous les morts étant des Français, il ne s'estimait pas compétent pour donner aucun certificat de ce genre.

Il ajouta qu'en outre, ces soldats faisant partie d'armées en campagne, il ne pouvait délivrer d'actes de décès réguliers...

Mais Brown déploya pour la circonstance toute sa diplomatie cauteleuse ; il fit comprendre à l'Espagnol que son intérêt même l'obligeait à recevoir la déclaration, son refus pouvant être très mal interprété par les autorités françaises, et que son rapport servirait de base aux actes de la prévôté.

D'ailleurs, pour éviter au seigneur alcade une peine inutile, lui, Brown était disposé à servir de secrétaire et à recevoir les dépositions des marins; il n'aurait ensuite qu'à signer pour leur donner l'authenticité requise en pareil cas. L'alcade céda.

Brown reçut donc les déclarations des survivants et les rédigea à sa fantaisie, en omettant soigneusement de compter parmi les morts le marquis de Noirmont, mais en constatant au contraire le décès du chevalier de Saint-Roquentin et du vidame de Pâloiseau.

Il écrivit ensuite plusieurs copies de chaque acte, les fit toutes légaliser et se chargea complaisamment de les faire parvenir rapidement aux colonels des régiments auxquels appartenaient les hommes disparus.

Il confectionna, de plus, un rapport détaillé et pria les marins de le remettre à la prévôté. Tout marcha donc selon les désirs des deux bandits. Maintenant, ils possédaient enfin les pièces nécessaires à l'entrée en possession de l'héritage des Noirmont, et Renaud, grâce aux papiers de Brown, pouvait, sans crainte d'être contredit, se faire passer pour le marquis.

N'ayant plus besoin des matelots, les deux coquins les engagèrent à rejoindre sans retard les troupes françaises.

Les braves gens remercièrent chaleureusement les misérables pour l'aide qu'ils en avaient reçue.

Le sollicitor et son complice reçurent ces actions de grâces avec une modestie charmante, et les soldats partirent sans se douter qu'ils venaient de rendre à ces deux hommes si polis un immense service.

Il ne restait plus aux deux associés qu'à rentrer en France.

Ce fut à l'occasion de ce retour que le désaccord se mit de nouveau entre eux, mais plus grave que jamais. Le sollicitor, après avoir rédigé les actes, les avait mis dans ses poches, et cette marque de défiance parut mortifier infiniment l'ancien intendant.

— Monsieur Brown, dit-il, il s'agit de savoir qui de nous doit avoir la garde de ces documents.

— Mister Renaud, répondit l'Anglais, vous n'avez pas à vous tourmenter; j'ai ces papiers, et, croyez-moi, ils sont en sûreté...

— Oh! oh! vous ne me demandez pas mon avis, ce qui...

— Ce qui serait prodigieusement banal et inutile, attendu que je suis disposé à n'en tenir aucun compte s'il diffère du mien...

— Mais pourtant...
— Parlons d'autre chose, voulez-vous ?...
— Je saurai bien...
— Mister Renaud, vous allez me faire le plaisir de me laisser tranquille ; j'ai grand besoin de me reposer et je me...
— Vous oubliez que ces papiers sont à nous deux.
— Je n'ai jamais dit le contraire, mais, je vous le répète, mon opinion est faite et...
— Monsieur Brown, reprit Renaud furieux, vous abusez étrangement...
— Assez, n'est-ce pas! reprit l'Anglais d'un ton bref; je rentre dans ma chambre pour dormir... Vous ne vous étonnerez pas, je pense, si je m'enferme; le dépôt dont j'ai la garde est trop précieux pour que je néglige aucune des précautions désirables.
— Mais moi...
— Vous ferez ce que vous voudrez; ce soir je dînerai seul dans ma chambre, et demain matin à six heures je me mettrai en route pour la France, avec ou sans vous.
— Comment!...
— Si vous voulez m'accompagner, vous êtes libre, mais notez bien ceci : je vous préviens tout de suite que j'entends voyager à ma convenance...
— Pourtant...
— Si cela vous gêne, voulez-vous que nous nous donnions rendez-vous à Paris?
— Non, non, répondit vivement Renaud,... je vous accompagnerai, je tiens à ne pas vous quitter.
— Oui, je comprends, pour surveiller les papiers.
— Parfaitement.
— C'est votre droit... Ah! à propos, à la première menace de votre part, je vous brûle la cervelle, mister Renaud... En attendant, bonsoir, je ne veux pas vous retenir plus longtemps...

Et, fermant sa porte au nez de son complice furieux, l'Anglais se barricada soigneusement.

Pendant un moment l'ancien intendant des Noirmont se demanda s'il n'essayerait pas d'enfoncer la porte; mais il connaissait assez Brown pour le savoir capable de mettre sa menace à exécution, et, cherchant à se calmer, il résolut de ne pas quitter l'auberge, de façon à empêcher son associé de décamper furtivement.

S'installant dans la salle commune, après s'être assuré qu'il n'existait pas d'autre issue pour sortir de l'auberge, il fit venir un flacon de manzanilla, alluma un papelito et se mit à causer avec les voyageurs...

La conversation lui parut sans doute intéressante, car il demanda à l'hôte de lui procurer quelqu'un pour porter une lettre, s'entretint mystérieusement avec le messager et lui recommanda de se hâter de lui rapporter une réponse, la commission étant des plus urgentes.

L'homme monta un des chevaux de l'auberge, et revint deux heures après, porteur d'un billet qu'il remit à Renaud.

Le bandit, après l'avoir lu, recouvra subitement toute sa gaieté ; il proféra entre ses dents quelques plaisanteries à l'adresse de Brown et en fut si satisfait qu'il se mit à rire bruyamment et régala le maître de la posada d'une nouvelle bouteille de vin.

La nuit venue, il se décida à s'aller coucher ; mais, pour plus de sûreté, il se fit apporter une couverture, dans laquelle il s'enroula, en déclarant qu'il ne dormirait pas ailleurs qu'à la porte de la chambre de son compagnon.

Soit que le sol fût un peu dur, soit que ses pensées tumultueuses le troublassent, les rêves les plus désagréables peuplèrent son sommeil.

Plusieurs fois il se réveilla en sursaut, croyant sentir sur sa face le pistolet de Brown.

Le jour vint enfin, et vers six heures du matin, lorsque le sollicitor ouvrit la porte de sa chambre, il trouva son associé prêt à partir avec lui.

L'Anglais semblait d'excellente humeur.

— Ah ! ah ! dit-il, vous voici, mister Renaud ?

— Oui, monsieur, c'est moi... Partons-nous définitivement, cette fois ?...

— Tout à l'heure ; mais je veux auparavant vous faire part d'une idée que j'ai eue cette nuit...

— Comment, vous daigneriez me consulter ? répondit ironiquement le misérable...

— Oui ; allons, laissez de côté cette méchante humeur, j'ai peut-être été un peu vif hier, mais j'étais si fatigué ! C'est même ce qui m'a donné l'idée de ne pas continuer notre route à pied, car je pense qu'il ne vous déplairait pas de louer une voiture,... nous irions plus vite...

— Bonne idée, ne put s'empêcher de dire Renaud...

— Eh bien, je vais prier notre hôte...

— Inutile, monsieur Brown, je vais m'en procurer une moi-même.

— Vous prendriez cette peine?...

— Oui certes, je ne veux me fier à personne et je désire choisir le conducteur.

— Fort bien ; je m'en vais vous attendre en mangeant un morceau ; en aurez-vous pour longtemps ?

— Vous me donnez bien une heure ?

— Je ne suis pas pressé, ne vous hâtez pas, je suis incapable de marcher.

Renaud partit aussitôt, enchanté, car il comptait ainsi gagner du temps pour la réalisation de ses mystérieux projets.

Ce ne fut pas chose facile que de trouver une voiture : cependant, après plus d'une heure de recherches, il finit par découvrir un véhicule invraisemblable.

Il fut plus facile de trouver des mules et un conducteur. Triomphant, il fit atteler et retourna à l'auberge.

Là, une pénible surprise l'attendait : M. Brown avait disparu.

Renaud eut un violent accès de fureur et pensa tout briser dans la posada.

Cependant il réfléchit, et, après avoir appris de l'hôte que l'Anglais était parti à pied, il ne désespéra pas de le rattraper grâce à son attelage.

Sans perdre un instant, il se mit en route. Mais sa patience fut mise à une rude épreuve ; car le chemin qu'il avait à suivre bordait les flancs d'une haute montagne, et les mules avançaient fort lentement.

Dix fois il fut sur le point d'abandonner sa voiture et de continuer sa route pédestrement ; mais il n'eût pas été plus vite et se fût certainement égaré ; il prit donc son mal en patience.

Partout, sur le chemin, il s'informait de Brown, mais sans recueillir aucun renseignement bien précis.

Le soir, à la halte, dans une grange ouverte à tous les vents, le bandit fut obligé de s'avouer qu'il n'était pas plus avancé que le matin.

Au milieu de la nuit, il fut tout à coup réveillé brusquement, en se sentant ligoté et emporté au dehors.

Il crut que l'Anglais lui avait tendu un piège afin de se débarrasser de lui; mais il reconnut, dans le chef de guérilleros qui venait de le surprendre, son ancien domestique, Pablo.

— Pablo! s'écria-t-il.

Le guérillero s'approcha et reconnut avec étonnement son ancien maître.

Il le fit aussitôt délivrer de ses liens.

— Tu ne m'as donc pas reconnu? demanda Renaud.

— Non, car je ne me serais pas permis de vous faire subir un pareil traitement.

— Je t'avais écrit cependant.

— Oui, mais je n'ai pas rencontré celui que vous m'aviez désigné.

— Rien n'est encore perdu. Veux-tu me servir?

— S'il y a quelque chose à gagner.

— Une bourse bien garnie, qu'il faut aller prendre dans la poche de mon ami M. Brown, parti hier de Mediano pour rentrer en France...

— Faut-il le tuer?

— Non, mais me livrer le particulier, et je me charge de lui.

— Bien; mais où est-il?

— Envoie tes hommes en éclaireurs, et quand ils seront sur sa trace, ils reviendront nous prévenir; je désire assister à cette touchante reconnaissance.

— Parfait.

Pablo appela deux des guérilleros, leur donna des ordres détaillés, et y joignit le signalement minutieux de l'Anglais. Les guérilleros disparurent.

Quelques heures après ils étaient de retour. Grâce à leurs relations avec les paysans des environs, ils avaient pu retrouver la piste du sollicitor.

La troupe se remit aussitôt en campagne.

Pablo exposa son projet : il comptait faire un détour pour aller se poster en avant sur la route que devait suivre l'Anglais, et l'attendre au passage.

D'un autre côté, deux guérilleros devaient prévenir la troupe si M. Brown prenait un chemin de traverse.

Le lendemain, vers midi, ces éclaireurs vinrent annoncer que Brown, après avoir passé la nuit dans une misérable auberge, venait de repartir, et qu'ils le précédaient d'une heure environ.

Aussitôt la guérilla fit halte.

Les bandits avaient choisi pour l'embuscade une sorte de gorge formée par des rochers escarpés dominant la route ou plutôt le sentier qui serpentait sur le flanc de la sierra de Guarra.

Renaud ne pouvait tenir en place, tant sa fébrile impatience le tourmentait.

Quand les sentinelles se replièrent pour annoncer l'approche de Brown cheminant tranquillement accompagné de deux guides, le misérable poussa un soupir de soulagement.

Les guérilleros s'étaient dissimulés avec précaution derrière d'énormes cactus, et, dès que l'Anglais parut, il fut saisi, garrotté, sans avoir pu résister; ses deux guides, impassibles, semblaient plutôt disposés à prêter main-forte aux brigands qu'à secourir leur voyageur.

— Eh bien, cher ami, fit ironiquement Renaud en s'approchant de son ex-associé, vous vouliez donc me quitter?

— Mister Renaud, je n'ai pas eu souvent l'occasion de vous faire des compliments, mais en cette circonstance vous avez été assez adroit.

— Je suis heureux de vous voir me rendre enfin justice, car c'est la dernière occasion qui vous sera désormais offerte pour cela.

— Mister Renaud, je comprends quel sort vous me réservez; mais c'est encore une faute que vous allez commettre : vous ne ferez rien de bon sans moi.

— C'est ce que nous verrons; mais vous, du moins, vous ne le verrez pas.

Et l'ancien intendant fit un signe.

Deux de ses bandits saisirent le sollicitor par la tête et par les pieds, le balancèrent un instant au-dessus de l'abîme et le lancèrent dans le vide.

On entendit un terrible cri d'angoisse,... puis plus rien...

M. Brown avait terminé sa carrière à la fleur de l'âge.

Comme bien on pense, les bandits avaient exploré les poches de leur victime avec le soin le plus scrupuleux; ils s'étaient emparés, comme il était convenu, de la bourse bien garnie qui s'y trouvait, et

Deux de ces bandits saisirent le sollicitor et le lancèrent dans le vide.

honnêtement ils avaient remis à Renaud les papiers dont ils ignoraient la valeur.

Le scélérat avait hâte maintenant de quitter les guérilleros ; aussi conseilla-t-il à son ancien valet de regagner Mediano et feignit-il de continuer sa marche.

Chemin faisant, il réfléchit, et, s'alarmant à la pensée de laisser derrière lui un complice sachant autant de choses que Pablo, il résolut de se débarrasser aussi de lui.

Il trouva facilement un poste français près de là, car un fort détachement tenait la campagne dans la contrée.

Se présentant à l'officier qui commandait, il forgea une histoire assez vraisemblable à cette époque troublée.

Son compagnon Brown et lui, raconta-t-il, avaient été attaqués dans la sierra de Guarra par une bande de guérilleros ; lui seul avait pu échapper à la mort ; mais, comme il connaissait la langue espagnole, il avait appris par les propos des bandits qu'ils comptaient séjourner au village de Mediano et y retrouver une autre guérilla pour marcher de concert avec elle contre les colonnes françaises.

Il ne lui fut pas difficile de décider l'officier à se mettre à la poursuite des brigands.

C'était un capitaine du 1ᵉʳ régiment de la Vistule ; il était habitué à cette guerre de montagnes, connaissait le pays pour y avoir séjourné longtemps et, emmenant Renaud avec lui, il ne tarda pas à gagner Mediano.

Pablo et les siens étaient dans une sécurité complète, pensant n'avoir rien à redouter, et, grâce à l'argent du malheureux Brown, toute la troupe s'abreuvait largement de manzanilla et d'aguardiente.

Grâce à ce régime, les guérilleros ne dégrisaient pas ; aussi opposèrent-ils peu de résistance au moment où la compagnie polonaise les surprit, et il s'en échappa fort peu.

Pablo avait péri des premiers, d'une balle en pleine poitrine.

Renaud était seul maître de la fortune des Noirmont ; il n'avait plus de complices et n'avait à craindre désormais aucune révélation dangereuse.

Il se remit en route, délivré de tout souci.

Aucun incident digne d'être mentionné ne se produisit sur son chemin.

Mais, avant de franchir les Pyrénées, le bandit s'était grimé avec son habileté accoutumée ; il s'était donné, autant qu'il l'avait pu, l'extérieur de Louis de Noirmont, et c'est sous ce nom qu'il rentra en France.

Il possédait tous les papiers du marquis, connaissait presque toutes les particularités de sa vie, et attribuait la mutilation de son visage à la catastrophe dont le frère de son ancien maître avait été victime.

Il y avait bien quelques officiers qui eussent pu découvrir la fraude peut-être, mais bah ! ceux-là étaient en Espagne, et selon toute apparence, au train dont allaient les choses dans ce beau pays, ils n'en reviendraient sans doute jamais.

Il eut même l'audace de s'arrêter dans plusieurs châteaux, appartenant à des familles dont il connaissait les relations avec les Noirmont ; il y joua son nouveau rôle à souhait, fut reçu avec la plus parfaite courtoisie et se créa ainsi des répondants et des complices involontaires pour l'avenir.

CHAPITRE XXV

DANS LEQUEL LE PSEUDO-MARQUIS DE NOIRMONT CAUSE UNE SURPRISE INTENSE A SES INVITÉS

Renaud était depuis quelque temps déjà en possession de cette fortune acquise au prix de tant d'infamies et de crimes.

Prenant habilement position à Paris, il avait tout d'abord, sous le nom du marquis de Noirmont, adressé au ministre de la guerre sa démission d'officier, et s'était proclamé royaliste irréconciliable.

Le faubourg Saint-Germain avait accueilli à bras ouverts ce descendant d'une ancienne famille qui avait subi tant de vicissitudes.

Le drôle avait, en effet, raconté à sa façon la disparition de Roger et la mort du chevalier de Saint-Roquentin et du vidame de Pâloiseau ; dès son arrivée, il fit de nombreuses visites et se ménagea partout les relations qu'il jugeait utiles.

Les remords n'avaient aucune prise sur lui, et le misérable se laissait vivre tout doucement sans vouloir songer au passé.

Comblé d'invitations par l'aristocratie, il n'était plus de fête élégante sans lui.

Quand sa situation lui parut suffisamment posée, il résolut de recevoir lui-même ses nouveaux amis.

De tous côtés il lança des invitations pour un bal costumé, et fit de grands préparatifs pour cette soirée qui devait achever de lui assurer la première place dans le monde aristocratique.

La nouvelle fit grand bruit ; on s'arracha les invitations dans le noble faubourg, et Renaud reçut une foule de demandes pour force gens dont les salons passaient pour très fermés et qu'il connaissait seulement de nom.

Comme bien on pense, il n'eut garde de refuser ; mais, pour se faire valoir davantage, il se montra difficile et se fit prier un peu.

Il étendit ainsi ses relations, se créa quantité de nouveaux amis, et conquit définitivement une place considérable dans ce milieu que l'empereur cherchait à se rallier et que Renaud, plus heureux que Napoléon, gagna du premier coup.

En donnant cette fête, le coquin avait deux idées en tête : d'abord achever de se faire connaître, puis faire montre de sa fortune pour trouver à se marier avec quelque héritière de grande maison, et se ménager ainsi une alliance qui lui créât une parenté puissante, propre à le soutenir au besoin; maître Renaud était un homme d'une rare prudence.

Tout paraissait réussir selon ses vœux.

Le duc de la Roche-Trompette, un des chefs les plus considérables du parti royaliste, que le faux marquis était allé inviter lui-même, avait promis d'assister à la fête.

De plus, Renaud, très au fait des alliances de la famille de Noirmont, s'était découvert une foule de cousins avec lesquels il tenait essentiellement à reprendre des relations de famille, depuis trop longtemps interrompues.

Sa fortune était fabuleuse, car le misérable, grâce à la mort du chevalier de Saint-Roquentin, avait joint les biens du vieux gentilhomme à ceux de Roger et de Louis.

A l'hôtel de Noirmont, une légion d'ouvriers travaillait nuit et jour pour transformer la vieille demeure et faire les préparatifs du fameux bal dont tout le monde parlait.

Renaud surveillait lui-même les travaux et, se défiant des intendants, — il les connaissait mieux que personne, — voulait tout voir par ses propres yeux.

La veille de la fête, il retourna faire visite à ses principaux invités, pour s'assurer leur présence, déclarant que sa soirée serait manquée s'ils ne venaient point.

Le fameux jour arriva.

L'hôtel de Noirmont était resplendissant de lumières et de fleurs.

Renaud avait choisi le costume de Mercure, car la mode était alors aux déguisements mythologiques ou antiques.

La foule remplissait les salons; le maître de la maison — le seul qui ne fût point masqué — se rengorgeait en faisant les honneurs à ses nobles invités, portant pour la plupart des costumes d'une richesse inouïe.

Le bandit fut au comble du bonheur lorsque le vieux duc de la Roche-Trompette, le prenant à l'écart, lui proposa de l'accompagner dans un voyage qu'il projetait pour aller rendre hommage au roy légitime et prendre ses instructions politiques.

Cependant, tout à coup, le front de l'ex-intendant s'obscurcit : il venait d'apercevoir au milieu des brillants costumes de ses invités quelques personnes qui faisaient tache, lui semblait-il.

Bien loin d'avoir choisi les déguisements mythologiques ou autres, ces gens avaient revêtu des travestissements contemporains et fort connus, costumes communs et de mauvais goût dans une réunion aussi soigneusement triée sur le volet parmi tout ce que l'aristocratie française comptait de plus élégant.

L'un de ces personnages portait l'uniforme de lieutenant d'infanterie ; un autre était en sapeur de la ligne, deux en gendarmes, trois en marins de la Garde, et deux en moines.

Cependant Renaud vit là l'effet d'un hasard et ne voulut pas s'en inquiéter autrement.

La fête battait son plein.

Les danses s'étaient organisées, et le faux marquis se multipliait afin de faire dignement les honneurs du bal.

Les invités continuaient d'arriver, et les salons regorgeaient de monde.

Soudain Renaud croisa un des inconnus qui l'avaient troublé, vêtu en moine, et le masque lui dit en passant :

— Ah ! ah ! Mercure !... très joli... Mais pourquoi choisir le costume du dieu des voleurs ?... Imprudence !...

Et de suite le moine se perdit dans la foule.

Renaud, un peu vexé, ne trouva rien à répondre, mais il se promit de retrouver son interlocuteur.

Malheureusement ses devoirs de maître de maison l'obligeaient à se tenir à la disposition de ses hôtes, et il n'avait pas toute la liberté qu'il eût souhaitée.

En ce moment, il se vit près du masque vêtu en officier d'infanterie, qui dit à son voisin entre haut et bas :

— Mercure,... intendant de Jupiter... Quel déguisement pour un Noirmont !...

Et il tourna les talons...

Le scélérat commençait à ressentir une terreur instinctive.

— Il faut à toute force que je sache qui sont ces gens! pensa-t-il.

Le gendarme à son tour s'approcha :

« Mercure... intendant de Jupiter... »

— Seigneur Mercure, dit-il, ne comptez pas trop sur l'avenir... On fait souvent des châteaux en Espagne,... et c'est là une fortune peu solide...

Sérieusement inquiet, Renaud se creusait vainement la tête pour chercher quels pouvaient bien être ces invités mystérieux qui, trois fois de suite, avaient fait des allusions si transparentes.

Il essayait de se persuader qu'il n'y avait là qu'un hasard; mais, quoi qu'il en eût, le misérable commençait à prendre peur sérieusement.

Il voulut s'étourdir, afin de ne plus penser à ces incidents; tous ceux dont il avait quelque chose à craindre étaient morts et bien morts; ses appréhensions étaient donc vaines; et il se lança dans la fête avec une fougue nouvelle.

Mais, fût-il parvenu à recouvrer complètement son calme, il n'eût pu échapper à l'obsession de ces masques inquiétants.

Plusieurs de ses amis vinrent lui demander qui avait eu le mauvais goût de prendre ainsi les costumes de partisans de « l'usurpateur Bonaparte ».

— Des fantaisistes qui veulent sans doute les ridiculiser, répondit le misérable.

— Les connaissez-vous?...

— Non, je l'avoue, je ne les ai pas vus à visage découvert.

— Avaient-ils des invitations?...

— Je vais m'en assurer...

Et Renaud se dirigea vers la porte pour interroger le valet chargé d'introduire les invités à la porte des salons.

Le laquais assura que personne n'était entré sans invitation.

Renaud, rassuré, revint vers ses nouveaux amis.

— Ils sont ici comme invités, affirma-t-il.

— Eh bien! dans ce cas nous allons leur parler pour tâcher de découvrir qui ils sont.

Les gentilshommes se perdirent dans la foule.

Le duc de la Roche-Trompette fut à son tour trouver l'amphitryon et lui demanda, lui aussi, quels étaient ces gens dont le déguisement l'intriguait...

Renaud répéta ce qu'il venait de dire à son précédent interlocuteur; mais le vieux seigneur ne se tint pas pour satisfait.

— Mon cher marquis, dit-il, vous me permettrez de vous dire qu'il est nécessaire d'assurer à vos hôtes la sécurité la plus complète; qui vous dit que ces gens ne sont pas des envoyés du ministre de la police, chargés d'épier nos conversations...

— Mais ils n'auraient pas choisi ces costumes propres à les faire remarquer...

— Peut-être avez-vous raison; cependant, permettez-moi d'insister: vous devez à vos invités de vous assurer de la personnalité de ces inconnus. Nous ne saurions permettre que des intrus se glissent dans nos maisons à notre insu.

— Cependant..., voulut insister Renaud.

— Laissez-moi faire, je vais aller moi-même aux informations, et nous saurons bientôt à quoi nous en tenir.

Le duc s'éloigna.

Renaud le suivit des yeux et le vit aborder l'un des moines...

Les deux hommes causèrent un moment, et le faux marquis se sentit complètement rassuré quand il vit le duc prendre la main du moine et la serrer chaleureusement, puis passer son bras sous celui de l'autre moine et causer amicalement avec les deux religieux.

Renaud voulut s'approcher du groupe, mais il se dispersa aussitôt.

On allait passer dans la salle à manger, où un splendide souper attendait les convives.

Soudain on entendit crier : « Bas les masques ! »

On s'empressa d'ôter les loups, sauf le groupe qui avait tant intrigué chacun.

Le maître de la maison s'approcha et d'un ton poli, mais où cependant on pouvait discerner une nuance d'impatience, il répéta :

— Bas les masques, messieurs ; vous voyez que tout le monde...

— Soit, répondit l'inconnu vêtu en officier d'infanterie ; et, faisant signe à ses compagnons de l'imiter, il se démasqua... Renaud reconnut avec une épouvante indescriptible le visage du marquis Louis de Noirmont...

Le misérable chancela, et, reculant, voulut s'éloigner ; mais aussitôt le personnage déguisé en gendarme lui barra le passage.

— Vous désirez peut-être savoir les noms de mes compagnons ? reprit Noirmont ; eh bien, je vais vous les faire connaître.

Les trois marins démasqués laissèrent voir les figures de Roger de Noirmont, de Cacatois et de Ladurec.

Renaud croyait être en proie à une hallucination, car ce ne pouvait être là que les spectres de ceux qu'il avait fait périr, ensevelis sous les ruines de la ferme de la sierra de Guarra.

Les moines n'étaient autres que le chevalier de Saint-Roquentin, le vidame de Pâloiseau et le sapeur, notre vieil ami Billenbois.

De nouveau le malheureux voulut fuir ; mais une main se posa sur son épaule et, se retournant, il se vit appréhendé au corps par le gendarme.

— L'agent de Fouché !... balbutia le misérable.

Bélamy, car c'était lui, répondit :

— Oui, l'agent de Fouché... Et, à la stupeur indicible des nobles invités :

— Au nom de l'empereur, dit-il d'une voix forte, j'arrête ici le nommé Adalbert Renaud, inculpé de tentatives nombreuses d'assassinat sur diverses personnes ici présentes et de détournement de la fortune de MM. de Saint-Roquentin, Roger et Louis de Noirmont.

Et, saisissant le bandit, Bélamy l'entraîna, le fit monter dans un fiacre attendant à la porte et le conduisit en prison incontinent.

Lorsque Renaud eut quitté l'hôtel, les invités n'étaient pas encore revenus de leur étonnement ; ils se demandaient avec anxiété ce que pouvait bien signifier la scène à laquelle ils venaient d'assister.

Remarquant alors ce mouvement, Louis de Noirmont crut devoir donner quelques explications aux curieux.

Tout d'abord il se présenta sous son nom et présenta ensuite ses compagnons.

De leur côté, le chevalier et le vidame étaient personnellement connus de la plupart des gentilshommes qui se trouvaient là, si bien que le véritable marquis put raconter en toute assurance l'imposture dont il avait été la victime.

— Puisque c'est fête ici, conclut Louis, nous nous en voudrions de troubler vos plaisirs, d'autant plus que c'est, pour nous aussi, un jour de joie, celui où nous ramenons Roger de Noirmont, mon neveu, sous le toit de ses ancêtres.

Aussitôt chacun s'empressa autour de l'enfant pour le féliciter chaleureusement.

Louis de Noirmont, se tournant alors vers les deux matelots et le sapeur, leur dit :

— Eh bien ! mes amis, êtes-vous satisfaits ?

C'est grâce à vous surtout que Roger a pu échapper à toutes les embûches tendues contre lui par ce misérable Renaud, et vous êtes ici chez Roger ; je ne puis pas mieux vous dire que vous êtes chez vous...

— C'est un bâtiment proprement gréé ! s'exclama Cacatois.

La fête continua donc, et on entoura à l'envi nos héros pour leur demander le récit de leur odyssée.

Dans un petit groupe, à l'écart, le duc de la Roche-Trompette voulut entendre de la bouche même du marquis toutes ses aventures.

Nos lecteurs en connaissent déjà les principales péripéties, sur lesquelles nous ne reviendrons pas ; mais il convient d'expliquer comment nos amis avaient pu échapper à la mort au moment de l'explosion préparée par les deux bandits dans la ferme de la sierra.

On se souvient que Cacatois et Ladurec avaient fait leur ronde, comme à l'ordinaire ; revenus près de Louis de Noirmont et de son compagnon, ils s'étaient trouvés fort mal installés et déplorablement à l'étroit sous le hangar où l'on avait placé les voitures du convoi.

Cacatois s'en fut donc à la découverte, et il finit par apercevoir une porte basse et un escalier paraissant conduire dans une cave.

Après s'être procuré de la lumière, il s'aperçut qu'il se trouvait là un petit caveau voûté, entièrement en pierre, et dans lequel ses amis et lui auraient un abri commode pour la nuit.

Retournant donc les prévenir, il les décida à s'installer dans cette cave ; et la porte fut fermée soigneusement pour parer aux surprises possibles.

Tous dormaient profondément, lorsqu'ils furent réveillés par le bruit de l'explosion et la chute des murs s'écroulant sur leurs têtes ; mais le caveau était solidement bâti ; et s'ils demeurèrent comme ensevelis sous les décombres, du moins ne furent-ils pas écrasés et restèrent-ils sains et saufs.

La situation n'était pas des plus rassurantes, néanmoins, car il fut facile de constater immédiatement que l'on aurait le plus grand mal à revenir au jour.

Pourtant, les emmurés ne perdirent pas courage, et ils se mirent courageusement à la besogne.

Pendant de longues heures ils travaillèrent sans relâche avec la hache de Billenbois, le seul outil qu'ils eussent à leur disposition, et sans cependant paraître plus avancés dans leur tâche.

De plus, les éboulements étaient à craindre, car la ferme n'était plus qu'un monceau de pierres.

Heureusement pour eux, le sapeur leur fut d'un grand secours.

Renonçant à s'attaquer à la voûte et pensant que l'escalier devait être obstrué par les décombres de toutes sortes, Billenbois, sur l'avis du marquis, se mit à piocher une des murailles, faite de moellons assemblés par un mortier assez friable et ébranlés par l'explosion. Le mur percé avec les plus grandes précautions, la besogne devint un peu moins fatigante, car il ne restait qu'à pratiquer dans le sol une sorte de souterrain.

La terre retirée de l'excavation s'amoncelait dans un coin du caveau.

Cependant, le temps passait, et les malheureux prisonniers commençaient à souffrir de la faim.

Personne ne perdait courage cependant.

Peu habitués à manier la hache, le chevalier et le vidame s'employaient cependant de leur mieux et relayaient leurs compagnons dans leurs travaux.

Billenbois, Cacatois et Ladurec, plus vigoureux, faisaient, heureusement, plus d'ouvrage et égayaient la petite troupe par leur intarissable bonne humeur.

Enfin, tant d'efforts aboutirent, et les sept amis, se glissant dans l'étroit boyau qu'ils venaient de creuser, parvinrent à sortir de leur prison. Mais ce n'était pas tout : accablés de fatigue, il leur fallait se mettre de suite en marche, afin de trouver les provisions nécessaires.

Billenbois, qui semblait infatigable, proposa d'aller chercher du secours.

Entraîné par cet exemple, Cacatois résolut de l'accompagner.

— Naviguons de conserve vers la soute aux vivres, et toutes les voiles au vent, matelot.

Pendant que les deux braves remplissaient cette mission, les autres s'installèrent de leur mieux parmi les débris de la ferme.

Quelques heures après, le sapeur et le marin étaient de retour avec des provisions.

N'étant plus absorbé par des préoccupations aussi imminentes, Louis de Noirmont se demanda comment avait pu se produire la catastrophe, et il soupçonna de suite Brown et Renaud.

— Si je ne me trompe pas, pensa-t-il, nous sommes désormais à l'abri de leurs attaques, car ils doivent, maintenant, nous croire tous morts.

Le retour se passa sans nouveaux incidents, et, aussitôt arrivés à Paris, le marquis demanda une audience de Fouché.

En s'y rendant, il rencontra Bélamy qui venait rendre compte de sa mission en Espagne ; il s'enquit auprès de lui de ce qu'il aurait à faire pour démasquer Renaud ; Bélamy fit toutes les démarches nécessaires auprès du ministre de la police, et, après avoir dénoncé l'ancien intendant, il fit reconnaître aisément l'identité de Louis et de Roger, exposa les faits dont il avait été témoin, réunit toutes les preuves nécessaires et obtint un ordre d'arrestation.

On a vu comment Bélamy acheva d'accomplir sa tâche.

Ce récit terminé, le marquis et son neveu reçurent les plus unanimes protestations de dévouement et d'amitié.

Plus d'un, parmi les plus empressés tout à l'heure auprès de Renaud, confia secrètement à qui voulut l'entendre qu'il n'avait jamais eu confiance dans ce drôle et qu'il avait toujours soupçonné quelque fâcheuse histoire dans ses antécédents.

Quelque temps après le bal travesti, le procès de l'ancien intendant des Noirmont vint aux assises, et, grâce aux sollicitations de Roger, le misérable fut seulement condamné au bagne à perpétuité.

CHAPITRE XXVI

ÉPILOGUE

Il ne sera pas sans intérêt de raconter ce que devinrent nos héros et quel rôle leur fut réservé dans les temps passablement agités où ils vécurent après les événements que l'on vient de lire.

Renaud, après sa condamnation, avait été dirigé sur le bagne de Toulon avec quelques autres honnêtes gens extraits du sein de la société pour diverses peccadilles analogues.

Pendant les premiers jours de son incarcération, il sembla en proie à un profond découragement.

Mais au bout de quelque temps il parut s'être résigné à son sort et se fit remarquer parmi les forçats les plus dociles et les plus doux.

Il s'attira ainsi la confiance des gardiens, et de grands adoucissements furent apportés à sa peine.

Cependant les années se passaient.

Renaud paraissait ne plus avoir d'autre souci que d'accomplir scrupuleusement les travaux imposés aux galériens et de respecter les règlements en vigueur.

Il avait quitté le dortoir de ses compagnons et couchait dans un petit bureau près de la chambre d'un gardien qui l'employait comme commis aux écritures.

Un matin, le malheureux gardien fut trouvé assassiné.

Renaud avait disparu.

Tout l'accusait de ce nouveau crime, et on le poursuivit activement. Mais, malgré toutes les recherches, on ne put remettre la main sur lui.

Le forçat avait passé la frontière et gagné l'Italie.

Au bout d'un certain temps, l'affaire fut classée, et personne n'y pensa plus.

Renaud n'avait plus qu'un but dans la vie : se venger des Noirmont qui l'avaient démasqué.

Patiemment il se dissimula sous un faux nom et fabriqua tout un état civil au moyen de pièces dérobées chez un bon curé italien, qui lui avait donné charitablement l'hospitalité un soir.

Ces précautions prises, il revint en France; au bagne, le misérable avait vieilli, et ses cheveux ras de galérien repoussaient tout blancs et modifiaient sensiblement sa physionomie.

Il se rendit à Paris, s'y rencontra avec plusieurs de ses anciens compagnons de chaîne libérés ou fugitifs, et s'enquit de ce qu'étaient devenus ses ennemis.

Il voulait surtout trouver une occasion favorable pour se venger, et, rendu par ses mésaventures d'une prudence excessive, ne laissant rien au hasard, il dut attendre assez longtemps.

Quand il crut avoir trouvé l'occasion rêvée, il se mit en route pour la Bretagne, où Noirmont, son neveu et leurs amis habitaient maintenant un château situé non loin de la mer.

Arrivé dans un village voisin, il se remit à tisser sa trame et à guetter le moment favorable.

Mais la chance, après avoir semblé lui sourire, tournait décidément contre lui, car un jour il rencontra inopinément Bélamy, l'agent de police, qui venait de remplir une mission à Brest, et, à la vue de celui qui l'avait arrêté, Renaud ne put réprimer un mouvement d'effroi.

Bélamy ne reconnut pas d'abord l'ancien intendant, mais sa défiance fut mise en réveil par le geste de ce passant.

Il l'examina attentivement, sans retrouver dans sa mémoire le nom du misérable, ni les circonstances dans lesquelles il s'était trouvé en face de lui.

Habitué à se rendre compte de tout, l'agent se rendit au village et y prit adroitement des renseignements sur l'individu qui le préoccupait.

Ceux qu'on lui donna lui parurent par trop vagues, et il pensa qu'il fallait s'y prendre tout autrement.

Il se fit indiquer la maison où logeait Renaud et alla frapper à la porte.

Personne ne lui répondit.

Il insista, mais sans plus de succès, et, après avoir fait le tour de la masure, il parut prendre son parti, feignit de se rendre à Brest et annonça bruyamment son départ.

Renaud, est-il besoin de le dire, avait jugé prudent de s'éloigner pour quelques jours; mais, ne voulant pas renoncer à sa vengeance, il comptait revenir rapidement à l'endroit qu'il jugeait le plus favorable pour exécuter ses projets criminels contre les Noirmont.

Mais il était dit que sa mauvaise étoile ne se lasserait pas de lui jouer les plus méchants tours.

L'auberge où il était allé se réfugier fut précisément celle où arriva Bélamy pour passer la nuit.

L'agent l'aperçut en entrant, assis au coin de la cheminée.

Il essaya, avec une indifférence affectée, de lier conversation avec lui, mais la tentative fut vaine : le coquin, prenant l'accent italien et feignant de comprendre difficilement le français, répondait par un charabia extravagant.

Changeant alors de tactique, Bélamy vint brusquement s'asseoir à côté de lui, et, lui frappant doucement sur l'épaule, dit à demi-voix :

— Inutile de nous jouer plus longtemps cette comédie, mon garçon, je vous ai reconnu.

Le forçat ne put s'empêcher de pâlir.

— Monsieur, protesta-t-il cependant, vous vous trompez, je ne vous connais pas...

— Tiens, vous vous exprimez fort bien, maintenant, remarqua gouailleusement l'agent, dont les yeux semblaient dévorer son interlocuteur.

— Mais, monsieur..., bégaya Renaud.

— Et moi, ne me reconnaissez-vous pas?

Le malheureux essaya de répondre, mais aucun son ne sortit de sa bouche; il fit un mouvement de dénégation et parut à bout de forces.

— C'est bien mal d'oublier ainsi ses vieux camarades. Allons, heureusement j'ai plus de mémoire que vous. Je me nomme Bélamy et je suis agent de M. Fouché, duc d'Otrante, ministre de la police... Et vous, vous êtes...

— Paolo Corsi, sujet italien, de Palerme...

— Non! Adalbert Renaud, forçat en rupture de ban; et je vous arrête, au nom de l'empereur.

Renaud fit un suprême effort et saisit sous ses vêtements un pistolet, qu'il arma rapidement et dirigea sur l'agent...

Mais, Bélamy, pour qui la savate, aussi bien que la boxe, n'avait plus de mystères, lui envoya sur le bras un coup de pied formidable ; le coup partit en l'air, et, après une courte lutte, il se rendit maître du bandit.

Après lui avoir mis les menottes aux mains et des entraves aux pieds, l'agent fit venir le maître de l'auberge, lui exhiba sa commission de la police et lui ordonna d'aller chercher les gendarmes. Pendant que l'hôte, tout troublé, obéissait, il déclara à Renaud qu'il allait se faire un véritable plaisir de le conduire lui-même à la ville voisine, ne voulant pas abandonner si vite un aussi agréable compagnon.

Renaud, toujours lié, fut placé sur une charrette et conduit à la prison la plus proche.

De là, on le ramena à Toulon sous bonne escorte ; mais il ne fut pas de nouveau interné au bagne, car il avait un autre compte à régler avec la justice.

On le convainquit facilement du meurtre de son gardien ; il était d'ailleurs dans un tel état de prostration qu'il fit des aveux complets.

Pendant toute sa captivité, en attendant le jugement qui devait clore sa détestable carrière, il fut gardé par Bélamy lui-même, qui, cette fois, ne voulait plus abandonner le misérable avant qu'il eût expié ses crimes.

Traduit devant la cour, il essaya à peine de se défendre, n'ignorant pas qu'il n'avait aucune grâce à espérer, et en effet les juges, après une courte délibération pour la forme, prononcèrent la condamnation à la peine de mort.

Quelques jours après il était exécuté, et sa mort expiait les crimes de sa vie.

Justice était faite enfin, et nos amis apprirent le châtiment en même temps que le nouveau péril qu'ils avaient ainsi couru sans le savoir.

Il est temps de revenir maintenant à ces personnages plus intéressants.

Après la soirée à l'hôtel de Noirmont, Roger, le marquis et leurs compagnons s'y installèrent et y demeurèrent le temps de leur congé.

Tandis que Cacatois, Ladurec et Billenbois visitaient Paris avec « le mousse » et passaient leur temps le plus agréablement du monde,

Louis de Noirmont, aidé par le chevalier de Saint-Roquentin, s'occupait de la restitution des biens que Renaud avait détournés.

Leur inexpérience en matière de formalités judiciaires fut heureusement aidée par Bélamy; grâce à lui, tout se fit assez rapidement, et bientôt le chevalier de Saint-Roquentin, nommé tuteur de Roger, — vu sa minorité, — fit appeler son pupille pour lui faire connaître l'état de sa fortune.

Puis Louis de Noirmont se rendit au ministère de la guerre pour faire savoir que la démission envoyée par le faux marquis, en son nom, était apocryphe, et pour déclarer qu'il entendait conserver le grade de lieutenant conféré par l'empereur.

Restait à régler la situation militaire de Roger.

Le bon chevalier le pressa vivement de quitter l'armée, mais il se heurta à un inébranlable entêtement.

Très respectueusement, mais très fermement, l'enfant répondit à son tuteur qu'il était soldat et qu'il comptait rester soldat.

Saint-Roquentin fut obligé de céder, mais au moins supplia-t-il son pupille de consentir à servir dans un autre corps que la flotte.

Roger fit cette concession, non sans répugnance, mais céda pour ne pas chagriner l'excellent vieillard.

Louis fut donc chargé de demander une audience à l'empereur pour solliciter cette permutation.

Napoléon lui fit le meilleur accueil; il lui témoigna sa satisfaction pour sa belle conduite en Espagne, et notamment au siège de Sagonte.

Mais l'empereur parut surpris et même mécontent lorsque le marquis lui demanda la permission pour Roger d'abandonner le corps des Marins de la Garde.

— Quoi! vous voulez que votre neveu quitte l'armée? Est-ce son désir?

— Sire...

— Songez qu'il a un brillant avenir devant lui... Il a déjà la croix...

— Sire, Roger de Noirmont, mon neveu, tient à servir le plus longtemps possible sous les ordres de Votre Majesté.

— A la bonne heure; mais pourquoi ne veut-il pas rester dans les Marins de ma Garde?

— Sire, parce que nous serions au comble de nos vœux si Votre

Majesté consentait à lui ouvrir les portes d'une de ses écoles militaires.

— Il est en bonne voie pour devenir officier.

— Il est vrai, sire, mais le pauvre enfant a eu une éducation extrêmement négligée, à cause des circonstances, et son ignorance l'empêchera d'arriver à l'épaulette...

— Très bien, je vous comprends.

— Alors, sire, je puis espérer?...

— Il sera fait comme vous le désirez, et le fifre Roger de Noirmont va entrer, à la fin de la permission qui lui a été accordée, à l'école de cavalerie de Saint-Germain... Êtes-vous content?

— Sire, que de remerciements...

— Et pour vous-même, ne me demanderez-vous rien?

— Sire, vous m'avez nommé lieutenant, et je suis trop heureux de cette faveur.

— Bien, bien, mais moi j'ai à tenir compte du courage que vous avez déployé devant Puzol, et je vous prends dans ma garde. Berthier vous expédiera votre brevet pour le 1ᵉʳ régiment des Grenadiers à pied.

Noirmont se confondit en actions de grâce, et l'empereur lui fit signe que l'audience était terminée.

— Allons, lui dit-il en le congédiant, continuez à vous bien conduire, car j'aime les braves, et les braves gens.

Saint-Roquentin et Pâloiseau ne se sentirent pas de joie quand ils connurent la décision de Napoléon, car de la sorte Roger allait rester près d'eux, et, après avoir failli perdre l'enfant qu'ils considéraient comme leur propre fils, les deux vieux amis ne pouvaient penser sans frémir à la séparation prochaine.

L'enfant apprit avec transports qu'il allait entrer à l'école de cavalerie, car son passage dans la marine lui avait inspiré un goût des plus vifs pour les chevaux; mais il lui en coûtait fort cependant de quitter ses vieux compagnons d'armes, Cacatois et Ladurec, pour qui il ressentait une sincère affection. Cacatois, très affecté, lui aussi, finit cependant par surmonter son chagrin à la pensée que « le mousse » deviendrait un général fameux; en outre, passer dans un corps de cavalerie lui paraissait une moindre déchéance.

Roger fit promettre aux deux matelots de passer près de lui tous les congés qu'ils pourraient avoir, et, le moment cruel du départ enfin venu, tous se dispersèrent.

Pendant toute la durée du règne de Napoléon, nos héros restèrent constamment éloignés les uns des autres.

Roger, sorti de l'école de Saint-Germain avec le grade de sous-lieutenant de dragons, et Noirmont, maintenant capitaine aux Grenadiers de la Garde, prirent part à toutes les campagnes de l'empereur.

De leur côté, Cacatois et Ladurcc, ainsi que le sapeur Billenbois, avaient regagné leurs corps et faisaient comme toujours intrépidement leur devoir.

Bélamy était toujours l'agent du ministre de la police et, grâce à son habileté et à son zèle, obtenait peu à peu un avancement mérité.

Enfin, après les désastres de la guerre de 1812, en Russie, Napoléon, accablé par l'Europe entière coalisée contre lui, remporta ses dernières victoires en Allemagne, et les aigles françaises s'illustrèrent encore par la glorieuse campagne de France, dans laquelle l'empereur déploya les plus belles ressources de son incomparable génie.

Tous nos braves avaient pris part à ces luttes de géants, et jusqu'au dernier moment ils gardèrent leur place dans les rangs de leurs régiments.

Après Waterloo, vint le licenciement des armées impériales.

Malgré les efforts de Saint-Roquentin et de Pâloiseau, qui, très en faveur à la cour du nouveau souverain de France, eussent maintenant désiré vivement voir Roger et Louis de Noirmont demeurer au service, où, grâce à leur crédit, ils eussent obtenu un avancement rapide, les deux officiers ne voulurent pas rester à l'armée après l'exil de l'empereur, et ils donnèrent leur démission.

Louis était alors commandant, et Roger lieutenant.

Le chevalier et le vidame reparurent à la cour, mais ils constatèrent que, même dans l'entourage du roi Louis XVIII, bien des choses les étonnaient et choquaient leurs souvenirs de courtisans du siècle précédent.

Ils se décidèrent donc, eux aussi, à vivre paisiblement dans la retraite.

C'est alors que Roger partit pour la Bretagne, où il possédait un château près de Locmariaker.

Là, toute la famille de Noirmont, y compris Saint-Roquentin et Pâloiseau, se trouva réunie.

Après le licenciement, l'ancien fifre s'informa de ses compagnons fidèles; pour savoir ce qu'ils étaient devenus dans ces bouleversements successifs, il s'adressa à Bélamy, qui, grâce au crédit de Saint-

Roger apprit avec joie qu'il allait entrer à l'école de cavalerie.

Roquentin, venait enfin d'obtenir au ministère de la police une haute situation.

Bélamy fit faire des recherches et tout d'abord retrouva Cacatois et Ladurec; depuis le licenciement des Marins de la Garde, les deux inséparables s'étaient engagés comme matelots à bord d'un navire de commerce.

Après bien des démarches, Roger les décida à quitter leur nouvelle situation pour s'installer près de lui à Locmariaker et à vivre désormais tranquilles.

Le lieutenant Darcier, lui, avait trouvé une mort glorieuse sur le champ de bataille de Waterloo, et Belle-Humeur, l'ancien dragon, en quittant son régiment, s'était établi maître d'armes et paraissait à l'abri du besoin.

Billenbois fut plus difficile à retrouver.

Le pauvre homme avait suivi le colonel de son régiment en qualité de domestique, et, son maître étant mort des suites de blessures reçues à Brienne, le sapeur, après l'avoir soigné jusqu'au dernier jour avec le plus admirable dévouement, tomba malade à son tour et fut transporté à l'hôpital.

Pendant quelques jours, le malheureux resta entre la vie et la mort, mais enfin il se remit.

Sorti de l'hospice, il restait sans ressources et d'ailleurs trop faible encore pour pouvoir travailler et gagner sa vie.

Il tomba dans une affreuse misère et, pour vivre, dut faire tous les métiers les plus rudes.

Enfin, après bien des recherches, Bélamy parvint à le découvrir, et sur-le-champ le conduisit chez Roger de Noirmont, ravi de retrouver le brave sapeur qui lui avait sauvé la vie lors de l'embuscade tendue par Brown.

Billenbois se rétablit et, devenu intendant du château, conquit même assez rapidement un aimable embonpoint.

Tous ces honnêtes gens vécurent heureux, et, franchement, ils l'avaient bien mérité !

FIN

TABLE

Pages.
Chapitre premier. — Comment une visite inattendue faillit avoir une néfaste influence sur la digestion du chevalier de Saint-Roquentin............ 1
Chapitre II. — Où Roger retrouve le sapeur Billenbois, et de l'agrément qu'il éprouve à cultiver son amitié.................................. 13
Chapitre III. — Dans lequel le dragon Belle-Humeur s'efforce d'inculquer les principes de la plus savante équitation à un amiral, qui n'en éprouve aucune satisfaction....................................... 25
Chapitre IV. — Qui montrera l'incontestable utilité des langues mortes pour les personnes désireuses de prendre du chocolat, et les inconvénients de ne pas fermer sa porte à clef à minuit................................ 37
Chapitre V. — Où l'on apprendra que les marins français doivent se défier des douaniers espagnols, et dans lequel on verra plusieurs événements d'importance.. 48
Chapitre VI. — Dans lequel on prouvera jusqu'à l'évidence que si les chats prennent parfois quelque plaisir à se promener sur les toits, il n'en est pas toujours de même des humains.. 60
Chapitre VII. — Le vidame de Pâloiseau se découvre une qualité qu'il ne se connaissait pas... 73
Chapitre VIII. — Prouvant clairement que les plus sages prévisions ne se réalisent pas toujours... 85
Chapitre IX. — Dans lequel on brûle beaucoup de poudre aux moineaux.... 97
Chapitre X. — Qui démontrera combien il est utile à la guerre de savoir imiter les signatures... 110
Chapitre XI. — M. Brown occasionne une pénible surprise à mister Renaud. 123
Chapitre XII. — Où la bonne action de M. Brown excite l'admiration....... 135
Chapitre XIII. — Pourquoi Pablo s'efforça de troubler l'ordre des préséances établi par la politique européenne................................ 145
Chapitre XIV. — Dans lequel il est fortement question de la boxe anglaise et d'un pêcheur espagnol.. 158
Chapitre XV. — Ladurec éprouve les plus grandes difficultés pour s'asseoir, à la suite d'une rencontre bien imprévue............................ 171
Chapitre XVI. — Notre ancienne connaissance Belle-Humeur se présente sans être attendu.. 183

CHAPITRE XVII. — Les guerilleros et les dragons de Numancia éprouvent une désagréable surprise... 194
CHAPITRE XVIII. — Dans lequel les Espagnols montrent un minime respect aux officiers de leur état-major................................. 204
CHAPITRE XIX. — Le marquis de Noirmont, grâce à sa politesse et à ses manières avenantes, se procure un guide dévoué...................... 215
CHAPITRE XX. — Comment une ingénieuse invention de Renaud incita un médecin-major à lui appliquer un remède énergique.................... 227
CHAPITRE XXI. — Brown retire de ses habiles combinaisons un résultat des plus modestes.. 237
CHAPITRE XXII. — Le sollicitor Brown abandonne la toge pour l'épée, sans retirer de cette transformation les avantages qu'il en attendait........ 248
CHAPITRE XXIII. — Comment Brown et Renaud usèrent d'un moyen plus radical pour en arriver à leurs fins.. 259
CHAPITRE XXIV. — Renaud et Brown, après s'être témoigné mutuellement une confiance assez modérée, démontrent la fausseté du proverbe prétendant que les loups ne se mangent pas entre eux........................... 269
CHAPITRE XXV. — Dans lequel le pseudo-marquis de Noirmont cause une surprise intense à ses invités....................................... 280
CHAPITRE XXVI. — Épilogue... 290

SOCIÉTÉ ANONYME D'IMPRIMERIE DE VILLEFRANCHE-DE-ROUERGUE
Jules BARDOUX, Directeur.

www.ingramcontent.com/pod-product-compliance
Lightning Source LLC
Chambersburg PA
CBHW071515160426
43196CB00010B/1530